Frank Arnau
WATERGATE
Der Sumpf

FRANK ARNAU

WATERGATE

Der Sumpf

VERLAG R. S. SCHULZ

Copyright © 1974 by Verlag R. S. Schulz
8136 Percha am Starnberger See, Berger Straße 8 bis 10
8136 Kempfenhausen am Starnberger See, Seehang 4
Nachdruck, auch auszugsweise,
nur mit Genehmigung des Verlages.
Einbandentwurf: Rudolf Zündel
ISBN 3-7962-0034-6

Inhaltsübersicht

	Seite
Vorwort	7
Die Entwicklung der frühen korruptiven Kriminalität	15
Zwischenbemerkungen	31
Das Vorspiel	69
Der Fall Watergate läuft an	91
Der Skandal weitet sich aus	118
„Dieser Mann ist ein Gauner, keine Frage!" Der Fall des Vizepräsidenten Agnew	224
Rückblick und Ausblick	251

Vorwort

Wäre der Komplex „Watergate" weiter nichts als eine der so zahlreichen Korruptionsaffären der Vereinigten Staaten von Nordamerika, so erübrigte sich eine eingehende Darstellung gerade dieses einen Falles.
Aber das Gesamtgeschehen, das mit dem Namen „Watergate" verbunden ist, hat keine auch nur annähernd vergleichbare Parallele in der Geschichte der nordamerikanischen Kriminalität. Denn Watergate kann als Synonym für politisches Verbrechertum auf hoher, ja auf fast höchster Ebene gelten.
Nichts Ähnliches kennt die reichlich bewegte Chronik des Zusammenwirkens von Korrumpeuren und Korrumpierten. Daß es dabei Anstifter gab, die ihre Machtpositionen als ausreichende Legitimation für ihre und ihrer Beauftragten kriminelle Handlungen hielten, zeigt die völlige und willentliche Mißachtung der elementarsten Grundbegriffe politischer Aktivitäten. Die Mittel, deren sich die Männer an den Schalthebeln der höchsten administrativen Instanzen der USA bedienten, heiligten nicht den Zweck, dem zu dienen sie angewandt worden waren, sondern sie schufen eine Art Kriminalität, für die es kein Beispiel gibt — es sei denn in gewissen lateinamerikanischen totalitären Staaten.
Der Watergate-Komplex weist eine Tiefenwirkung auf, wie sie niemals zuvor eine Korruptionsaffäre er-

zielte, denn sie alle blieben irgendwie Oberflächenerscheinungen, auch wenn sie in ihren Nachwirkungen unterschätzt worden waren.

Die breite Masse blieb von den pathologischen Erscheinungen der schwersten Fälle von politischen und meist auch wirtschaftlichen Ehrlosigkeiten machtmißbrauchender Einzelpersonen und Clans verschont.

Ganz anders ist die Situation im Fall Watergate. Die Verwicklung des Präsidenten der Vereinigten Staaten von Nordamerika in Machinationen, wie sie allenfalls in irgendwelchen fragwürdigen Staatsgebilden üblich sind, rüttelte auch die trägsten Yankees wach.

War ursprünglich die entscheidende Frage, ob es ausreichend gewichtige Indizien gab, daß Nixon die Vertuschung des eigentlich unvorstellbaren Watergate-Skandals beweisbar sei, so wandelte sich die Fragestellung durch die vorgetragenen Belastungen des Staatschefs grundlegend dahingehend, daß nicht mehr die Schuld des Präsidenten durch seine Ankläger zu erhärten war, vielmehr er gezwungen sei, seine Schuldlosigkeit zweifelsfrei zu beweisen.

Mit dem Absinken der Popularität Nixons auf weniger als 27 % der durch selektive Meinungsumfragen ermittelten Stellungnahmen zeigte sich die tiefgreifende — zugleich Genesung versprechende — Ernüchterung der Mehrheit der Amerikaner.

Die anfängliche Einstellung des Volkes, Watergate sei kaum mehr als ein politischer Skandal in der endlosen Reihe analoger Vorkommnisse im Washingtoner Parteigeschehen, wich der Erkenntnis — und mehr noch dem Gefühl —, daß durch diesen einzigartigen Komplex die gesamte innere Struktur des Staates bedroht wurde.

Die Flucht der wichtigsten Persönlichkeiten im nächsten Umkreis des Präsidenten in unhaltbare und schnell offenkundig werdende Unwahrheiten zeigte von Woche zu Woche eindringlicher, daß sich im Weißen Haus ein durch und durch korruptes Denken bis hinauf zum Staatsoberhaupt durchgesetzt hatte. Ob nicht etwa diese Denkart sich eher von oben nach unten auszubreiten vermochte, blieb eine alternative Möglichkeit.

Daß etwa der — jetzt unter Meineidsanklage stehende — Justizminister Mitchell und andere bis dahin gegenüber Nixon verantwortliche Staatsdiener aus eigenem Antrieb und ohne jede Rückendeckung durch Nixon mit berufsmäßigen Dunkelmännern verhandelt und sie mit mehr als einem Einbruchsauftrag versehen hätten, hielten auch sehr gewissenhafte Analytiker der Vorgänge für eher unwahrscheinlich.

Aber mit einer an Gewißheit grenzenden Wahrscheinlichkeit zeichnete sich die Mitwirkung Nixons bei den Versuchen zur Vertuschung der Affäre ab. So wuchs der Verdacht einer echten Bedrohung der demokratischen Regierungsform durch autoritäre Mißachtung der parlamentarischen Instanzen und jener der Rechtspflege.

Wie sehr das Gesamtgeschehen, das mit dem Namen Watergate gekennzeichnet wird, weit über den aktuellen üblen Anlaß hinausreichende Wirkungen haben wird, ist nicht vorauszusehen, zumal zu den innenpolitischen Erschütterungen noch schwerwiegende außenpolitische Folgen kommen.

So rechtfertigt sich eine detaillierte Darstellung dieser Affäre Watergate und des voraufgegangenen Ellsberg-Falles, die Washingtons politisches Ansehen wohl für lange Zeit ins Zwielicht rückten.

Der Bericht, der hier vorgelegt wird, basiert auf sorgfältigster Auswertung erwiesener, durch amtliche Protokolle und unwiderlegbare Tatsachen und Sachverhalte gesicherter Beweismittel, wobei sich widersprechende Aussagen — wie etwa jene des Präsidentenvertrauten Dean und des Präsidenten selbst — in ausgewogener Gleichwertigkeit gegenübergestellt werden.

Wie immer der endgültige Ausgang der Watergate-Affäre und Nixons mit ihr unlösbar verbundenes Schicksal sein mag: dieses Ereignis hat wahrhaft historische Dimensionen.

Aus eben diesem Grunde schien es geboten, die weiter zurückliegenden Entwicklungsphasen der amerikanischen politischen Korruption zumindest in kürzestgefaßten Hinweisen aufzuzeigen.

Watergate ist eine — man möchte gern annehmen: zunächst letzte — sichtbar gewordene Erscheinungsform einer besonderen, aber nicht besonders empfehlenswerten Mentalität gewisser Typen politischen Abenteurertums auf der Washingtoner Szenerie.

So selbstverständlich Verallgemeinerungen unzulässig sind, so gewiß muß im Fall Watergate doch noch recht eindringlich daran erinnert werden, daß Washington und was als Verästelung in diesem geographischen Bereich dennoch weit über die Sumpflandschaft hinausreicht, keinerlei Rückschlüsse auf Nordamerika zuläßt, weder auf den allgemeinen politischen Bereich noch auf sämtliche gesellschaftlichen Kräfte.

Die Bevölkerung der United States of America ist weder strukturell noch graduell in irgendeiner Weise mit Watergate identifizierbar.

Eigentlich besteht nicht einmal eine auch nur lose

Verbindung der amerikanischen Menschenmassen mit den Vertretern einer solchen politischen Ehrlosigkeit. Das Volk Nordamerikas ist völlig gesund, und wenn es kritisiert werden soll, darf oder muß, dann nur in Hinsicht auf seine Abstumpfung gegenüber dem Anormalen jener Schichten, die — irrender- und irritierenderweise — als des Landes Führungskader bezeichnet werden.

Wobei auch in dieser Beziehung nicht verallgemeinert werden kann, denn selbstverständlich ist die machthungrige und skrupellose Clique — auch wenn viele zu ihr gehören und viele Nutznießer ihrer Praktiken sind — nur eine kleine Minorität.

Erste Meinungsumfragen nach der Aufdeckung des Watergate-Skandals offenbarten allerdings, wie sehr die Gleichgültigkeit gegenüber politischer Korruption und eklatantem Machtmißbrauch sich ausgebreitet hat.

Eine erschreckend hohe Zahl der Befragten erklärte, es lohne sich keine Auflehnung gegen politische Bestechung, weil die Demokraten ebenso bestechlich seien wie die Republikaner.

Wer also das Volk korrumpiert regiere, sei eigentlich gleichgültig.

Nun, die weiteren Meinungsumfragen lehrten, von Mal zu Mal, mit eindrucksvoller Zunahme deutlicherer Parteilichkeit, daß die an Lethargie grenzende Indifferenz der Befragten einer wachsend kritischeren Einsicht wich. Zeichen eines Gesundungsprozesses.

Das bereits stark abgesunkene Ansehen Nixons erlitt einen neuen Tiefstand, als er am 8. Dezember 1973 — nicht dem eigenen Triebe folgend, sondern parlamentarischem Zwang — eingestehen mußte, den durch eine Grundstückstransaktion erzielten Gewinn von etwa

150 000 Dollar „auf Anraten seiner Steuerberater" (wie er wörtlich sagte) in seiner Steuererklärung verschwiegen zu haben. Er beteuerte gleichzeitig die Bereitschaft, die dem Fiskus dadurch vorenthaltene Steuerschuld nebst zwischenzeitlich aufgelaufener Zinsen nachträglich zu bezahlen. Vermutlich wird auch diese Affäre weitergehend negative Folgen für Nixons stark verminderte Popularität bewirken, denn Steuerhinterziehung gilt zwar für viele Amerikaner als ein ‚Kavaliersdelikt', das freilich im Fall der Feststellung eines Straftatbestandes zur sehr ernsten Angelegenheit wird — auch wenn ein Präsident der Staaten sich als schuldig erweist. Das Volk, um diesen etwas vagen, aber hier durchaus zutreffenden Globalbegriff zu gebrauchen, reagiert spürbar.

Gegen ein Staatsoberhaupt anzugehen, gegen dessen höchste Vollmachtsträger und gegen alle Versuche, das Regierungssystem auf kaltem Wege in diktatoriale Bahnen zu leiten: wenn Watergate zu dieser klaren Stellungnahme des Volkes gegen Nixon und seine Administration geführt hat, darf das wohl als Äquivalent gegenüber dem angerichteten schweren Schaden angesehen werden. Zugleich auch als Beweis der inneren Kraft integrer parlamentarischer Kräfte und der Masmenmedien, gegen welche weder Nixon noch seine Helfer und Helfershelfer Erfolge erzielten.

Die innen- und außenpolitisch schwerste Schädigung des demokratischen präsidentiellen Regierungssystems in den Vereinigten Staaten von Nordamerika wird aus dieser bitteren Vertrauenskrise wahrscheinlich und hoffentlich gestärkt hervorgehen.

Und die Versuche Nixons, kriminelle Tatbestände

durch — wie die Entwicklung lehrt: mehr als fragwürdige — internationale „Erfolge" zu übertünchen, haben wenig Aussicht auf Erfolg. Man darf hoffen, Watergate werde als reinigendes Gewitter in der nicht nur im meteorologischen Sinne treibhausartigen Atmosphäre der Hauptstadt am Potomac wirken.

Dr. jur. h. c. Frank Arnau

Bissone, Ticino

Die Entwicklung der frühen korruptiven Kriminalität

Die Watergate-Affäre ist nur ihrer Dimension nach als Einzelfall zu bewerten. Sie ist auch zweifellos kein Schlußpunkt, sondern nur Phase einer Epoche, die sehr früh begann und wahrscheinlich erst ziemlich spät zwar noch kein Ende, aber doch wesentliche Modifikationen erfahren wird.

Es sollen nicht allzuweit zurückliegende Ereignisse in dies Gegenwartsbild eingeblendet, aber zumindest einige Hinweise auf die Entstehung jener merkwürdigen Entwicklung eines weit verbreiteten korruptiven Verhaltens gegeben werden, ohne welche dieser Watergate-Skandal kaum möglich geworden wäre.

Es erübrigt sich, daran zu erinnern, daß sich bereits vor mehr als einem Jahrhundert bedenkliche Fälle von politischer Korruption an hohen und höchsten Stellen der Administration der Vereinigten Staaten von Nordamerika ereigneten. Diese Affären machten auch an der Schwelle des Weißen Hauses nicht halt.

Impeachment-Verfahren mit dem Ziel der Amtsenthebung eines Präsidenten wurden in mehr als in einem Falle versucht. Auch wenn sie erfolglos blieben, so ändert das am Geschehen nichts.

Fragwürdiges Verhalten eines höchsten Magistrats — des Staatsoberhauptes! — bleibt auch dann beklagenswert, wenn die rechtswahrenden Organe versagen.

Nun ist alles relativ. Nimmt man als Vergleichsmaßstab entsprechende Affären in Süd- oder Zentralamerika, so scheinen die Verhältnisse in den USA eher erfreulich. Vergleicht man sie aber mit ähnlich gelagerten Fällen in England, Holland, Schweden, Kanada, Dänemark, der Schweiz oder einigen anderen Staatswesen, so übertrifft diese Art von Kriminalität — denn das ist sie nun einmal — die tragbaren Ausmaße.

Vermutlich ist der Einfluß organisierten Verbrechertums bei diesen Fällen nicht zu unterschätzen, wobei politische Motivierungen, insbesondere der oft hemmungslose Drang zur Macht — oder zur Absicherung der einmal gewonnenen Position — mitbestimmend für die Bereitschaft sein dürften, sich auch der verwerflichsten Hilfsmittel zu bedienen.

Die sich aus Machthunger und Geldgier ergebende Zuwachsrate von Kriminalität offenbart in den USA auch eine besonders starke Anziehungskraft für beamtete Personen unterschiedlichster Rangstufen, vom „flat-food", dem Streifenpolizisten, über seinen Vorgesetzten hinweg, von der City-Hall zum Parlament, weiter in die Bereiche der Verwaltungsorgane aller Kategorien und letztlich bis zum Weißen Haus — wie es keineswegs nur der Fall Watergate, dieser aber besonders eindrucksvoll, zeigt. Doch auch hier ist klar zu betonen: die mittleren und die kleinen Gemeinden sind weitgehend von kriminellen Aktivitäten frei, und Gesetzeswidrigkeiten spielen sich vorwiegend in einem zwar auch nicht eben sauberen, aber andererseits keineswegs sehr anrüchigen Milieu ab. Wie die Lage in den einzelnen Metropolen ist, kann auch nicht immer auf einen Nenner vereinfacht werden, da New York keineswegs mit Boston, San Francisco ebensowenig mit Chicago oder gar Houston mit Washington zu vergleichen ist.

Dennoch: nimmt man nur die erwiesenen Fälle schwerstwiegender krimineller Usancen und Aktivitäten bei der Polizei Gothams — dies die traditionelle Bezeichnung New Yorks — als Zerfallserscheinungen der öffentlichen Ordnung und der für sie verantwortlichen Stadtverwaltung, so kann es keine Zweifel geben, daß auch die weniger spektakulären Skandale im Bereich öffentlicher Organe anderer Großstädte eine eklatante Bedrohung der Administrationsaufgaben enthüllen.

Der offenbar unstillbare Heißhunger nach politischer Macht und materiellem Gewinn, nach Einfluß und schnellem Geld, nach hemmungsloser Befriedigung auch der absurdesten Wünsche, alle diese ins Pathologische wuchernden Phänomene der Übersättigung und zugleich der Unersättlichkeit führten zu einer Entwicklung, deren Gefahren nicht unterschätzt werden sollten.

Es ist nur mit dem eigentlich bewundernswerten Streben, jedem den „Weg nach oben zu öffnen", erklärbar, daß zahlreiche Elemente, denen die Fähigkeit geschenkt worden war, das zu werden, was man mit dem Ausdruck „Erfolgsmenschen" verbindet, ihre Aufstiegsmöglichkeiten nicht in Einklang zu bringen vermochten mit den ethischen oder moralischen, den gesellschaftlichen oder auch nur formalrechtlichen Erfordernissen, denen zu genügen zur Pflicht jedes Staatsbürgers gehört.

Die mangelhafte Auslese hatte zur Folge, daß keineswegs immer ehrbare Männer Erfolge errangen, so gewiß auf lange Sicht nur sehr selten ein echter Erfolg aus einem verbrecherischen Konzept erwachsen kann.

Der Fall Watergate und viele frühere Skandale beweisen es. Zweifellos sind es besonders begabte, besonders fähige, aber auch in hohem Maße zu allem fähige Subjekte gewesen, die in ihrem Streben nach Macht und Geltung bereit waren, die Gesetze zu mißachten und ihr Tun lediglich ihren eigenen Kriterien unterzuordnen.

Der Anfang dieser Entwicklung unter Mißachtung der Schranken, die sich jede Gesellschaft setzen muß, wenn sie überhaupt existieren will, liegt weit zurück in jenen Jahrzehnten der großen Züge aus dem alten Europa in das Land der unbegrenzten Möglichkeiten.

Sie war begründet im enormen Überschuß an Männern gegenüber dem weiblichen Element, wie ihn eben die Eroberung der Neuen Welt mit sich brachte.

Aus dieser Situation primitiver Besitzgier nach allem, was Sachwerte bedeutete — Land, Vieh, Geld und Gold — entstanden die kriminellen Verhaltensweisen, vereinfacht „das Recht des Stärkeren gegenüber dem Schwächeren".

Eine parallele Entwicklung setzte ein mit dem immer größer werdenden Mangel an Arbeitskräften zur Bewältigung neuer Aufgaben bei der Erschließung des ungeheuren Landes und beim Aufbau neuer und diesem Ausmaß entsprechender Produktionsstätten in den landwirtschaftlichen und dann den industriellen Bereichen. Es wurde eine Immigration notwendig und forciert, bei der die Auswahl der Einwanderer, zumindest in den Anfangszeiten, nicht einmal einer oberflächlichen Überprüfung oder gar Kontrolle unterworfen war.

Die ersten großen Eisenbahn-Unternehmungen schleusten Tausende und Abertausende von Arbeitsuchenden und Abenteuerlustigen aus Europa ein — meist wurden nicht einmal reguläre Pässe verlangt, und dort, wo irgendwelche Identitätspapiere doch unerläßlich waren, ebnete ein schwunghafter Menschenhandel jedem Einwanderungswilligen den Weg.

Besonders aus den politischen und wirtschaftlichen Notstandsgebieten Italiens, Griechenlands, Spaniens, Polens, Ungarns, des Balkans wie der mitteleuropäischen Staaten wurden immer mehr und mehr Arbeitskräfte von den USA, diesem Wunderland einmaliger Möglichkeiten, angezogen. Nichts war natürlicher, als daß sich in diesen Strom der Einwanderer auch mehr und mehr kriminelle Elemente mischten, die keineswegs nur wegen der in Aussicht gestellten besseren Lebensbedingungen sich zur Auswanderung entschlossen, sondern weil ihnen der heimatliche Boden zu heiß geworden war.

Das bedeutendste Reservoir solcher kriminellen Immigranten bildeten der Süden Italiens und ganz besonders die von der Mafia beherrschten Regionen.

Es ist zum Verständnis der späteren Entwicklung der Verbindung von politischem Machtstreben und Großverbrechertum unerläßlich, wenigstens mit einigen Worten dieser ersten Anfänge des „organized crime" zu gedenken, denn die späteren großen Korruptionsfälle — wie auch Watergate — wären kaum möglich gewesen ohne die voraufgegangene „Entwicklung" jener Verbindungen des Kriminellen mit dem Politischen.

Bei allen solchen Erwägungen muß aber immer wieder beachtet werden, daß bei der immensen Ausdehnung der Vereinigten Staaten von Nordamerika und bei ihrer über unendlich weite Flächen verstreuten ländlichen und in riesigen Siedlungen eng geballten Bevölkerung keine Verallgemeinerungen möglich sind.

Erstmals wurde die Betätigung der organisierten Mafia-Kriminalität im Jahre 1880 nachweisbar, als der königlich italienische Konsul in New Orleans, Pasquale Corte, die Richtigkeit der von der örtlichen Polizei festgestellten Ermittlungen zugeben mußte, wonach „aus Italien, ohne Erfüllung der behördlichen Einwanderungsvorschriften, mit regulären italienischen Arbeitskräften zahlreiche Verbrecher, Schwerverbrecher, entwichene Zuchthäusler und steckbrieflich verfolgte Individuen" in die USA eingeschleust worden waren. Sie fanden Aufnahme bei Landsleuten, die Beziehungen zur Mafia hatten. Bei diesen Einwanderungsströmen zeichnete sich erstmals eine „zentrale Lenkung" ab.

Die kriminellen Einwanderer waren sämtlich mit Identitätspapieren ausgerüstet, teils durch Fälschungen von echten und teils durch Nachahmung von Immigrationsdokumenten entstanden.

Diese Elemente bildeten dann mit den bereits Ansässigen „lokale Brüderschaften", und es war eins der ersten erstaunlichen Ergebnisse, daß ihre Vereinigungen, durch verbrecherisch erworbene Geldmittel, rasch Einfluß auf Beamte, insbesondere Polizeibeamte und städtische Funktionäre gewannen, die sich Geldzuwendungen gegenüber aufgeschlossen zeigten.

Es war dies der Anfang einer organisierten Zusammenarbeit von Kriminellen mit nach außen hin völlig unverdächtigen Beamten der Gemeinden, der Städte und der Bundesstaaten.

Am 24. Januar 1889 wurde das erste erschreckende Kapitalverbrechen der Mafiosi bekannt. Aus den trüben Wassern des Sixteenth-Street-Kanals fischte man die Leiche eines Mannes namens Vincenzo Ottumvo, der, wie sich später herausstellte, von der örtlichen Mafialeitung „wegen Verrats zum Tode verurteilt und durch einen Schnitt, der von Ohr zu Ohr reichte, hingerichtet worden war".

In der Folge kamen mehrere ähnliche „Todesurteile" gegen Mitglieder der Brüderschaft, die in der einen oder anderen Weise sich gegen den „Bluteid" vergangen hatten, zur gerichtlichen Verhandlung.

Der Polizeichef von New Orleans, Peter Hennessey, leitete eine umfassende Untersuchung gegen die Mafiosi ein.

Der Blutbruder Camillo Victoria diente ihm als Zeuge. Doch nur wenige Tage lang.

Er wurde ebenfalls von den „Oberen" zum Tode verurteilt und „hingerichtet".

Bestochene Beamte der Polizei oder der Strafjustiz hatten den „Verräter" ihrerseits an die Mafiosi-Leitung verraten.

Bevor Hennessey seinen Fall vor Gericht vortragen konnte, wurde er auf offener Straße erschossen.

Durch den nachfolgenden Strafprozeß konnte zum erstenmal die Zusammenarbeit der Hauptgruppe der Mafia von New Orleans mit der „Muttergesellschaft" in New York und die enge Verquickung dieser kriminellen Organisationen mit von ihr bestochenen Beamten und Politikern bewiesen werden. In New Orleans war der Mafioso Scaffede unter Mordanklage gestellt worden. Er wurde provisorisch aus der Untersuchungshaft entlassen. Die Mafia hatte aus ihrem Geheimfonds fünfundsiebzigtausend Dollar bereitgestellt, um ihrem Blutsbruder Gelegenheit zum Untertauchen zu geben.

Aber der Plan schlug fehl.

Ein Freund des ermordeten Polizeichefs Hennessey, entschlossen, dem Versagen der Justiz ein Ende zu bereiten, begab sich in das Untersuchungsgefängnis von New Orleans, wartete, bis Scaffede, nach Erledigung der Formalitäten, aus dem Amtszimmer des Direktors kam, und schoß ihn nieder.

Inzwischen hatte sich vor dem Gefängnis eine rachedurstige Menschenmenge angesammelt, überwältigte die Wachposten und tötete elf inhaftierte Mafiosi.

Die anschließenden Verfahren verliefen im Sande, und die italienische Regierung hielt es für klüger, ihrerseits — außer einem Protest „wegen der Ermordung" ihrer Landeskinder — nichts zu unternehmen, sondern sich mit der Zahlung von vierundzwanzigtausend Dollar für die Hinterbliebenen zu begnügen.

Das auf Bundesebene entscheidende „administrative Amerika" ist in Washington, D. C., zentralisiert. Andererseits besitzen die Metropolen ihr eigenes Schwergewicht. Und so ist auch die Korruption — und zwar vom Anbeginn ihrer Formierung und bis zu ihrer späteren gesellschaftspolitischen Konsequenz — in diesen Zentren lokalisiert.

Damit werden die eigentlichen Ersttendenzen verständlich.

Gültigkeit hat im weitesten Sinne eine sehr alte Weisheit: Gleich und gleich gesellt sich gern.

Für die amerikanische Entwicklung des korruptiven Verhaltens bestimmter Kreise war es bedeutungsvoll, daß die Einwandernden als vielfach illegal immigrierende ausländische Arbeitskräfte krimineller Einstellung mit den bereits im Lande „etablierten" ähnlichen Elementen schnell enge Fühlung bekamen.

Besonders vereinfacht wurde diese Verschmelzung durch die sprachliche Verbundenheit italienischer Einwanderer mit den Mafiosi, die in der „Neuen Welt" schon festen Fuß gefaßt hatten.

Die Zusammenrottung von Berufskriminellen führte zu einer eigenartigen „neuen Gesellschaft" in Chicago und New York, dann in Miami und später im Spiel- und Scheidungsparadies Reno.

Der Weg nach Hollywood — wörtlich: der heilige Wald — war kurz.

Die Filmmetropole bot dunklen Elementen einen fetten Nährboden, und die Grenzen zwischen Gangsterfilmen und aktiven Gangstern verliefen oft recht unmarkiert. Die Geldmittel des organisierten Verbrechertums waren für manche Polizeibeamte, aber auch Politiker und Angehörige der Justiz ein beträchtlicher Anreiz, ihren Anteil an diesem neuen Reichtum zu suchen.

Die stärksten Impulse erhielten die Outlaws durch den Beginn der Prohibition.

Es war ein bis dahin unvorstellbarer Aufschwung jeder Art von Verbrechertum, den der „Volstead-Act" vom 16. Januar 1920 auslöste. Es war die Gewährung des Wahlrechts an die amerikanischen Frauen, die dieses Gesetz verwirkten, mit welchem die USA „trockengelegt" wurden.

Der Durst nach Alkohol erwies sich jedoch als stärker als die Prohibition. Amerikas Männer waren nicht bereit, auf Alkohol zu verzichten.

Da sie für das verbotene Getränk jeden Preis bezahlten, entstand die Schwerstkriminalität der USA: Alkoholschmuggel und geheime Herstellung von Fusel jeder Art führte zu einer neuen Gruppierung zentral beherrschter Verbrecherzentren.

Ein bislang unbekannter Tiefstand der öffentlichen Moral eröffnete Kriminellen aller Schattierungen jede Chance.

Die Gewissenlosigkeiten der Al Capones zeitigten die Murder Inc., und eine Durchlöcherung sämtlicher Abwehrdämme der staatlichen Ordnung begann.

Eng verbunden mit einer parallel hochgezüchteten und auf Bundesebene durchorganisierten Prostitution ermöglichten die Millionengewinne der Nutznießer der Prohibition die Anwerbung nicht nur spezialisierter Verbrecher, sondern auch weitestgehende Einflußnahme auf labile Polizeibeamte und andere Organe des öffentlichen Lebens. Die Korruption erreichte ungeheure Ausmaße.

Mit der rasch zunehmenden Geldmacht der Verbrechersyndikate drangen die Gangster immer weiter in die Beamtenschaft und in politische Kreise vor, so daß sich enge Verbindungen zwischen Korrumpeuren und Korrumpierten entwickelten.

Die Namen Al Capone, John Torrio, Toni Arcado, Frank Nitti, Paul „Ricca" de Lucia, Louis Campagna — die Liste ließe sich lange fortsetzen, und sie ist weitgehend komplett in dem berühmten Bericht des inzwischen verstorbenen Senators Kefauver enthalten — bewiesen die Macht der Mafia und auch der mittleren Syndikatsgruppen: die Justiz blieb ihnen gegenüber nahezu machtlos.

Al Capone konnte niemals als vielfacher Mörder und Auftraggeber von Mördern vor Gericht gestellt werden. Es war die Steuerfahndung, die ihn schließlich zur Strecke brachte, nachdem die polizeilichen Organe völlig versagt hatten.

Aber nicht nur auf dieser Ebene fand das organisierte Verbrechertum willige Helfer, sondern es gerieten auch politische Persönlichkeiten ins Zwielicht dieser kriminellen Elemente.

Gravierender als die Einzelfälle waren die Folgen der Ausbreitung einer Mentalität, die sich jener der Gangster anpaßte, nicht nur um bares Geld zu kassieren, sondern um durch diese Elemente politischen Einfluß zu erwirken.

Es steht fest, daß Hunderte von Kapitalverbrechen begangen wurden, die zweifelsfrei hätten aufgeklärt werden können — in Chicago wie in New York, in New Orleans, Miami oder San Francisco —, die aber nie aufgeklärt wurden, weil die zuständigen Behörden gar nicht in der Lage waren, aus freiem Ermessen und freiem Willen zu handeln, da sie fürchten mußten, Leute aus ihren eigenen Reihen könnten von den Verbrechern als Mitwisser und vielleicht sogar als an den Taten, zumindest mittelbar, beteiligt denunziert werden.

So etwa hatte der pensionierte Oberst Charles R. Forbes, ein Vertrauter des Präsidenten Harding, seine Stellung als Leiter der „Staatlichen Fürsorgestelle für Veteranen" dazu genützt, um über einhunderttausend Dollar Bestechungsgelder zu kassieren.

Er wurde zu zwei Jahren Gefängnis verurteilt. Sein

Strafverteidiger, Cramer, entzog sich wegen einer drohenden Anklage der Mittäterschaft durch Selbstmord dem Strafprozeß.

Vor seinem Freitod dedizierte er der Staatsanwaltschaft die Personalakte des Oberst Forbes, aus der sich ergab, daß Präsident Hardings Vertrauensmann wegen Fahnenflucht vorbestraft war.

Im Zuchthaus für Schwerverbrecher in Atlanta nahmen zu lebenslangen Strafen verurteilte Kriminelle den Leiter der Strafanstalt A. E. Sartain förmlich „in ihre Dienste". Nicht nur der Direktor, sondern neun seiner Beamten und sogar der Gefängnisgeistliche erhielten vom Verbrecher-Syndikat monatlich eine „Festbesoldung" zwischen fünfhundert und fünftausend Dollar je nach Rang und „Leistung".

Mit dem Rauschgifthandel und seiner sprunghaften Ausdehnung entstand ein neues und weiteres Feld der Korruption, und die Zahl der willigen, der zur Mitarbeit bereiten Beamten nahm infolge der unlimitierten Geldmittel der Verbrecher dieser Sparte zu.

Nicht weniger stieg die Zahl der sogenannten „Schutzorganisationen", bei denen die Gangster sich verpflichteten, Geschäfte, die sie vorher bereits ein- oder zweimal geplündert hatten, vor weiteren Überfällen zu bewahren — gegen eine entsprechende monatliche „Schutzgebühr".

Die Ausweitung der Prostitution führte zum „Man-Act", der jede über die Grenze von einem zum anderen Bundesstaat vermittelte — „grenzüberschreitende" — Unzucht unter schwere Strafen stellte.

Dieses Gesetz bot durch Bestechung der Kontrollbeamten ebenfalls beste Gelegenheiten, die Korruption weiter und weiter auszudehnen.

Die Geschichte der Verquickung gemeiner und politischer Kriminalität in den USA würde, sollte sie je geschrieben werden und geschrieben werden können, eine lange Reihe von dicken Wälzern füllen.

Der — übrigens ebenfalls erst noch zu schreibende — Tatsachenbericht über diese Art „gemischter" (und teilweise durch die Strafgesetze gar nicht erfaßter) Straftatbestände in anderen Ländern würde sich der amerikanischen einschlägigen Historik gegenüber nur wie ein harmloses Vorspiel zu dieser Tragödie ausnehmen.

Auch die lateinamerikanische politische und ins Kriminelle hinüberwuchernde Korruption ist von jener der USA durchaus verschieden, da die investierten Summen und die anvisierten Zielsetzungen keinen Vergleich mit dem amerikanischen „Vorbild" zulassen.

Bestechung gehört gewissermaßen zu manchem regulären Regierungssystem, und die Unterwerfung der Justiz unter die Administration — meist von Militärs gehandhabt — entspricht auch so manchem politischen Stil in der südamerikanischen Welt.

In den USA hat erst die Watergate-Affäre Versuche ähnlicher Modifikationen des demokratischen Systems gezeigt und besonders deutlich offenbart, als Nixon den von ihm selbst zur Aufklärung der Zusammenhänge der dunklen Hintergründe eingesetzten Sonderstaatsanwalt Cox entließ — weil dieser der ihm erteilten Weisung gemäß das Dickicht zu lichten versuchte.

Gewiß, es besteht ein Unterschied zwischen den von Gangstern bereitgestellten Geheimfonds, mit denen sie Politiker ihres Vertrauens in öffentliche Ämter wählen lassen, und den identischen Zwecken dienenden Spenden, die etwa Großkonzerne — wie ITT — oder Produktions-Genossenschaften — wie etwa die der Milchwirtschaft — in die Wahlkasse Nixons zahlten, um „ihrem" Kandidaten die Präsidentschaft zu sichern.

Doch der Unterschied ist nur gradueller und nicht struktureller Art.

Zudem schloß das Gesetz vorsorglich Spenden von juristischen Personen für Wahlzwecke aus. Nur Spenden physischer Personen waren zulässig. ITT und die ganze Geberclique von Firmen setzte sich jedoch großzügig über das Gesetz hinweg — hoher Protektion sicher.

Die spätere „Zurücknahme" der Hunderttausende von Dollars umfassenden illegalen „Beiträge" änderte nichts an der bereits begangenen Straftat.

Daß ebenso sechsstellige Dollarbeträge durch Umleitung über mexikanische Adressen verschleiert wurden, ist um so gravierender, als diese Summen zur Leistung eindeutig gesetzwidriger Zahlungen zugunsten bereits einsitzender Krimineller erfolgt waren.

Bis zu welchem Grad Strafverfahren, die von Bundesbehörden gegen Firmen — an der Spitze wieder ITT — eingeleitet worden waren, durch merkwürdige „Interventionen" sistiert wurden, bleibt noch abzuklären. Die Straftatbestände werden davon nicht berührt.

Die registrierte Lobbyistin Dita Beard war seit langer Zeit für ITT — das vermutlich bedeutendste „Konglomerat" der USA — in Washington tätig. Sie geriet in ein für sie unerfreuliches Licht der Öffentlichkeit, als der

Kolumnist Jack Anderson die Behauptung erhob, sie habe eine reichlich ominöse Vermittlerrolle in einem dunklen Arrangement zwischen ITT einerseits und der Bundesverwaltung andererseits eingeleitet, gefördert oder sogar zum Abschluß gebracht. Gegen ITT drohte ein Bundesverfahren wegen unzulässiger Transaktionen in Gang zu kommen. Formaljuristisch unanfechtbar wurde ein Vergleich geschlossen. Die drohenden Wolken am ITT-Firmament verzogen sich. Aber Anderson brachte diese Regelung mit jener Spende von 200 000 Dollar, die von ITT dem Wahlfonds Nixons gewährt worden war, in unmittelbaren Zusammenhang. Die Affäre hatte einen üblen Beigeschmack, und die Wahlfondsleitung gab daraufhin ITT die 200 000 Dollar wieder zurück. Der Fall erregte größtes Aufsehen. Aber in einem weitaus gravierenderen, weil international bedeutsamen Fall vermochte Anderson die Beweise zu liefern, daß ITT durch Einsatz aller seiner Machtmittel einen Sturz der chilenischen Regierung des marxistischen Präsidenten Allende anstrebte. Das Leugnen nützte nichts. ITT konnte die dokumentarischen Unterlagen Andersons nicht widerlegen. Offenbar waren dem Kolumnisten von ehemaligen Angestellten des Konzerns dokumentarische Beweismittel zugespielt worden, die deutlich zeigten, daß die oberste Leitung von ITT schon bei der Kandidatur Allendes ihre sämtlichen Hilfskräfte aufbot, um die Wahl des linken Politikers zu verhindern. Vermutungen, die Nixon-Verwaltung und der Präsident selbst hätten eine Wahlniederlage Allendes als im Interesse der USA gelegen angesehen, erhielten durch die Aktionen der ITT gesicherte Argumente. ITT versuchte durch finanziellen Druck die Allende-Präsidentschaft zu verhindern. Der ITT-Public-Relations-Berater soll schriftlich die Ansicht vertreten haben, man könne durch scharfe Erhöhung der Arbeitslosenzahl ausreichend Gewaltakte forcieren, um Chiles Generäle zu einer Aktion zu veranlassen. ITT strebte auch nach Allendes legaler Wahl der Sturz des Präsidenten an, um die Konzerninteressen, in einer Größenordnung von hundert Millionen Dollar, gegenüber Sozialisierungsmaßnahmen zu wahren.

Eine Untersuchungskommission des Senats versuchte Licht in die Angelegenheit zu bringen. Wie bei nahezu allen ähnlichen parlamentarischen Bemühungen blieben die Hintergründe unaufgehellt. Für die Richtigkeit der Behauptungen Andersons und die Echtheit seiner — 80 Einzelakten umfassenden — Dokumentation spricht der Verzicht aller Betroffenen, einen Prozeß gegen den Kolumnisten zu wagen. Übrigens machte sich die Regierung in Chile die Anschuldigungen gegen ITT vollumfänglich zu eigen und sequestrierte die ihr erreichbaren Vermögenswerte des Konzerns. Und die von ITT-Seite vorausgesagte Aktion der Generäle erfolgte programmgemäß. Gegen den Massenmord an politischen Gegnern hat weder ITT noch Nixons Regierung protestiert.

Zwischenbemerkungen

Bei der Affäre Watergate ging es nicht etwa um Abgeordnete, Senatoren, hohe Richter, kleine Polizeibeamte, Gefängnisdirektoren, Bürgermeister, Polizeichefs oder sonstige Stadt-, Staats- und Bundes-Funktionäre, sondern um Akteure im „Weißen Hause" selbst, um die Spitzen der „Administration", die engsten Vertrauten Nixons und den Präsidenten in persona.

Es sollte undenkbar sein, daß bis in das „ovale Arbeitszimmer" des Präsidenten der Vereinigten Staaten von Nordamerika Elemente wirken konnten, die sich nicht nur bloß mit früheren Agenten assoziierten, um bestimmte politische Ziele zu fördern, sondern die gemeine Verbrecher miteinplanten, organisierten, den Verbrechern „Deckung" zusicherten und letztlich diesen Kriminellen Zusagen machten, die Anreiz bieten sollten, weitere Verbrechen zu begehen: Hilfe bei Fehlschlägen, Übernahme der Kosten der Verteidigung vor Gericht und darüber hinaus, zumindest andeutungsweise, die Aussicht auf rasche Begnadigung im Fall einer Verurteilung.

Die Verbrechen um Watergate und jene, durch welches Belastungsmaterial gegen Professor Ellsberg beschafft werden sollte, der Geheimpapiere des Pentagon an die „New York Times" weitergegeben hatte, nicht um

Geld zu verdienen, sondern um den Krieg in Vietnam zu verkürzen, bilden einen Komplex, der peinlicher ist als alles, was an politischen Untaten innerhalb des herrschenden Regierungssystems bis zu diesem Zeitpunkt geschehen war.

Alle diese Straftaten waren erst möglich, weil sich sogar im Weißen Haus eine Mentalität ausgebreitet hatte, in der Kabinettsmitglieder — nach der Terminologie in den USA gibt es keine „Minister", da die Träger dieses Amtes Staatssekretäre genannt werden, wie es auch in England der Fall ist — unmittelbar oder mittelbar mit Korrumpeuren und schließlich auch mit Kriminellen irgendwelche Verbindungen unterhielten.

Nur diese Mentalität macht den Fall Watergate überhaupt verständlich.

Die Frage: quo vadis Amerika? ist berechtigt.

Wo steuert das Staatsschiff hin, auf dessen Kapitänsbrücke ein Mann steht, der sich von Beamten ohne Gewissen und ohne Skrupel beraten ließ? Dabei sind zwei Möglichkeiten denkbar: Entweder der Präsident der Vereinigten Staaten von Nordamerika wußte nicht, daß seine engsten Mitarbeiter, sein höchster Justizbeamter, seine unmittelbaren Berater Verbrechen planten und sich mit Verbrechern einließen, in welchem Fall kein Zweifel bestehen kann, daß er nicht einmal die elementarsten Menschenkenntnisse besitzt, wie sie ein Präsident der Vereinigten Staaten von Nordamerika haben müßte.

Oder: Präsident Nixon ahnte zumindest von diesen Umtrieben. Daß er Einzelheiten wußte, wäre ungeheuerlich genug. Immerhin sagte sein Vertrauter Dean vor den Senatoren aus, Nixon sei über die Vertuschungsmanöver des Verbrechens informiert gewesen, habe sie sogar gutgeheißen.

Daß der Präsident der Vereinigten Staaten von Nordamerika, sei es auch nur stillschweigend, kriminellen Handlungen Vertraulichkeit zubilligt, ist unvorstellbar — oder sollte es sein.

Der Fall Watergate ist in einem immanenten Sinne nicht ein Einzelfall, er ist kein Erdbeben, das unerwartet plötzlich zur Spaltung der Erdoberfläche und zum Einsturz von Palästen wie Baracken führte. Er ist kein Ereignis, das sui generis bewertet werden könnte.

Er ist kein spontanes Naturereignis und nichts, was es gestern noch nicht gab und morgen nicht mehr geben wird. Watergate ist nur eine Phase in der Entwicklungsgeschichte der letzten hundert Jahre der Vereinigten Staaten in einer speziellen und relativ begrenzten und übersehbaren Sphäre.

Das aber wirft die Frage auf, ob dieser heutige Entwicklungsstand, der mit dem Namen Watergate zu einem Begriff wurde, überhaupt bei der Beibehaltung des bisherigen Systems der präsidentiellen Demokratie noch weiter aufrechtzuerhalten ist und ob die ständige Zunahme der krankhaften Begleiterscheinungen des öffentlichen Lebens in den Kreisen einer sogenannten „Elite", wie sie sich in einer beängstigend verdichtenden Weise kundtut, ohne schmerzliche Erschütterungen verhindert werden kann, um eine neue Phase der amerikanischen Demokratie einzuleiten.

Das bis jetzt zutage geförderte dokumentarische, nicht durch irgendwelche Zweifel zu mildernde Tatsachenmaterial über Watergate zeigt, daß die Krise der amerikanischen Demokratie nicht von vorgestern und nicht von gestern ist, sondern — abgesehen von der Entstehungsgeschichte — mit der an Korruption überreichen, hochkapitalistischen Zeit der Jahrhundertwende beginnt.

Es ist jene Zeit, da ein unbegrenzter Chancenreichtum auch minderwertigen, menschlich, seelisch, moralisch und ethisch defekten Subjekten, dank besonderer Begabungen auf „ihrem" Gebiet, zu immensem Reichtum verhalf und ihnen Machtbereiche öffnete, die eigentlich solchen Elementen verschlossen bleiben müßten.

Der Einfluß des Großkapitals auf die Politik nahm in ungeheuerlichem Ausmaß zu. Ohne diese Dekadenz der Mentalität jener Menschen, die ihre Vormachtstellung durch Einflußnahme auf das politische und soziale Gefüge und sogar die Rechtsprechung mißbrauchten, hätte es kein Watergate geben können, weil es unmöglich gewesen wäre, daß in die Leitstellen der amerikanischen Demokratie gewissenlose Subjekte eindrangen.

Es ist kein Trost, daß man beruhigt feststellen kann, wie wenig der einfache Bürger der Vereinigten Staaten mit diesen machthungrigen Korrumpeuren und Korrumpierten zu tun hat und wie weit entfernt er von diesem Getriebe lebt und meist schwer arbeitet.

Das gilt für die absolute Mehrheit des amerikanischen Volkes. Aber auf der anderen Seite muß man mit Besorgnis feststellen, daß unter dem Einfluß der seit Jahrzehnten sich steigernden Verflechtung des Unguten mit dem Verbotenen, des Unzulässigen mit dem

Kriminellen, sich mehr und mehr eine höchst gefährliche Indifferenz gegenüber der Korruption ergibt.

***

Es ist zum Verständnis des „Weges nach Watergate" erforderlich, einige besonders aussageträchtige Fälle übelster Affären wenigstens schlaglichtartig aufzuzeigen.

Im April 1970 begann der Leader der Republikaner im Parlament einen Kreuzzug gegen William O. Douglas, Richter des Obersten Gerichtshofs der Vereinigten Staaten von Nordamerika, des „Supreme Court", mit dem zugegebenen Endziel, „ihn von seinem Posten aus gewichtigen Gründen" zu entfernen.

Die Aktion war durch parteipolitische und persönliche Feindschaft ausgelöst worden.

Gerald Ford verfügte über ein beträchtliches Angriffsmaterial gegen den von ihm bekämpften hohen Richter.

In einer 90 Minuten währenden Rede verwies Ford auf die seit neun Jahren bestehende Verbindung, sogar eine Assoziation William O. Douglas' mit der „Albert-Paren-Foundation", deren Zielsetzung es ist, Studenten unterentwickelter Länder Hochschulplätze und Ausbildungsbeihilfen zu gewähren.

Der Abgeordnete verwies darauf, daß Richter William O. Douglas zwar vor einem Jahr seine Beziehungen zu der genannten Foundation abgebrochen und behauptet hatte, „niemals Kenntnis davon gehabt zu haben, daß diese Institution enge Beziehungen mit Gangstern in Las Vegas unterhalte".

Aber das Dementi änderte nichts daran, daß Ford Beweismittel anbot, Richter Douglas habe der Foundation unzulässige Rechtsratschläge in schwebenden Angelegenheiten gegeben und dies zu einer Zeit, als er bereits am Obersten Gericht der Vereinigten Staaten als Richter amtierte.

Ford bezog sich weiterhin auf die Verbindungen von Richter Douglas während seiner Zugehörigkeit zum Supreme Court mit einem fragwürdigen Washingtoner Lobbyisten Bobby Baker.

Ein weiterer „Anklagepunkt" Fords war die Stellungnahme Douglas' in seinem Buch „Evergreen", in welchem er die für einen der höchsten Richter der Vereinigten Staaten — nach Ansicht Fords und vieler anderer Parlamentarier und Juristen — unduldbare Ansicht vertrat, daß es „gegen Gewalt keine konstitutionellen Sanktionen gibt".

Aber auch auf dem Gebiet der Moral oder der sogenannten Moral wurde Douglas' Qualifikation zu einem der höchsten Richter der USA angezweifelt, da eine Mitarbeiterschaft an dem Sexmagazin „Playboy" mit der Würde eines Mitglieds des Supreme Court unvereinbar sei.

Die Bemühungen, durch ein „Impeachment" Douglas von seinem Richterstuhl zu entfernen, führten nicht zum Erfolg.

Unbestritten blieb der Vorwurf, er habe unlauteren Elementen als Rechtsbeistand Hilfe geleistet. Besonders der Fall Baker, ein Musterbeispiel von Korruption, belastete Douglas. Aber ohne Folgen für den Richter. Gerald Ford wurde übrigens als Kandidat Nixons im Dezember 1973 Vizepräsident der USA.

Unverkennbar übten die ungelösten — und auch vermutlich weiterhin kaum lösbaren — Rassenprobleme eine nicht zu unterschätzende Wirkung auf die Strafrechts- und Strafunrechtspflege der USA aus. Die mittelbaren Einflüsse dieser tiefgehenden Diskrepanzen zwischen Nord und Süd einerseits, weiß und schwarz andererseits, als weitere Konsequenz zwischen reich und arm besonders akzentuiert, führten ebenfalls zu einer Rechtsunsicherheit, die alle Folgen der Malaise einer korruptiven Gesellschaft intensivierte.

Kontinuierliches Unrecht, sichtbar von der Administration und der Justiz nicht nur toleriert, sondern akzeptiert, mußte ernste Folgen für die davon betroffenen Bevölkerungsgruppen und Gebiete haben.

Wo immer möglich, versuchten sich die Benachteiligten durch Gewalt — wie in den schweren Slumkämpfen der jüngsten Zeit — gegen eine feindliche Umwelt durchzusetzen. Wenn es nicht gelang, auf diese Weise Erfolg zu erringen, flüchteten die Unterdrückten in die Kriminalität, was wiederum weitere Korruption auslöste. Es ist geboten, an einem Beispiel zu demonstrieren, wohin die völlige Verwilderung der Grundbegriffe von Recht und Gesetz führt.

In Meridian, einer Kleinstadt im Staate Mississippi, wurden zwei weiße Bürgerrechtskämpfer, Andrew Goodman, 20, Michael Schwerner, 24, und der Farbige Gills Chaley, 21, ermordet aufgefunden.

Die Staatsanwaltschaft erhob nach langwierigen Ermittlungen Strafanklage gegen die mutmaßlichen Täter.

Die Untersuchung ergab, daß ein Sheriff Price, in dessen Obhut sich die jungen Leute im Gefängnis von Nashoba County befunden hatten, ihre Freilassung anordnete, nachdem er vorher mit lokalen „Führern" des Ku-Klux-Klan übereingekommen war, daß die drei jungen Menschen in einem nahegelegenen Wäldchen zu ermorden seien. Die örtlich zuständige Gerichtsbehörde eröffnete das Verfahren gegen die Mörder ausschließlich „wegen Verletzung der Bürgerrechte der Opfer", da eine Mordanklage in die Kompetenz des Bundesstaates Mississippi fiel, der jedoch die Strafverfolgung ablehnte.

Die des dreifachen Mordes überführten Angeklagten wurden von einem nur mit Weißen besetzten Gericht wegen der Verletzung der Bürgerrechte ihrer Opfer schuldig gesprochen, aber zu so geringen Strafen verurteilt, daß sie kurz nach dem Urteil provisorisch begnadigt und auf Bewährung in Freiheit gesetzt wurden. Auch der angeklagte Sheriff Cecil Price von Meridian und der Ku-Klux-Klan-Chef Samuel Bowers erhielten eine lediglich theoretische Strafe.

Welchen Ruf Parlamentarier in Washington „genießen" zeigt eine bündige Definition des bekannten Publizisten Drew Pearson, dessen Kolumne von 180 Tageszeitungen gedruckt wird: „Kein Mensch kann sicher sein, daß jeder der 100 Senatoren und 435 Abgeordneten ein ehrlicher Mann ist. Die neoklassizistische Regierungsart in Washington läßt kleine Diebe und waghalsige Räuber zu Erfolg kommen."

Aber weder einzelne Senatoren oder Abgeordnete noch etwa eine der beiden Institutionen hat wegen dieser Anschuldigung den Journalisten vor Gericht zitieren lassen.

In dem Buch „The Case against Congress" (Simon und Schuster, New York) wurde von Pearson und seinem Kollegen und Mitautor Jack Anderson auf 473 Seiten anhand Dutzender von Fällen der Beweis einer nur durch politische Machenschaften ermöglichten maßlosen Bereicherung vorgelegt: „Es ist besser, man fragt gar nicht mehr, wer die Handvoll Strolche sind, die das Parlament in einen so schlechten Ruf versetzt haben — sondern besser, man sieht sich nach den wenigen ehrlichen Leuten um."

Gewiß, es sind nicht alle Parlamentarier so hemmungslos wie der Senator Thomas J. Dodd, der — sehr seltene Ausnahme — vom Senat wegen seiner Selbstsucht wenigstens formell „getadelt" wurde.

Doch seine Verhaltensweisen führten nur für kurze Zeit dazu, daß die auf Sauberkeit bedachten Senatoren den Geächteten mieden. Schon nach wenigen Monaten waren wieder alle seine Freunde um ihn versammelt, wiewohl ihm nachgewiesen worden war, daß er von Firmen wie von Privatpersonen größere, mitunter sogar sehr bedeutende „Darlehen" entgegengenommen und sich mit „Gegendiensten" revanchiert hatte.

Die Einzelfälle sind geradezu grotesk. So besorgte Dodd gegen Barzahlung von über hunderttausend Dollar dem Rechtsanwalt Matthew Manes einen Aufsichtsratsposten in der „General Aniline und Film Corporation".

Fünftausend Dollar ließ er sich von einem „Kaufmann" James Kelley geben, dem er im Handelsministerium eine mit jährlich 13 500 Dollar Gehalt verbundene Stellung besorgt hatte.

Einem Samuel Heyman verschaffte der geschäftstüchtige Senator die Ernennung zum Bundesstaatsanwalt in Connecticut gegen ein „Darlehen" von 19 800 Dollar, ein Makler George Gilde erhielt für 15 000 Dollar eine Stellung in einem Amt, wo Senator Dodd manches zu sagen hatte: im Bureau des Senats.

Aber nicht immer konnte Dodd seine „Darlehen" so prompt kassieren.

Als ihn ein Bauunternehmer Perkins im Senatsbüro aufsuchte, um ihm 5000 Dollar für die Beschaffung einer Baugenehmigung auf einem Gelände der NASA, das für Neukonstruktionen gesperrt war, auszuhändigen, dauerte es mehrere Stunden, bis der Unternehmer sein Geld los wurde: Senator Dodd war wegen Volltrunkenheit nicht ansprechbar.

Der Publizist Pearson schildert im Zusammenhang mit Dodd auch kleinere Fälle, aber von penetranter Bedeutung: der Senator ließ sich von Firmen, denen er gefällig sein konnte, deren Privatflugzeuge für eigennützige Überlandflüge zur Verfügung stellen.

All diese Tatbestände reichten nur für einen „Tadel" des Senators durch seine Kollegen aus!

Das Team Pearson-Anderson konnte auch unwidersprochen in 180 Zeitungen veröffentlichen, daß etwa die Hälfte aller Deputierten und Senatoren in Washington Familienangehörige als besoldete Beamte beschäftige. Nach diesen Enthüllungen wurden lediglich einige dieser Verwandten aus ihren Anstellungsverhältnissen entfernt.

Auch dieser Klan-Rest war noch beachtlich: 14 Ehefrauen, 8 Schwestern, 4 Brüder, 3 Töchter, 2 Schwägerinnen, 2 Schwiegermütter, ein Schwiegervater, ein Onkel, mehrere Tanten, Nichten und Neffen blieben mit Staatsgeldern der Steuerzahler bezahlte Amtspersonen. Was sie dafür leisteten, blieb Geheimnis.

Der Abgeordnete Adam Clayton Powell — ein Farbiger, durch seine Position im politischen Machtbereich von New York nicht angreifbar — ließ seine Frau mit jährlich 20 678 Dollar als Kanzleiangestellte sich betätigen, als Tarnung unter ihrem Mädchennamen „Marjorie Flores". Die Dame hatte ihren Wohnsitz in Puerto Rico, wo sie ständig lebte und von wo aus sie nicht einmal ihren Ehemann in den USA besuchte.

Der Abgeordnete Hale Boggs, 1967 Fraktionsvorstand der Demokraten im Repräsentantenhaus, besorgte seiner Frau ein Monatsgehalt von 9000 Dollar, ein Parlamentsangestellter Thomas Ashley, Mitglied des „Banken-Ausschusses" des Parlaments, ließ seiner Schwester Mary 15 500 Dollar Jahresgehalt als Sekretärin anweisen. Sie wohnte in Boston und wurde nie im Parlament gesehen.

Pearson und Anderson errechneten, daß 1966 337 Abgeordnete auf Vergnügungsreisen, getarnt als Berufsreisen, bezahlt von Industriefirmen, die unterschiedlichsten Orte der Welt besuchten und sonderbarerweise meist solche Städte, die für ihr Nachtleben zu Weltruf gelangt waren.

Das bedeutendste Nachrichtenmagazin der Welt, „Time", stellt nach Aufzählung vieler erwiesener Fälle übelster Korruption die Frage: „Warum werden im Kongreß so schamlose und abstoßende Geschäfte gemacht? Hat das Parlament keinen Verhaltenskodex für seine Abgeordneten?"

Wie die „New York Times" März 1972 berichtete, gelangte eine über 14 Monate durchgeführte Untersuchung „unerlaubter Machenschaften" zu dem Ergebnis, daß „mehrere Richter, Rechtsanwälte, Staatsanwälte und höhere Polizeioffiziere in New York und Umgebung in einen Bestechungsskandal verwickelt sind, der den Rahmen aller bisherigen ähnlichen Fälle sprengt.

Das Beweismaterial, welches durch die behördlichen Ermittlungen beigeschafft werden konnte, ergab, daß Rauschgifthändler sich von Behörden Straffreiheit erkaufen konnten." Der Bericht blieb ohne Echo.

Im Mittelpunkt stand ein Staatsanwalt Whitney Seymour. Die für Börse und Hochfinanz wichtigste amerikanische Behörde ist die „Securities and Exchange Commission". Ihre Untersuchungen sollten, nach dem Willen des Gesetzgebers, „völlig unabhängig und unbeeinflußt von irgendwelchen Interessentengruppen, Firmen oder Personen durchgeführt werden".

Ende 1969 zeichnete sich eine Korruptionsaffäre im Zusammenhang mit der SEC ab, in welcher John McCormak, Speaker des Abgeordnetenhauses, eine unrühmliche Rolle spielte, die nie völlig aufgeklärt wurde.

Der einflußreiche Politiker hatte sich etwa 1949 den Juristen Dr. Martin Sweig mit einem im Laufe der Zeit auf 36 000 Dollar angestiegenen Jahresgehalt als Berater verpflichtet.

Völlig überraschend mußte der Vertraute des „Sprechers des Abgeordnetenhauses" sein Amt niederlegen.

Hinter der kurzgefaßten ersten Nachricht über diese Demission verbarg sich ein Fall besonders gravierender „Einflußnahme eines namhaften Politikers in ein Strafverfahren". Zu Gunsten eines schwerbelasteten Beamten.

Die während mehrerer Jahre mühevoll vorgenommenen Untersuchungen eines Ermittlungsteams der SEC lieferten einwandfreie Beweise, daß Dr. Sweig nicht nur seinen Chef, sondern auch eine merkwürdig vielseitige Firma Parvin-Dorman Co. mit guten Ratschlägen bedient hatte. Diese Unternehmung befaßte sich mit der Erzeugung und dem Vertrieb von Krankenhaus-, Restaurant- und sonstigem Geschäftsbedarf. Aber außerdem war sie an dubiosen Aktionen in Las Vegas beteiligt, die mit Glücksspielen und unerlaubten Börsenspekulationen zusammenhingen.

Die SEC verfügte auf Grund der Schuldbeweise eine Sperre des Handels mit Parvin-Dorman-Aktien, da sie bei Fortdauer der Börsenfähigkeit dieser Wertpapiere erhebliche Verlustrisiken für das Publikum sah.

Doch diese Verfügung blieb nur wenige Tage wirksam.

Aufgrund einer „Intervention von hoher Stelle" suspendierte die SEC ihre eigene Sperrorder.

Damit konnten die am raschen Absatz der Papiere interessierten Spekulanten ihre dringlichsten Börsentransaktionen vornehmen.

Aber die SEC sorgte dafür, daß diese skandalöse Durchkreuzung ihrer zum Schutze der Börse vorgenommenen Maßnahmen auf das genaueste durchleuchtet wurde.

So erfuhr die Öffentlichkeit, daß ein mysteriöser Rechtsanwalt Nathan Voloshen, der in Maryland eine Anwaltskanzlei unterhielt und zu deren Klienten unterschiedliche Persönlichkeiten zählten, berufsmäßig „unliebsame Maßnahmen von Bundesbehörden durch Einschaltung politischer Fürsprecher schlichtete".

Im Fall Parvin-Dorman bediente er sich als Mittelsmann der Dienste jenes Dr. Sweig, um die Verfügung der SEC gegen Parvin-Dorman zu Fall zu bringen:

In einer Zusammenkunft Voloshens mit einem Delbert Colman, Mitinhaber der Firma, wurde für diese „Aktion" ein Honorar von 50 000 Dollar vereinbart.

Wie Voloshen und Dr. Sweig das Honorar unter sich aufteilten, konnte nie festgestellt werden.

Aber die SEC legte Beweise vor, wonach Voloshen ein ständiger Besucher im Parlament in Washington war und in zahlreichen Verhandlungen große Erfolge auf dem Umweg über die Mobilisierung einflußreicher Politiker errungen hatte.

In Florida war er im Zusammenhang mit einer reichlich anfechtbaren Affäre tätig geworden, die später erhebliches Aufsehen erregte.

Aus niemals eruierter Quelle erhielt Voloshen Kenntnis von umfangreichen militärischen Bauvorhaben, die aus strategischen Erwägungen an ein engumrissenes Gremium gebunden waren.

Durch Mittelsmänner ließ er allen für dieses Projekt nutzbaren Boden aufkaufen, und da kein Außenstehender etwas von diesen Bauvorhaben auch nur ahnte, erfolgte der Erwerb zu niedrigen Preisen.

Die Indiskretion eines Insiders, die gewiß viel gekostet haben mochte, aber kaum mehr als einen winzigen Bruchteil der Summen, die durch die Verhundertfachung des Bodenpreises von den Spekulanten erzielt wurden, verschaffte Voloshen und seinen Assoziierten riesige Profite.

Alle Versuche, diese Transaktion nachträglich anzufechten, scheiterten.

Voloshens Protektoren schützten ihn — und sich.

Gewiß, John McCormak stand außerhalb des Kreises der Nutznießer.

Aber Voloshen und Dr. Sweig gelangen derartige Coups in erster Linie durch ihre Verbindungen zu einflußreichen Politikern.

Verbindungen und Querverbindungen ließen sich in bares Geld ummünzen.

Der alte Satz: manus manum lavat erfuhr eine neue Formulierung: wenn eine Hand die andere wäscht, werden beide Hände schmutzig.

So gewiß der Sprecher des Hauses in die dunklen Transaktionen weder verwickelt war noch aus ihnen irgendwelchen Nutzen zog, so gewiß öffneten sich durch Dr. Sweig, Voloshen und andere merkwürdige Gestalten, darunter der Rechtsanwalt Korshak aus Los Angeles, der Vertreter einer bedeutenden Gruppe von Chicagoer Gangstern betreute, und ein gewisser Edward Torres, der Spielbankinteressen wahrnahm, auf zahllosen Umwegen hergestellte Verbindungen zu Parlamentariern.

Es ergab sich, daß der Rechtsanwalt aus Maryland vom Parteibüro McCormaks — auf Kosten der Steuerzahler — seine zahllosen Ferngespräche führte, freilich in Abwesenheit des Parlamentariers.

In New York leitete schließlich das Bundesgericht ein Ermittlungsverfahren gegen den betriebsamen, doch publizitätsscheuen Voloshen ein.

Der einflußreiche Mann, der vielleicht seinen Einfluß auf seine Beschützer auch überschätzte, hatte den Versuch unternommen, auf dem Umweg über das Department of Justice — es entspricht im deutschen Sprachgebrauch dem Justizministerium — die Freilassung eines abgeurteilten Gangsters Frank Livorsi zu erreichen. Livorsi galt als ein wichtiges Führungsmitglied der New Yorker Mafia.

Gegen Dr. Sweig lief eine Untersuchung wegen fragwürdiger Vertragspraktiken bei Bauvorhaben im Betrage von elf Millionen Dollar, von welcher Summe fünf Millionen nicht auf die Konstrukteur-Konten eingezahlt, sondern zu Bestechungszwecken verwandt wurden.

Die Untersuchung ergab, daß Dr. Sweig und sein Auftraggeber Voloshen die Büroräume, die Telefone und Sekretariatsbeamten McCormaks zur Irreführung ihrer Klienten mißbrauchten und für einzelne „Interventionen" Honorare von 50 000 Dollar kassierten, um bei Bundesbehörden „schwebende" Verfahren im Sinne ihrer Klienten zu beeinflussen.

Gegen Dr. Sweig und seinen Anwaltskollegen Voloshen wurden Strafverfahren wegen Steuerhinterziehungen und des Verdachts von Meineiden eingeleitet.

In der Affäre des Senators Dodd spielte ein General a. D. Julius Klein eine maßgebliche Rolle.

Er zählte zu den erfolgreichsten Public-Relations-Leuten, die in Washington besonders für die Bundesrepublik-Deutschland-Reklame tätig waren.

Klein unterhielt enge Beziehung zu Bundeskanzler Dr. Konrad Adenauer, auf den er einen erstaunlichen Einfluß ausübte.

Des Generals Rolle in der Affäre des Senators Dodd blieb unklar. Er hatte die Verbindung Dodds mit Dr. Adenauer hergestellt.

Dodd stellte für seinen Einsatz zu Gunsten der BRD

die Bedingung, über die Öffentlichkeitsarbeit von Klein nur mit dem Bundeskanzler persönlich zu verhandeln. Klein, der Beträge von jährlich über 100 000 DM für seine Public-Relations-Arbeit erhielt, bezeichnete Senator Dodd als seinen „Freund". Dodd sah seinen Mittelsmann für Bonn als „Laufburschen" an.

Über Dodds Gespräche mit Adenauer meinte David Martin, einer der engen Mitarbeiter des Senators, der ihn auch in die Bundesrepublik begleitet hatte:

„Es war wohl der Eindruck Dodds, seine Reise nach Bonn sei mißverstanden worden."

Für welche Aufmerksamkeiten, Einladungen, Reisen und andere Annehmlichkeiten des Senators der General Klein gesorgt hatte, blieb unbekannt.

Immerhin konnte Klein den Senator ermuntern, an den damaligen Bonner Staatssekretär Dr. Ludger Westrick einen herzlichen Anerkennungsbrief zu schreiben. Im Dezember verfaßte Klein einen zweiten Brief in seinem eigenen Interesse an Westrick, und Dodd schickte ihn als seinen eigenen Brief an den Staatssekretär. Ob dieser Einsatz des Senators für einen Reklamefachmann solchen Genres uneigennützig erfolgte, steht dahin.

Bei den Senats-Hearings in Washington hatte Mr. Boyd, Assistent Dodds, ausgesagt, der Senator habe bei seinen Reden im Senat zur Deutschlandfrage auch „Material benutzt, das ihm von Klein überlassen worden war". Wegen der gegen ihn erhobenen Anschuldigung, er habe sehr bedeutende Beträge, die ihm als Parteigelder zugeflossen waren, veruntreut, richtete Dodd in einer Gegenklage fünf Millionen Dollar Schadenersatzforderung gegen die Verbreiter dieser Behauptung. Dodd galt als naher Freund Präsident Johnsons.

In Washington müssen sich alle „Agenten", die für die Interessen einer ausländischen Regierung publizistisch arbeiten, beim Department of Justice registrieren lassen. 32 solche Agenten werden in der „Liste" als für Japan tätig namentlich genannt, 28 für die Sowjetunion, 26 für San Domingo, 23 für Cuba, 20 für Frankreich und 16 für Israel.

Insgesamt sind 411 Personen als solche Propagandisten eingetragen. Die Tätigkeit dieser Agenten legt den Verdacht korrumpierender Hilfsmittel nahe.

Wieweit von den sehr hohen Beträgen, welche den Agenten von ihren Regierungen zugewiesen werden, mittelbar oder unmittelbar Politiker oder andere Kreise profitieren, bleibt natürlich unbekannt.

* * *

Einen ungewöhnlichen Skandal deckten die Veröffentlichungen des Washingtoner Journalisten Clark Mollenhoff auf, der schon 1948 den Pulitzer-Preis für „seine" Untersuchungen über Gangster-Organisationen erhalten hatte.

Mollenhoff veröffentlichte 1969 eine Reihe von schweren Anschuldigungen gegen Clemens F. Haynsworth jun., einen für das Amt eines Mitgliedes des höchsten amerikanischen Gerichts vorgesehenen Kandidaten Präsident Nixons.

Der Richter bezeichnete die verschiedenen Anschuldigungen des Journalisten als „Charaktermord", aber sie reichten aus zur Ablehnung von Haynsworth jun. durch den Senat.

Es war ebenfalls Mollenhoff, der den Rücktritt eines

Generalmajors vom Posten eines „Chief U.S. Marshall" erzwang.

Der Publizist berichtete, der hohe Offizier habe nicht nur „außerordentlich bedenkliche Privatgeschäfte" getätigt, sondern an „kriminellen" Transaktionen mit den amtlich zugelassenen MCO-Groups, bei denen es um Millionenbeträge ging, teilgenommen.

Die wohl schwerste Anschuldigung, die auf Material zurückging, das ebenfalls Mollenhoff ermittelt hatte, richtete der republikanische Senator John Williams gegen Bundesbeamte der Administration.

Er behauptete, engen Freunden Präsident Johnsons sei „aus Bundesbesitz" Land in Austin für „ein Butterbrot" zugeschanzt worden.

Gegenüber dem realen Wert dieser Ländereien — über zwei Millionen Dollar! — hatten die Protektionskinder einen Bruchteil der Summe bezahlt.

Ebenfalls auf Mollenhoffs Untersuchungen gingen auch Anschuldigungen gegen den damaligen Vizepräsidenten Hubert Humphrey zurück, der — angeblich — mit einem seiner Freunde, Max Kampelmann, in eine unsaubere Transaktion mit Lieferungen von Waren nach Indien verwickelt gewesen sei, die, entgegen den für solche Geschäfte bestehenden Vorschriften, doch genehmigt worden waren — nicht zum Nachteil Kampelmanns.

* * *

In New York, dem riesenhaften Sumpfgebiet politischer Skandale mit materiellem Hintergrund, wurde 1967 einer der nächsten Freunde des — 1973 abgetreten — Mayor Lindsay, der Stadtkommissar Marcus unter dem dringenden Tatverdacht der „passiven Bestechung und der Beteiligung an Geschäften mit notorischen Mafiosi" festgenommen.

Marcus hatte verschiedenen anrüchigen Firmen Aufträge gegen Provisionszahlungen sechsstelliger Größenordnung verschafft.

Einige dieser „Transaktionen" führte er gemeinsam mit einem „namhaften Mitglied der Mafia-Familie", dem berüchtigten Gangster Corallo, durch.

* * *

Es ist unbestreitbar: die Macht des Großkapitals aller Schattierungen wirkt sich zunehmend auf die staatliche Administration und besonders auf die parlamentarische Demokratie der USA aus. Und auf die Gangster.

Gemessen an den materiellen Mitteln, die der Hochfinanz, den immer härter vordringenden „Conglomerate"-Gewalten und der Großindustrie zur Verfügung stehen, sind die Vertreter der Administration, der Staatsverwaltung und ganz besonders die Parlamentarier arme Schlucker. Wie sich die negativen Faktoren in dieser Beziehung vermehrt haben, zeigt ein Beispiel: vor nur 138 Jahren ergab eine Sammlung, die Freunde Abraham Lincolns veranstaltet hatten, um ihm einen „Wahlfonds" zur Verfügung zu stellen, die stolze Summe von 200 Dollar.

Nachdem er gewählt worden war, zahlte der zum Präsidenten aufgerückte Kandidat den Spendengebern der 200 Dollar genau 199,25 Dollar zurück, da er lediglich 75 Cents für seine Wahl an eigenen Spesen ausgegeben hatte. Die zweite Wahl Nixons 1972 erfolgte mit einem direkten und indirekten Gesamtaufwand von rund 300 Millionen Dollar.

Von dieser enormen Summe flossen nur „einige spärliche Millionen von Dollar" zurück an die Spender: an jene, die widerrechtlich als juristische Personen Geld für Nixons Wahl gegeben hatten, wiewohl nach dem Gesetz nur physische Personen spenden durften. Nach William Domhoffs fundierten Untersuchungen kamen die Wahlgelder für Nixon vorwiegend aus Kreisen der Industrie, der Banken, des Großkapitals — Unternehmergelder aller Art.

Um unerlaubte Konzern-, Trust- und Firmenspenden zu kompensieren, machten zahlreiche Großunternehmen kleinere Umwege.

Beispiel: die TEXACO ließ ihren für Personalfragen und Public-Relations verantwortlichen Vizepräsidenten Rundschreiben an sämtliche Firmenangehörige richten, um sie zu Spenden — 6 Dollar monatlich, für ein Jahr also 72 Dollar — zu veranlassen: Spenden für „jenen Kandidaten, der für die Position der Firma Verständnis zeigt".

Diese indirekte Spendenwerbung bei Firmenabhängigen ist legal, so gewiß sie den bescheidensten Ansprüchen an Ethik und an Respekt vor Bürgerrechten widerspricht. Die gesetzlich verankerte Meldepflicht aus dem Spendengesetz von 1925 hatte den Zwang zur Angabe jeder Spende ab 100 Dollar festgesetzt.

Niemand aber mußte es melden, wenn er zehn- oder hundertmal 99,99 Dollar spendete — vorsichtshalber natürlich an verschiedene Wahlkomitees und Lokalitäten „seines" Kandidaten. Die neuen Bestimmungen des

Spendengesetzes von 1972 vermögen die Durchlöcherung der strengeren Bestimmungen nicht zu hemmen.

So flossen hunderttausende Dollars aus durchaus uneruierbaren Quellen in Nixons Wahlfonds.

Im Zusammenhang mit dem Watergate-Einbruch kam nach Nixons Wahl eine 200 000-Dollar-Spende aus Mexiko. Der Betrag war vorher, von offenbar großherzigen Leuten, zur Deckung der Kosten der Verteidigung der Watergate-Einbrecher nach Mexiko überwiesen worden, um den Ursprung des Geldes zu tarnen.

Vielleicht hätte sich das Gesetz von 1972 positiver für die Sauberhaltung der Wahlfinanzierungen ausgewirkt, wäre nicht vom Kongreß eine Schonfrist von 2 Monaten allen Spendern gewährt worden.

Wer also innerhalb dieser 60 Tage spendete, brauchte überhaupt keinerlei Meldung über seine Gabe zu erstatten. Und 60 Tage sind für solche Schweigerechte eine lange Frist.

Die durch Nutzung dieser Zeitspanne gespendeten Summen dürften mehr Millionen umfaßt haben als die gemeldeten Beträge, die von „kleinen Leuten" stammten.

Die Spenden dienen bestimmten Interessenten-Gruppen dazu, jene Kandidaten „durchzubringen", die entscheidende Positionen in den wichtigsten Ausschüssen des Parlaments besitzen.

Der Vorsitzende des „Innenausschusses" des Repräsentantenhauses ist ein eher unscheinbar anmutender Mr. Aspinall.

Aber sein „Ausschuß" hat mitentscheidenden Einfluß auf die Bewertung der Gewinne ganzer Großindustrie-Gruppen.

Allein die bedeutendsten Firmen der Ölindustrie bedachten Aspinall — freilich ausschließlich in Würdigung seiner für die Gesamtwirtschaft wichtigen Dienste — mit 21 Schecks.

Zu den Spendern gehörten — wie der bedeutendste Verbraucher-Rechtsanwalt der USA, Ralph Nader, ermittelte — „Humble-Oil"-Texas, Shell, Marietta, American Metal, Climax, Kennecott Copper, Union Oil, Atlantic Richfield, Dow Chemical, Burlington und viele andere.

Natürlich wird niemand auf den Gedanken kommen, daß ein mit diesen Schecks bedachter Parlamentarier etwa die Interessen der Geber vertritt.

Er wird vom Volk gewählt, dient dem Volk und betrachtet die Gaben der Großkonzerne lediglich als stimulierendes Mittel, um weiterhin den Gemeinnutz gegenüber dem Eigennutz zu stärken.

Auch andere Ausschuß-Vorsitzende wichtiger Gremien versuchten auf ihre Weise der Allgemeinheit zu dienen. Als die Regierung Nixon die von den Farmern geforderte Milchpreiserhöhung rigoros ablehnte, da sie „besonders inflationär wirken würde", flossen den maßgebenden Parlamentariern sogleich beträchtliche Spenden zu, und die Farmer stifteten dem Wahlfonds Nixons 255 000 Dollar, ausbezahlt in Raten.

Die Verweigerung der Erhöhung des Milchpreises wich „als Folge neuer Argumente der Milchwirtschaft" der Gewährung der Erhöhung.

Das Volk, wirksam in seinen Interessen vom Kongreß vertreten, wurde auf diese Weise mit 500 bis 700 Millionen allein für das Jahr 1973 belastet.

Die Zusammenkunft mit Präsident Nixon schilderte

William Powell, Präsident des Molkereiverbandes „Mid-American Dairymen", in einem Brief an ein Verbandsmitglied:

„Lieber . . .
Wir Milchwirtschaftler können eine einflußreiche Gruppe sein.
Am 23. März 1971 saß ich zusammen mit neun anderen Farmern der Milchwirtschaft im Kabinettssaal des Weißen Hauses dem Präsidenten der Vereinigten Staaten gegenüber und hörte, wie er die Milchwirtschaftler wegen ihrer bewundernswerten Arbeit bei der Konsolidierung und Einigung unserer Branche und wegen unseres politischen Engagements lobte.
Er sagte: ‚Sie, meine Herren, sind meine Freunde, und das weiß ich zu schätzen.'
Zwei Tage später ordnete das Landwirtschaftsministerium die Erhöhung des Subventionspreises für Milch an . . ., wodurch die Einkünfte der Farmer aus dem Absatz von Milch um 500 bis 700 Millionen Dollar gesteigert wurden. Wir Milchwirtschaftler sollten einen solchen wirtschaftlichen Vorteil nicht übersehen.
Ob es uns gefällt oder nicht — so funktioniert das System eben."
Das einzig Ungewöhnliche an dem Feldzug der Milchwirtschaft war seine Publicity.
Als Neulingen in diesem Betätigungsbereich war den Milchwirtschaftlern freilich ein Fehler unterlaufen: Sie hatten eine ungeschminkte Meldung über die Zuwendungen abgegeben.

Beispiele dieser Art gibt es in beliebiger Zahl, auch wenn die Summen, um die es geht, erheblich variieren. Selbstverständlich ist es durchaus unzulässig, diese Machinationen schlicht und einfach — etwa mittelbare — Bestechungen zu nennen.

Sie sind weiter nichts als Auswirkungen einer Mentalität, die beim kleinen, jedoch paragraphenmäßig faßbaren und erfaßbaren Übeltäter geahndet wird, sobald sie sich in einer strafbaren Handlung manifestiert, während sie auf gehobenem politischem Niveau ohne Folgen für den Nehmenden und den Gebenden bleibt.

Ausnahmen, wie sie sich im Fall Watergate zeigen, sind keineswegs die Norm, sondern — von den Beteiligten als bedauerlich empfundene — Entgleisungen, die aber dem herrschenden System und dem american way of life — allerdings eher auf Washingtons und ähnliche Agglomerationen bezogen — entsprechen.

Verallgemeinerungen wären irreführend.

***

Eine der folgenschwersten Erscheinungen im öffentlichen Leben der USA geht auf die zutiefst unsoziale Verteilung der Privatvermögen zurück.

Ohne auf die bedenklichen Folgen der „Clanbildung" mit Einzelbeispielen hinzuweisen, bedeutet die Konzentration enormer Werte in einigen wenigen Familien Warnzeichen unverkennbarer Auswirkungen.

Es sind nicht Hunderte von Dollarmillionen, sondern Milliardenbeträge, die sich im Besitz einer geringen Zahl von Familien befinden.

Der Kennedy-Clan ist dabei weit über seine Bedeutung hinaus in den Vordergrund gerückt worden, was jedoch nicht so sehr dem Familienvermögen entspricht, sondern seinen Aktivitäten auf politischem Gebiet.

Gemessen an den Du Pont de Nemours sind die Kennedys fast noch dem Mittelstand zuzuzählen, während die Rockefellers zur Spitzengruppe gehören.

Aber es gibt Familien mit Vermögenswerten von vielen Hunderten Dollarmillionen — auch über Milliardengröße hinaus —, die an keinen Namen gebunden sind, da die Träger jede Öffentlichkeit scheuen.

„Business Week", eine hervorragende Fachzeitschrift, brachte im Jahr 1972 einen Bericht über die Vermögensverteilung in den USA.

Die NZZ publizierte ihn bald darauf auszugsweise mit dem Untertitel: „Eine wahltaktisch brisante Untersuchung":

„Kürzlich veröffentlichte ‚Business Week' die Ergebnisse einiger wissenschaftlicher Analysen über die Verteilung von Besitz und Einkommen unter der amerikanischen Bevölkerung — ein Thema, das in der gegenwärtigen Wahlkampagne den meisten Stoff für Auseinandersetzungen liefert.

Gemäß den publizierten Angaben besitzt ein Prozent der Reichsten unter der erwachsenen Bevölkerung der Vereinigten Staaten, eine Gruppe von etwa 1,5 Mio. Personen, rund ein Viertel des gesamten privaten Vermögens in den USA, das heißt ungefähr eine Billion Dollar.

Eine Gruppe von 5 % der amerikanischen Familien besitzt 40 % dieses privaten Gesamtvermögens, und das wohlhabendste Fünftel der Bevölkerung weist dreimal mehr Vermögen aus als die restlichen 80 % der Einwohnerschaft.

Nach den Unterlagen der Steuerbehörden erhielt die minderbemittelte Hälfte der amerikanischen Bevölkerung 23 % des amerikanischen Gesamteinkommens im Jahre 1969, doch besaß sie nur 3 % des den Steuerbehörden 1970 ausgewiesenen Vermögens.

Die Korrelation zwischen der ungleichmäßigen Verteilung der Einkommen und des Besitzes fußt auf dem Umstand, daß hohe Einkommen zu Ersparnissen und damit zu Besitz führen, der neues Einkommen schafft.

Wie aus den wiedergegebenen Untersuchungsresultaten hervorgeht, war in den zwanziger Jahren in den USA eine verstärkte Konzentration der Vermögen zu beobachten, die zwischen der Weltkrise und dem Ende der vierziger Jahre nachließ, in den fünfziger Jahren aber von neuem zunahm.

In den sechziger Jahren dürfte sich der Konzentrationsprozeß etwas verlangsamt haben.

Obwohl nur ein Fünftel der Amerikaner ererbte Vermögenswerte als für ihr derzeitiges Vermögen substantiell bezeichnet, scheinen Erbschaften bei großen Vermögen eine wichtige Rolle zu spielen — so, nach den Untersuchungsresultaten, bei 34 % jener Familien, deren Vermögen auf 500 000 Dollar und höher liegt, und bei 57 % jener Amerikaner, die ein Einkommen von 100 000 Dollar ausweisen.

Obwohl die amerikanische Bevölkerung als Ganzes seit dem Ende des Zweiten Weltkriegs weit wohlhabender geworden ist, vergrößert sich der Abstand zwischen arm und reich, wie die Resultate der Untersuchungen ergeben, auch weiterhin.

Der Personenkreis mit Aktiven von 60 000 Dollar und mehr, der im Jahre 1953 rund 1,6 Mio. zählte, war bis 1963 auf 4,1 Mio. angewachsen; sein entsprechendes Nettovermögen stieg von 281 Mia. auf 670 Mia. Dollar, der Anteil am Volksvermögen von 27,6 % auf 36,6 % und an der gesamten erwachsenen Bevölkerung der Vereinigten Staaten von 1 % auf 2,2 %.

Diese Gruppe umfaßt heute schätzungsweise 10 Mio. Personen.

Doch 1 % der Reichsten unter den Vermögenden wies 1962 ein Vermögen von 512 Mia. Dollar oder 28 % des gesamten amerikanischen Privatvermögens aus.

Heute dürfte dieser Prozentsatz etwa gleich hoch, das Vermögen dagegen doppelt so hoch liegen.

Nach einer von dem Statistischen Bundesamt in Auftrag gegebenen Untersuchung hatten weniger als 1 % der Verbrauchereinheiten (Familien und Einzelpersonen ohne Anhang) ein Vermögen von 500 000 Dollar oder mehr und 2 % ein solches zwischen 100 000 und 500 000 Dollar, während das Vermögen der mit 23 % größten Gruppe unter den Vermögenden in der Spanne zwischen 10 000 und 25 000 Dollar lag.

Interessant sind schließlich auch die Angaben über den Besitz von Aktien: Im Jahre 1962 besaßen 1 % der Einwohner mit Vermögen 62 %, die reichsten 5 % etwa 86 % und die reichsten 20 % der vermögenden Bevölkerung rund 97 % aller Aktien.

Fast die Hälfte aller Vermögenswerte der Privatpersonen besteht aus Aktien, dem weitaus beliebtesten Anlageinstrument; etwa ein Viertel wird in Grundbesitz angelegt, während Barkapital rund ein Zehntel der Vermögenswerte darstellt."

Würde man den auf dem Umweg über Größtfirmen getarnten „Privatbesitz" in die statistischen Daten einbeziehen können, was bei der Anonymität und der Dislozierung in ausländische Beteiligungen praktisch unmöglich ist, so ergäbe sich eine noch weitaus bedenklichere Finanzmachtkonzentration in wenigen Händen, als es die vorstehenden Angaben vermuten lassen.

Der wohl meist eiserne Wille, solche immensen Besitzpositionen nicht nur zu halten, sondern weiter auszubauen, ist — im heutigen gesellschaftlichen Gefüge der USA — nur noch durch Ausweitung politischen Einflusses denkbar. Und mit dieser gewiß grundsätzlich unanfechtbaren Erkenntnis führt der Weg zurück zum Watergate-Komplex, der ohne die mit diesen Hinweisen skizzierte Sachlage undenkbar wäre.

Natürlich konnten diese Fakten hier nur kurz angedeutet werden. Allein eine Sammlung der Tatsachenberichte über Affären dieser Art und zwar ausschließlich erwiesener und nicht widersprochener Darstellungen — würde, wie gesagt, einige tausend Seiten füllen.

Hinzuzuzählen wäre, zur Erklärung dieser Art von Phänomenen, die sogenannte „gemeine Kriminalität", deren Wachstum das der Bevölkerung um das Mehrfache — bei manchen Delikten um das Dreißigfache — übertrifft.

Dabei sind die Statistiken der Verbrechen nahezu allesamt amtlich frisiert und die wirklichen Daten verschleiert. Dieser Tatsache widersprach besonders heftig jener John D. Ehrlichman, der als einer von Nixons Chefadvisern seinem Namen wenig Ehre bereitete.

Aber unparteiische Experten, wie etwa David Seidman von Princeton, stellte fest: „Straftaten, welche keine oder nur geringe Chancen der Aufklärung bieten, werden statistisch nicht erfaßt."

Und Ernst & Ernst, die namhafte Accounting-Firm, ermittelte, daß durch die Kriminalbehörden „Straftaten mit einer Schadenssumme von über 50 Dollar einfach in die Kategorie unter 50 Dollar klassifiziert werden, um sie so aus der Statistik herauszuhalten.

Unter 50 Dollar Kleindelikt, also statistisch nicht erfaßt, im Gegensatz zum Delikt mit einem Schaden über 50 Dollar, der als statistisch zu erfassende Straftat bewertet werden muß."

Der Anstieg der Kriminalität, besonders der Gewaltverbrechen aller Kategorien — Mord, Tötung, Vergewaltigung, Überfall, Einbruch und so weiter, hat zwar Detroit mit an die erste Stelle der Liste emporgerückt, aber Washington besitzt, zumindest für eine Reihe von Verbrechen, den unstrittigen Vorrang.

Es wäre verfehlt, aus dieser Massierung der gemeinen Kriminalität am Ufer des Potomac auch auf eine Massierung der politischen Kriminalität zu schließen, zumal ja letztere keineswegs durch so klare Interpretationen des Straftatbestandes erfaßt — und verfolgt — werden kann wie das leicht definierbare Verbrechen.

Aber es kann kein Zweifel bestehen, daß ohne die Verwilderung der politischen Sitten — die als Unsitten längst salonfähig geworden sind — die Watergate-Geschehen hätten kaum Realität werden können.

Daß die Mentalität, die Bestechung, Lug und Trug für durchaus angebrachte Mittel des politischen Kampfes ansieht, entscheidend für Watergate und die Bewertung der politischen Szenerie Washingtons war, ist unleugbar.

Ebenso die Tatsache, daß es überhaupt eines sich so lange hinschleppenden Senatsverfahrens bedurfte, anstatt — wie es nun einmal bei Verbrechen üblich ist — die Polizei zu rufen.

Aber vielleicht geschah das nicht: möglicherweise wegen der Gefahr, auf pflichtgetreue Beamte zu stoßen.

Wie begründet sich diese Vorsicht erwies, ergab die Abberufung des Sonderstaatsanwalts Cox durch denselben Präsidenten Nixon, der ihm alle Vollmachten gegeben hatte, den Fall Watergate aufzuklären.

Aber anscheinend war nicht jene Vollmacht inbegriffen, an die Täter auch dann heranzukommen, wenn sie im Weißen Hause selber saßen.

Offenbar wurde von diesem Beamten erwartet, daß er dem Präsidenten gegenüber ausreichend „loyal" sein werde, um ihn nicht zu gefährden.

Der kleine farbige Wächter, der die Watergate-Einbrecher stellte, und der Sonderstaatsanwalt Cox haben eins gemeinsam:

Sie gaben ihrer Pflicht den Vorrang vor jedweder Rücksichtnahme auf Kriminelle.

Der kleine farbige Wächter hatte Erfolg.

Der Sonderstaatsanwalt nicht.

Die Korruption in den Kreisen der Parlamentarier — sowohl der Senatoren wie der Abgeordneten — zwang zu „Abwehrmaßnahmen", die aber kaum wirkungsvoll sein konnten, denn sie wurden ja gerade von jenen Gremien beschlossen, deren Schiebergeschäfte sie verhindern sollten. Der Zwang, Senatoren durch derlei Auflagen zur Offenlegung von Einkünften zu bewegen, die „den Betrag von 300 Dollar übersteigen", blieb vorwiegend reine Theorie. Es gab kaum Senatoren, die Honorare von weniger als 300 Dollar kassierten, und was darüber lag, fand selten Niederschlag in einer Quittung. Wahlspenden, ebenfalls meldepflichtig, wenn sie auch nur 100 Dollar überschritten, wurden getarnt. Wer an einem Dinner teilnahm, das „pro Couvert" 100 — und oft auch erheblich mehr — Dollar kostete, gab ja formaljuristisch keine Wahlspende, sondern bezahlte eben ein Luxusdinner mit einer Luxussumme. Wo die Grenze zwischen „Wahlspende" und „Verzehrspesen" gezogen wurde, blieb strittig. Auch Eisenhower, Johnson, Kennedy, Truman — und die anderen Präsidenten — mit seltensten Ausnahmen — brachten auf dem Umweg über Banketteinladungen zu Phantasiepreisen sehr große Summen in die Wahlfonds ihrer Partei ein.

Die Pflicht, „Einkommen aus kommerzieller Betätigung, soweit es 1000 Dollar im Jahr übersteigt", und ebenso „Beteiligungen im Wert von über 5000 Dollar" offenzulegen, war für jene, die sich diesen Bekenntnissen nicht beugen wollten, ebenfalls leicht zu überwinden. Profite ließen sich beliebig verschleiern, und Beteiligungen, auch sehr hohe Summen, liefen auf den Namen der Ehefrau oder eines Strohmannes. Nicht minder bedeutete die Bestimmung, „ungesicherte Darlehen von 10 000 Dollar oder mehr, falls sie für länger als 90 Tage gewährt wurden, offenzulegen", lediglich Augenauswischerei. Es genügte, formell am 89. Tag das Darlehen „zurückzuzahlen" und es am 91. wieder aufzunehmen, um dieser Anmeldepflicht auszuweichen.

Ebenso wirkungslos blieben die „Ehrenausschüsse". Dies „Select Committee on Standards and Conducts" zeichnete sich durch besondere Trägheit in der Führung aller bei ihm anhängigen Verfahren aus. Es galt als Sensation, als es in jenem Fall Dodd den Beschluß faßte, dem korrumpierten Senator einen „Tadel" auszusprechen. Es bedeutete zugleich, daß Dodd weiter Senator blieb.

Eine gemeinschaftliche weitgehende Korruption der Senatoren war offenkundig. Keine Krähe hackt der anderen ein Auge aus. Als der Senator Edward Long mit der Anschuldigung konfrontiert wurde, er habe 160 000 Dollar Honorar von dem skrupellosen Präsidenten der Transportarbeiter-Gewerkschaft, James Hoffa — der erst 1973 durch einen Gnadenakt vorzeitig aus dem Zuchthaus entlassen wurde —, verteidigte er sich mit durchsichtigen Verdrehungen, indem er die empfangenen Hoffa-Gelder aus Zahlungen anderer Klienten seiner Anwaltskanzlei „zusammenaddierte". „LIFE" veröffentlichte eine weitere schwere Beschuldigung Longs: seine Anwaltskanzlei, die er auch als Senator beherrschte, habe jahrelang überführte Gangster aus St. Louis und Las Vegas anwaltlich beraten. Das Belastungsmaterial war so gravierend, daß sich das „Committee" unter dem Druck der Öffentlichkeit ebenfalls zur Einleitung eines Ehrengerichtsverfahrens entschließen mußte. Aber das Verfahren ließ sich so lange hinausziehen, bis Long seinen Senatssitz in Eagleton verlor, weil er trotz hoher Bestechungsgelder seinerseits den Sieg des Gegenkandidaten nicht verhindern konnte. Damit mußte das Verfahren gegen ihn eingestellt werden, da das Ehrengericht nur im Falle von Anschuldigungen gegen einen Senator Kompetenz besaß. Auch andere eindeutige Fälle übelster Korruption führten nie zu irgendwelchen Folgen.

Nicht anders beschaffen war die Mentalität im Repräsentantenhaus, das sich ebenfalls einen „Ehrenausschuß" zugelegt hatte. Abgesehen von nahezu nichtssagenden und niemals zufriedenstellend abgeschlossenen Fällen befaßte sich dieses Komitee, das zur Wahrung der Integrität der Abgeordneten eingesetzt worden war, nur mit einem einzigen ernsthaften Korruptionsfall. Der Abgeordnete John Dowdy war beschuldigt worden, Bestechungsgelder angenommen zu haben. Dank seiner Unvorsichtigkeit ließ sich der Schuldbeweis lückenlos erbringen. Nun wäre es an der Zeit gewesen, ein Beispiel zu statuieren, doch die zur Wahrung der Ehre des Parlaments eingesetzten Mitglieder des Gremiums begnügten sich mit einem Antrag an das Plenum, dem Abgeordneten eine Teilnahme an Ausschußsitzungen zu untersagen und ihm das Stimmrecht im Plenum des Parlaments zu entziehen.

Doch das Parlament brauchte sich mit diesem Antrag nicht zu befassen: der Präsident des Geschäftsordnungs-Ausschusses, der Abgeordnete William Colmer, lehnte die Entgegennahme des Antrags ab. Den Ausweg aus der delikaten Situation fand Dowdy, beraten von Parteifreunden, die einen Skandal befürchteten: er sandte seinerseits dem Sprecher des Hauses, dem Abgeordneten

Carl Albert — der nach dem 1973 erzwungenen Rücktritt des skandalumwitterten Agnew und mit dem Fehlen eines sofort greifbaren Vize-Präsidentschaftskandidaten als Anwärter galt — einen Brief, in welchem er zwar nicht sein — recht lohnendes — Abgeordnetenmandat niederlegte, aber sich bereit erklärte, auf jede Teilnahme an Ausschußsitzungen und an Abstimmungen im Parlament zu verzichten. Damit war ein Abgeordneter kreiert worden, der kein Stimmrecht besaß — ein absolutes Novum im parlamentarischen Leben. Ob ein derartiger Verzicht auf die Rechte, die ein Abgeordneter durch seine Wahl erhält, rechtlich zulässig ist, wurde überhaupt nicht geprüft. Dowdy selbst hielt offenbar wenig von der Rechtsverbindlichkeit seines Verzichts. Er wagte zwar nicht, selbst an einer für seine Partei möglicherweise ungünstig ausgehenden Abstimmung in einem Ausschuß — von dem er sich ausgeschlossen hatte — teilzunehmen, warf aber seine Stimme dennoch in die Waagschale, indem er einen seiner Parteigenossen als Stellvertreter für sich abstimmen ließ.

Die Ursache dieser Korruption in Repräsentantenhaus wie Senat ist klar zu erkennen:

Jedes Mandat bedeutet Geld. Um es sich zu sichern, „investiert" der bisherige Kandidat, um wiedergewählt zu werden, und der neue, um erstmals überhaupt einen Sitz zu erringen. Eine spezialisierte Lobby befaßt sich mit der „Auswahl" jener „Neulinge", von denen eine kräftige Unterstützung gewisser Privatpersonen, Firmen, Konzerne, Syndikate und sonstiger Gruppen zu erwarten ist, deren Anliegen durch Abgeordnete oder Senatoren gefördert werden können. Je nach Bereitschaft des Kandidaten, die in Frage stehenden Bestrebungen zu unterstützen, werden die Spenden für die Wahlfonds bemessen. Bei den „alten Hasen" des Repräsentantenhauses und des Senats kennen die Interessenten sowohl die Bedeutung des Einflusses des einzelnen Parlamentariers wie auch die Summen, die aufzubringen sind, um eine Neuwahl oder eine Wiederwahl abzusichern.

Gewiß gibt es auch durchaus honorige Alt- und Neukandidaten. Es wäre entsetzlich, gäbe es sie nicht. Aber allgemein ist das Parlamentariertum eine Art „Job" geworden — und der Begriff „Job" ist nun einmal mit Geld, mit Gewinn, mit möglichst großem und möglichst sicherem Profit verbunden. In vielen Bereichen überschneiden sich Eigennutz und Gemeinnutz, so daß eine Klärung, welche Motive die eine oder andere Stellungnahme des Gewählten bewirken, nicht immer möglich ist. Abgeordnete werden auch vielfach selbstlos die Interessen ihres Wahlkreises vertreten, denn die damit gewonnene Popularität bildet ein solides Fundament für eine Wiederwahl. Aber oft liegen diese Interessen nah neben solchen privatwirtschaftlicher Art, und die Verkettung von Altruismus und Egoismus ist die Folge. Ein als „gut" und „erfolgreich" geltender Parlamentarier wird nicht nur im Bereich kultureller Anliegen die Wünsche seiner Wähler fördern, sondern auch die mehr oder minder „lokale" Industrie oder Landwirtschaft durch Beschaffung von Aufträgen oder Rohstoffen oder begünstigenden Verträgen oder fördernde Gesetze bei guter Wahllaune halten.

Eine unverkennbare Gefahr bildet auch die Zusammensetzung des Abgeordnetenhauses. Nach Ralph Nader

— der die mächtige Autoindustrie der USA das Fürchten lehrte — liegt das Durchschnittsalter der Abgeordneten bei 52 Jahren. Durch den raschen Abnützungsprozeß droht eine Vergreisung der Gesetzgeber, die im Durchschnitt siebenmal wiedergewählt werden, wodurch eine weitere Lähmung der Effektivität eintritt, anstatt daß frische Kräfte hinzukommen. Die Verbindung des Parteiapparates mit dem immer wiederkehrenden Altabgeordneten als Wiederabgeordnetem bringt Interessengemeinschaften mit sich, die der Allgemeinheit nicht sehr förderlich sind. Cliquenbildung trägt zur einseitigen Interessenvertretung von Gruppen erheblich bei. Und die Cliquen wiederum dominieren durch ihren Einfluß in weiten Schichten der Wählerschaft, so daß alle möglichen Sonderinteressen vor denen der Allgemeinheit zur Geltung kommen.

Es ist auch der Apparat der jeweils herrschenden Partei, der nicht nur den Abgeordneten bestimmt, sondern gleichfalls alle durch Wahl zu besetzenden öffentlichen Ämter mit ihren eigenen Anhängern füllt, die ihrerseits den von der Partei nominierten Parlamentarier unterstützen. Das kann beim gewählten Sheriff wie beim gewählten Staatsanwalt weitgehende Bedeutung haben. Sie hängen allesamt miteinander zusammen und aneinander.

Die erfolgreiche Wiederwahl eines „Alten" gegenüber einem „Neuen" beruht in hohem Maß auf den Privilegien, die sich die Abgeordneten selbst durch Parlamentsbeschlüsse zugestanden haben. Nader erwähnt die wichtigsten materiellen Vorteile: Freibeträge für Mitarbeiter, Freifahrtberechtigung zwischen Wohnort und Washington, Zuschüsse für die Büroausstattung im

Repräsentantenhaus, ebenso für eine Kanzlei am Wahlort, Portofreiheit für Eigenkorrespondenz. Was das bedeutet, ist auf den ersten Blick kaum erkennbar, aber bei genauer Prüfung deutlich sichtbar: der portofreie Versand beliebig vieler Drucksachen bedeutet eine für Nichtparlamentarier unerreichbare Publizität. Wenn ein bisheriger Abgeordneter für seine ständige Drucksachen-Propaganda — zum Beispiel — 2500 Dollar aufwendet, so müßte, um den gleichen Effekt zu erreichen, ein Nichtabgeordneter etwa 60 000 Dollar investieren. Bei einer Wahlkampagne ist die Diskrepanz noch größer, denn der Abgeordnete hat nur mit den Mehrauslagen für Drucksachen zu rechnen, während der Neuling die Drucksachen und das Porto voll bezahlen muß.

„Jeder, der bereit ist, seine Seele zu verkaufen, kann für seinen Wahlkampf ansehnliche Gelder erhalten", zitiert Nader den ehemaligen Senator Albert Gore. Diese Feststellung trifft zweifelsfrei zu. Sie lehrt, daß bereits das Parlament in eigener Geberlaune sich die Grundlagen eines gewissen status quo gelegt hat. Vorteile locken. Der Weg vom Zulässigen zum Unzulässigen ist oft ein Katzensprung. Ohne die korruptiven Erscheinungen im Gesamt des amerikanischen parlamentarischen Systems und der Administration — wobei es unklar bleibt, von welchen Institutionen die entscheidenden Impulse ausgingen — wäre die Affäre Watergate undenkbar gewesen. Und ebenso hätte es ohne sie nie einen Präsidenten der Vereinigten Staaten von Nordamerika geben können, der als Staatsoberhaupt wissentlich und nachweislich das Volk nicht nur einmal, sondern mehrmals eindeutig anlog.

Das Vorspiel

Es war ein 13., für viele Leute ein Unglückstag, wiewohl zugleich ein Sonntag im Monat Juni 1971, als die bedeutendste Zeitung der Vereinigten Staaten von Amerika, „The New York Times", mit einer dreispaltigen Überschrift den Beginn des Abdrucks einer Geheimstudie des Pentagon begann. Für die Regierung Nixon bedeutete dieser 13. Juni tatsächlich einen Unglückstag.

Die Veröffentlichung des streng gehüteten geheimen Aufzeichnungsmaterials der höchsten amerikanischen militärischen Stelle — des Pentagon — bewies, daß die seit Jahren, noch aus der Zeit Präsident Johnsons stammende und eifrig verfochtene These, der Vietnamkrieg sei den USA aufgezwungen worden, eine völlig unwahre und auch den dürftigsten Ansprüchen an geschichtliche, politische und militärische Wahrheit nicht genügende Farce gewesen war.

Die erste Veröffentlichung der „New York Times" erschien unter dem Titel

DAS VIETNAM-ARCHIV: EINE STUDIE
DES PENTAGON ZEIGT DREI DEKADEN
ZUNEHMENDER U.S.-VERWICKLUNG

als Leitartikel von Neil Sheean. Sie leitete die auf S. 35 der Sonntagsausgabe beginnende Serie über die wahre und wirkliche Rolle der USA im Vietnam-Konflikt ein.

Nach diesem vom Pentagon erstellten militärgeschichtlichen Material hatte Washington vorsätzlich Versuche unternommen, um die Volksrepublik Vietnam zu solchen Aktionen zu provozieren, die als Folge mit einem systematischen US-Bombenkrieg beantwortet werden konnten.

Ein Gericht verbot der „New York Times" die Fortsetzung der Veröffentlichung dieser Geheimpapiere über den Vietnamkrieg, einer Dokumentation, die nicht nur für die vorherige Regierung Präsident Johnsons, sondern besonders auch für die Regierung Nixons sowohl innenpolitisch wie außenpolitisch vernichtend wirken mußte. Das gleiche Verbot galt auch für die „Washington Post", die hochangesehene Zeitung, die später den Einbruch in das Watergate-Gebäude in seiner ganzen kriminellen Verästelung enthüllte und damit den größten politischen Skandal der Vereinigten Staaten auslöste.

Der New Yorker Richter Murray I. Gurfein hatte die Einstellung der Veröffentlichung auf telegraphische Forderung des damaligen Justizministers — Attorney General — John Mitchell verfügt. Allerdings mit der Einschränkung, daß sie nur bis zum Entscheid durch eine ordentliche Gerichtsverhandlung gelte.

Da andere Zeitungen den Bericht teilweise in Auszügen fast gleichzeitig publiziert hatten, entstand der vielleicht schwerste Konflikt, den es jemals zwischen der Staatsgewalt einerseits und der amerikanischen Presse insgesamt andererseits gegeben hatte.

Der einflußreiche Senator J. William Fulbright nahm als einer der ersten in einem Brief an den Herausgeber der „New York Times", Arthur Ochs Sulzberger, *für* die Pressefreiheit und *gegen* die Regierung Stellung: „Nur allzuoft wird von einer Regierung ‚nationale Sicherheit' als Vorwand benutzt, um *persönliche Schwierigkeiten zu verschleiern.*"

Die größte „Schwierigkeit" für die Regierung bestand neben der innen- und außenpolitisch verheerenden Wirkung der als „Pentagon-Papiere" in die Zeitgeschichte eingegangenen Dokumente darin, irgendeine Erklärung dafür zu finden, wie es möglich sein konnte, daß die insgesamt in nur fünfzehn Exemplaren hergestellte und als „top secret" klassifizierte Geheimstudie des obersten Führungsstabes der Armee, eben des Pentagon, überhaupt in fremde Hände geraten konnte.

Um die außenpolitische Wirkung des Dokuments aufzuzeigen, genügt es, die stets zurückhaltende „Neue Zürcher Zeitung" zu zitieren, deren Korrespondent aus Washington meldete: „Wenn man liest, wie im Wahlfrühling 1964 das ‚Szenario' für alles, was dann nach der Wahl durchgeführt wurde, geschrieben wurde . . . dann beschleicht einen das Gefühl, daß der Kongreß und die Wähler in jenem Jahr auf eine zynische Weise hinters Licht geführt wurden." Jenes Jahr 1964 war Johnsons „große Zeit", und die Irreführung der amerikanischen und der Weltöffentlichkeit bestand in einer Reihe von sorgsam konstruierten Unwahrheiten, alle ersonnen, um einen Krieg der Supermacht gegen das kleine Land Nordvietnam in Szene setzen zu können.

1. Es gelang durch die falsche Darstellung der Johnson-Regierung, den Kongreß für die berüchtigte „Tonkin-Resolution" zu gewinnen,
2. im Weißen Haus im September 1967 eine allgemeine Übereinstimmung aller maßgebenden Stellen

über einen künftigen Luftkrieg gegen Nordvietnam zu erzielen,
3. im Frühjahr 1965 durch den Einsatz amerikanischer Bodentruppen *für offensive Operationen* die Grundlage für den grauenvollen Krieg zu schaffen,
4. den „Einsatzbeschluß" der Regierung monatelang der Öffentlichkeit zu verschweigen.

Als „auslösendes Moment" für die ersten amerikanischen Großangriffe gegen Nordvietnam, die schon in der Anlaufphase mit 64 schweren Bombern unternommen wurden, bediente sich Johnson eines angeblichen nordvietnamesischen Torpedobootangriffs gegen den amerikanischen Zerstörer „Maddox" am 4. August 1965. Aus der Pentagon-Studie wurde klar erkennbar, daß es sich um eine *Provokation* handelte, die ausschließlich dem Zwecke diente, einen nichtdeklarierten Krieg gegen Nordvietnam beginnen zu können.

Der Geheimnisverrat durch die Publikation der Pentagon-Papiere konnte weder verniedlicht noch in seinen Auswirkungen beschränkt werden. Mehr und mehr Zeitungen — in den USA und weltweit — griffen das Thema auf. Im Gerichtssaal Nr. 506 des Bundesgerichts New York häuften sich auf den Tischen die Pappkartons mit Unterlagen. Und inzwischen war bekannt geworden, daß der Vietnam-Geheimbericht 1967/68 im Auftrag des damaligen Verteidigungsministers McNamara — später dann Präsident der „Weltbank" — in Auftrag gegeben worden war und unter Mitwirkung von dreißig Spezialisten des Pentagon in über einjähriger Arbeit die eigentliche Vorgeschichte und den bis dahin deutlich gewordenen Ablauf des Vietnamkonfliktes darstellte. Der Bericht umfaßte immerhin 7000 Seiten!!

Der Regierung Nixons ging es bei ihrem erbitterten Kampf vor dem Gericht um die Verhinderung jeder weiteren Veröffentlichung der Pentagon-Papiere. Aber sie errang nur einen Pyrrhus-Sieg gegen die „New York Times", denn das höchste amerikanische Gericht, der Supreme Court in Washington entschied, daß dieses Dokument weiterhin veröffentlicht werden dürfe. In seiner Entscheidung stellte es fest, daß die Regierung der Presse keinen Maulkorb umhängen dürfe. Alle früheren Geheimhaltungsmaßnahmen müßten danach neu überprüft werden. Der damit entstehenden Mammutarbeit würden — sollte sie überhaupt durchgeführt werden — über zwanzig Millionen Dokumente, die unter Verschluß gehalten werden, einer neuerlichen Überprüfung und eventuellen Absicherung zu unterwerfen sein.

Diese Entscheidung des Supreme Court erfolgte am 30. Juni mit 6 zu 3 Richterstimmen. Jeder der 9 Richter vertrat dabei eine andere Meinung, aber die Mehrheit entschied sich, wenn auch mit verschiedenartigen Begründungen, für die Freigabe der Veröffentlichung sämtlicher Pentagon-Papiere.

Die Regierung hatte damit eine für alle liberalen Kräfte des Landes befreiende, für sie selbst schwere Niederlage erlitten und suchte krampfhaft nach einer Möglichkeit, sich zumindest an dem „Verräter" — oder den „Verrätern" — zu rächen.

Während die „New York Times" und die anderen großen Tageszeitungen, die an der Serienpublikation der Pentagon-Papiere teilnahmen und weiterhin die wichtigsten und für die einstige Johnson-, zum Teil sogar noch Kennedy-Regierung verhängnisvollen Tatsachen dazu veröffentlichten, auch die, welche unmittelbar Nixon in den Verdacht illegaler „einsamer" Entschlüsse und Maßnahmen versetzten, begann sich Nixons Beraterstab der amtlichen Geheimdienste zu bedienen, um den „Schuldigen" am Verrat zur Strecke zu bringen, vor Gericht zu stellen und aburteilen zu lassen.

Nachdem zunächst auch unbeteiligte Personen wie etwa Morton B. Halperin — unter Kissinger Assistent im NSC, im Nationalen Sicherheitsrat — verdächtigt wurden, ohne daß irgendwelche Indizien gegen sie vorlagen, gelangten fast gleichzeitig zwei nahezu identische Hinweise an den FBI und den besonderen „Secret Service", wonach ein ehemaliger Spezialist einer der größten Computer-Vertragsfirmen des Pentagon, Professor Dr. Daniel Ellsberg, als mutmaßlicher „Dieb" das bei der Computer-Firma aufbewahrte Vorlage-Exemplar des Pentagon-Materials in einer Kopie an die „New York Times" weitergegeben haben könnte.

Die durchlässige Stelle im Pentagon oder der ihm vertraglich verbundenen Computerfirma löste eine an Hysterie grenzende Nervosität im Weißen Hause aus. Eine Intensivierung bösartiger Verfemung aller liberalen und progressiven Kräfte begann. Aus verschiedenen dunklen Quellen kamen bedeutende Geldsummen zur Finanzierung der Kampagne. Allein über die 407 Anschluß-Sender der Rundfunkkette „ABC" — der „American Broadcasting Corporation", die in 48 Staaten ausstrahlt — wurden täglich zweimal von einem Paul Harvey, der sich selbst „die Stimme der schweigenden Mehrheit" nannte, alle „guten" Amerikaner auf die „Heiligkeit von Gott, Fahne, Vaterland und Größe" eingeschworen. 350 Zeitungen und eine Unzahl von Vorträgen dienten einer Art „Warnung" des amerikanischen Volkes vor den „Kräften der Zersetzung".

Im Verlauf der geheimen Ermittlungen gegen Professor Ellsberg wurde bekannt, daß er 1969 vorübergehend als Assistent bei Henry Kissinger im NSC tätig gewesen war und in dieser seiner Stellung vermutlich die ersten Kenntnisse über diese Geheimstudie des Pentagon erhalten hatte. Nebenbei erfuhr man, daß Ellsberg bei dem „Diebstahl" von einem Manne namens Anthony Russo unterstützt worden war, doch nähere Einzelheiten über dessen Rolle wurden nicht veröffentlicht. Die spätere Anklage erfolgte gegen Ellsberg und Russo. Sie lautete auf den Tatbestand „Diebstahl, Verschwörung und Spionage".

Ellsberg wurde aufgrund der im Auftrag der Regierung von der Staatsanwaltschaft vorgelegten Schuldindizien und zudem seiner eigenen Aussagen gemäß der Anklageschrift in den Anklagezustand versetzt und Ende Juli 1971 vorübergehend festgenommen. Aber die von der Regierung Nixon erhoffte baldige Anberaumung einer Hauptverhandlung und damit der sicheren Verurteilung der beiden Angeklagten, in erster Linie natürlich Ellsbergs, erfüllte sich nicht. Woche um Woche, Monat um Monat vergingen, und es kam zu keinem Prozeß, da die Anwälte Ellsbergs mit immer neuen und vom Gericht nicht ablehnbaren Anträgen den Prozeßbeginn verzögerten.

Unter dieser für Nixon unerträglichen Lage beschloß sein Berater Ehrlichman, der aber ohne Rückendeckung durch Haldeman und andere graduierte Beamte kaum Entscheidungen größter Tragweite hätte fällen können, mit etwas unorthodoxen Methoden den Prozeß gegen

Ellsberg voranzutreiben. Das war nur erreichbar, wenn Belastungsmaterial beigebracht werden konnte, durch welches es der Staatsanwaltschaft möglich gewesen wäre, die Anberaumung der Hauptverhandlung gegen Ellsberg und Russo auch kurzfristig durchzusetzen.

Wieweit es denkbar sein kann, daß Entschlüsse dieser Tragweite, die illegale Handlungen involvierten, ohne Zustimmung des Präsidenten erfolgten, ist eine Frage, die sich nicht beantworten läßt. Kenner der Verhaltensweise von Nixons Berater-Team vertreten die Ansicht, daß sie auch folgenschwere Entschlüsse eigenmächtig zu fassen gewohnt waren.

Die rasche Aburteilung Ellsbergs wurde für die Regierung und den engeren Kreis um Nixon eine harte Notwendigkeit, eine entscheidende Prestigefrage. Es war einfach unerläßlich, gegen diesen „Verräter" dringend weiteres Belastungsmaterial zur Beschleunigung des Verfahrens zu beschaffen. Es stand längst fest, daß er als Mitarbeiter der RAND CORPORATION, die das für die Regierung computerisierte Material erarbeitete und verwahrte, der eigentliche intellektuelle Täter war — übrigens ein Renegat, denn vor seiner vehement pazifistischen und progressiven Einstellung gehörte er Gruppen an, die selbst bei vorsichtiger Bezeichnung als Anhänger von „law and order" galten —, und er mußte zur Strecke gebracht werden.

Durch Ehrlichman — der zu den Initiatoren jener Gruppe von Leuten gehörte, die später als die „Plumbers" — die „Röhrenleger" — in die kriminell orientierte politische Banditenschicht einrückte — wurde im „Executive Office Building", in der Nachbarschaft des Weißen Hauses, seine Sondermannschaft zusammengezogen. Er favorisierte einen Mann namens Egil Krogh und einen früheren Assistenten, David Young, der, übrigens wie Ellsberg, einst im „National Security Council", dem „Nationalen Sicherheits-Rat" mit manch unsicheren „Räten" Kissingers tätig gewesen war. Ein John Caulfield und ein Anthony Ulasewicz ergänzten die „Gruppe" für die vorgesehene Sonderaufgabe. Die von Anfang an beträchtlichen Geldmittel wurden von Herbert Kalmbach, dem persönlichen Rechtsberater und Anwalt Präsident Nixons, aus dem Wahl-Sonderfonds zur Verfügung gestellt. Mitverwickelt in die Konspiration waren John Wesley Dean III., der in der Watergate-Affäre eine entscheidende Rolle zu spielen berufen sein sollte, und der agile Charles W. (Chuck) Colson, der sich späterhin durch seinen „Gedächtnisschwund" auszeichnete.

Es sollte zunächst versucht werden, mit Caulfield und Ulasewicz Belastungspapiere gegen Ellsberg durch ein Eindringen in die „Brookings Institution for Political Research" oder andere „Interventionen" das dort vermutete Belastungsmaterial zu beschaffen. Aber bereits wenige Tage nach diesem ersten Auftrag mußten die beiden „Fachleute" Caulfield und Ulasewicz berichten, daß bei der B.I.f.P.R. nichts zu erreichen sei, da die „Räumlichkeiten nicht zugänglich sind".

Ehrlichman, vermutlich im Einvernehmen mit anderen Beratern des Weißen Hauses, verpflichtete nach dem Versagen der beiden Agenten auf Anraten Colsons und Kroghs einen in vielen eigenartigen Missionen erfolgreich gewesenen Mann, vormals Agent des FBI, Howard Hunt. Fast gleichzeitig wurde ein G. Gordon Liddy, ein früherer Mitarbeiter Colsons, herangezogen.

Die interessanteste Persönlichkeit in dieser Kumpanei war Hunt: Sohn eines einst in Hamburg als Richter tätigen Vaters, nach der Auswanderung in New York Journalist, Autor von 40 Detektivromanen — darunter sehr erfolgreichen —, die er sonderbarerweise unter mehreren Pseudonymen veröffentlichen ließ, während des Zweiten Weltkriegs im Geheimdienst des „Office of Strategic Services" tätig und später Agent der CIA, der Nachfolge-Organisation des früheren OSS.

Hunt war, wiewohl Familienvater, ein ruheloser Mann. Er übte geheimnisvolle Tätigkeiten in unterschiedlichen „Missionen" in China, Japan, Korea, aber auch in Frankreich, England und anderen europäischen Ländern aus. Als eine Art Mittelsmann der amerikanischen Botschaft in Paris nahm er an verschiedenen Aktionen gemeinsam mit subversiven Elementen teil. Mehrere Reisen nach Zentral- und Lateinamerika waren von seiner antikommunistischen Besessenheit diktiert, und er löste die ihm übertragenen Aufgaben des CIA, Verbindungen zum „Cuban Revolutionary Council" herzustellen, zur Zufriedenheit der „Agency". Er scheute vor reichlich gefährlichen Reisen und getarnten Aufenthalten in La Havanna nicht zurück. Er wirkte mit bei der Planung und Vorbereitung des Großunternehmens in der „Schweinebucht", das Fidel Castros Herrschaft in Cuba brechen sollte. In seinem angekündigten, aber noch nicht erschienenen Buch soll er verschiedene Andeutungen über die von ihm mitunterstützten Maßnahmen zum Start der Aktion „Bay of Pigs" machen, die später kläglich zusammenbrach und sich als sinnloses Abenteuer der Kennedy-Regierung erwies, die zum Rückmarsch blies, bevor der Vormarsch begonnen hatte.

Die scharf antiliberale Einstellung Hunts — mochte sie nun echt sein oder nur seinen ehrgeizigen persönlichen Zielen dienen — wird deutlich erkennbar aus seinen Tätigkeiten für zahlreiche der extreme Rechtsverbindungen stützenden Firmen wie „General Foods" und „Hughes Tool Company", die stets bereit sind, für „besondere Aufgaben" erhebliche Beträge zur Verfügung zu stellen. Auch im Verlauf der Watergate-Affäre wurde der Name des geheimnisumwitterten Milliardärs Howard Hughes am Rande der Spendenaktionen mehrfach genannt — und bald wieder vergessen.

Hunt war ein in vielen Sätteln gewandter Mann, und Ehrlichman hielt das Gespann Hunt-Liddy für eine erfolgversprechende, geradezu ideale Kombination: beide nicht nur fähige, sondern zu allem fähige Landsknechtstypen unserer Tage.

Auch Charles Colson, der als Sonderberater Nixons Einfluß auf Ehrlichman und Haldeman hatte, hoffte durch seine hart antiliberale „law and order"-Einstellung zu höheren Posten aufzusteigen. Er wollte die „Firma Hunt und Liddy" für seinen eigenen Nutzen wirken lassen.

Vielleicht mitbestimmend für die Auslösung seiner Jagdinstinkte war der „Fall Leary", jenes Professors, der als „Apostel des LSD" weithin bekannt und in den USA zu zwanzig Jahren Gefängnis verurteilt wurde. Leary gelang die Flucht, er reiste nach Algerien, dann in die Schweiz, die ihm die Aufenthaltserlaubnis versagte, und schließlich kam er nach weiteren Fluchtwegen auf Staatskosten in die USA — ins Gefängnis — zurück.

Liddy war Antikommunist. Er versuchte sich als Kandidat der Republikanischen Partei ins politische

Geschäft einzuschleusen, übersteigerte aber vermutlich seine antiliberale und „law and order"-Einstellung. Der Eintritt ins politische Leben mißlang. Er war vorübergehend beim „Bureau of Narcotics and Firearms Control" des Treasury Departments gelandet und nahm teil an Anti-Rauschgiftaktionen seines Departments als dessen Spezialagent an der mexikanischen Grenze und in Arizona, wo die „Operation Intercept" anlief.

Die Aktion zur Beschaffung weiteren Belastungsmaterials gegen Ellsberg nahm konkretere Formen an, als Ehrlichman den General (retired) Robert Everton Cushman jr. ersuchte, durch seine Verbindungen zu Helms, dem maßgebenden Mann in der Führung der CIA, dem „Vertrauensmann" Howard Hunt jede mögliche Unterstützung in der Erfüllung ihm anvertrauter wichtiger Aufgaben zu gewähren.

Auf Grund der warmen Empfehlung des Generals stellte dann die „Technical Services Division" der CIA die notwendigen „Instrumente" und Ausweispapiere für die Ausführung der Aufträge Hunts zur Verfügung. Unter „Instrumente" verstand man bei diesem Amt „TSD" der CIA auch Werkzeuge, elektronische Geräte und Personalpapiere, falsche, das heißt: echte Ausweisdokumente, aber auf einen falschen Namen lautend. Dazu gehörten ein Führerschein, verschiedene Mitglieds-Karten echter oder fingierter Dienststellen, Club-Ausweise, die „Social Security"-Card, ein Spezial-Gerät, das bei Telefongesprächen die eigene Stimme bis zur Unkenntlichkeit veränderte, so daß eventuell auf Tonband aufgenommene Unterhaltungen nicht auf den wirklichen Sprecher zurückgeführt werden konnten. Das ganze Sortiment zur Herstellung einer völlig

„neuen" Identität für Hunt lautete auf „Edward Joseph Warren". Die Urkundenfälschungen wurden von Amts wegen in der CIA vorgenommen.

Bei einer weiteren Vorsprache bei der TSD der CIA erhielt Hunt weitere von ihm verlangte „Utensilien, Instrumente und Ausweise" für seinen Kumpanen Liddy. Sie lauteten auf den Namen „George Leonard". Diesmal bekam Hunt auch eine Mini-Geheimkamera, die in einem Miniatur-Tabakbeutel untergebracht war.

Die von Hunt und Liddy eifrig vorangetriebenen Erkundungen über Daniel Ellsberg, seine früheren und aus letzter Zeit ermittelten Bekannten, Freunde und Gesinnungsgenossen führten zu keinem Ergebnis. Da auch gegen Ende Juli von den anderen Geheimdiensten nichts Belastendes gegen Ellsberg beigebracht werden konnte, blieb als letzte Möglichkeit, geeignetes Material „anderswie zu besorgen". Der Hinweis in einem FBI-Report, Ellsberg sei längere Zeit hindurch psychiatrisch behandelt worden, gab den Fingerzeig. Freilich, der FBI-Agent wußte nicht den Unterschied zwischen ‚psychiatrisch' und ‚psychoanalytisch'.

Obwohl in Los Angeles die Zahl der Psychiater und der Psychoanalytiker außerordentlich groß ist, weil in der benachbarten Filmmetropole Hollywood ein enormer Trend zur Flucht in die Ordinationsräume dieser Art Spezialisten besteht, konnte durch intensive Recherchen Hunts der Arzt ermittelt werden, der Ellsberg behandelt hatte. Er hieß Dr. Lewis J. Fielding, mit einer Praxis in Beverly Hills.

Hunt und Liddy wollten nicht selbst in Erscheinung treten. Durch Intervention Ehrlichmans beim FBI stellte dies zwei Spezialagenten zur Verfügung der beiden

Vertrauensmänner des Weißen Hauses. Sie wurden beauftragt, bei Dr. Fielding die Krankheitsgeschichte seines Patienten Daniel Ellsberg einzusehen und, wenn möglich, Photokopien zu erbitten.

Die beiden FBI-Detektive hätten auch mit einer schriftlichen Order keinerlei Amtshandlungen gegen den durch das Gesetz in seiner Amtsverschwiegenheit geschützten Arzt vornehmen können. Aber sie verfügten nicht einmal über eine formelle polizeiliche Anordnung, die übrigens für den Arzt in keiner Weise eine Verpflichtung bilden konnte, den Beamten irgendwelche Auskünfte zu geben oder sonst behilflich zu sein.

Die beiden FBI-Agenten erstatteten nach völligem Mißerfolg ihrer Demarche den entsprechenden negativen Bericht, der dann an General Cushman, auf Veranlassung des Weißen Hauses für diese Hilfeleistung des FBI zuständig, weitergeleitet und von ihm an Ehrlichman gesandt wurde.

Die Nachricht vom ergebnislosen Versuch, durch Einschaltung zweier staatlicher Emissäre an irgendwelche Ellsberg belastenden Arztgeheimnisse heranzukommen, führte zu weiteren Planungen der von Hunt und Liddy mit Eifer unternommenen Versuche zur Beschleunigung des Termins der Gerichtsverhandlung gegen den „Verräter" Dr. Ellsberg.

Bei einer Besprechung Hunts mit Krogh und Liddy, über die der Präsidentenberater Ehrlichman zumindest post festum informiert wurde, kamen die Vertrauensleute des Weißen Hauses zu dem Schluß, es sei unmöglich, auf normalem Weg an die Krankengeschichte Ellsbergs heranzukommen. Daß es nur eine Vermutung war, sie könnte zum Rufmord des „Verräters" ausreichen, irritierte sie nicht. Sie meinten immerhin aus dem FBI-Report und vom Hören-Sagen zu wissen, Ellsberg sei ein „Psychopath" — wie sie ihn nannten — und man könne ihn „anschlagen", wenn seine Krankengeschichte veröffentlicht würde. Geistige Defekte machen jeden Angeklagten unsympathisch.

Der Aktionsplan, vermutlich von Ehrlichman gutgeheißen, sah eine genaue Erkundung der Örtlichkeit durch Liddy und Hunt vor. Für den Notfall sollte amtliche Hilfe „zur Rettung von Schiffbrüchigen" sichergestellt werden.

Am Mittwoch, 25. August 1971 flogen beide nach Los Angeles. Sie registrierten sich im Beverly Hilton mit ihren falschen Ausweisen.

Hunt und Liddy inspizierten noch spät abends die Umgebung des Apartment-Hauses, in dem sich die Praxisräume Dr. Fieldings befanden.

Am Donnerstag photographierte Hunt die Nachbarhäuser, den Eingang, das Treppenhaus und den Zugang zu den Ordinationsräumen Dr. Fieldings mit der Spezialkamera, die sogar bei ungünstigen Lichtverhältnissen brauchbare Aufnahmen ermöglichte. Vermutlich sollten die Photos auch dazu dienen, seine Auftraggeber davon zu überzeugen, daß er eine sorgsame und gewissenhafte Arbeit zu leisten imstande sei.

Im Beverly Hilton verfaßten Liddy und Hunt zunächst einen schriftlichen Bericht, den sie schon vorab telefonisch nach Washington an Colson gaben. Das Labor der CIA besorgte die Entwicklung und Vergrößerung der von Hunt als „Special Delivery" gesandten Aufnahmen. Nach Rücksprache mit weiteren Fachleuten entwarfen sie den Plan eines „Eindringens" — der vulgäre Ausdruck „Einbruch" wurde vermieden — in die Praxisräume Dr. Fieldings. Die Aufnahmen und der Bericht der beiden FBI-Agenten über die Räumlichkeiten dienten zur Erstellung eines genauen örtlichen Grundrisses mit allen wesentlichen Einzelheiten.

Der einzige Vorbehalt Ehrlichmans war eine „absolute Absicherung der Aktion gegen jede Möglichkeit, daß sie in irgendeiner Weise, sei es auch nur indirekt, mit dem Weißen Haus in irgendeine Verbindung gebracht werden könnte". Es sollten sich also weder Hunt noch Liddy aktiv am Einbruch beteiligen, sondern im Hintergrund bleiben und das ‚Eindringen' den ausführenden Organen überlassen.

Hunt stellte in Miami die Verbindung mit jenem Barker her, der seinerzeit in die Vorbereitungen für die Invasion in der Schweinebucht verwickelt war. Barker betätigte sich seit geraumer Zeit als Grundstücksmakler in Florida und wollte nicht persönlich agieren, wußte aber unter den ihm aus jener abenteuerlichen Zeit bekannten kubanischen Aufständischen zwei seines Erachtens unbedingt zuverlässige Männer, die gegen entsprechende Bezahlung bereit sein würden, die Praxisräume Dr. Fieldings einer genauesten Durchsuchung zu unterziehen und die Dr. Ellsberg betreffenden Aufzeichnungen, sowohl die Krankengeschichte wie etwaiges weiteres interessierendes Material, ‚mitzunehmen'.

Die Verhandlungen mit den von Barker herbeizitierten Männern, Felipe De Diego und Eugenio R. Martinez, verliefen erfolgreich. Übrigens galten beide nicht nur für Barker als zuverlässige und geschickte Helfer, sondern waren auch der CIA durch gelegentliche Mitarbeit keine Unbekannten.

In eingehenden Beratungen Hunts und Liddys mit De Diego und Martinez wurde die technische Durchführung des Einbruchs festgelegt. Hunt flog mit seinen beiden neugewonnenen Gehilfen wieder nach Los Angeles, wo sich alle drei auch wieder unter falschem Namen im Beverly Hilton einmieteten. Ihnen vorausgereist war bereits Liddy, der die Zeit nützte, um sich nochmals in der Umgebung der Praxisräume zur Abendzeit umzusehen. Er hatte festgestellt, daß die Firma, die sich mit der Aufräumung und der Sauberhaltung der Apartments im Hause 450 Nord Bedford Drive befaßte, stets das gleiche Personal mit diesen Arbeiten betraute.

Am 3. September fand eine letzte Lagebesprechung statt. Trotz der Warnung Ehrlichmans vor einem direkten Eingreifen Hunts und Liddys begaben sich beide gemeinsam mit De Diego und Martinez zum Apartmenthaus Dr. Fieldings. Liddy blieb mit seinem Gegensprechgerät auf der Straße. Hunt wartete, bis der Arzt die Praxis verlassen hatte und das Aufräumpersonal die Arbeit begann. Als „Kollege von Dr. Fielding" erkundigte er sich, wie und wo er Dr. Fielding noch erreichen könne. Während des Gesprächs drückte Martinez einen kaum sichtbaren „Sperrbolzen" in den Schnappverschluß der Verriegelung, so daß das Türschloß auch beim Zuziehen der Tür unverriegelt blieb.

Vor Überraschungen wie etwa einer Rückkehr Dr. Fieldings waren Hunt und Martinez sicher, da Liddy ihnen jede Gefahr durch Sprechfunk avisiert hätte, zudem sollte zunächst auch noch De Diego von der anderen Straßenseite aus das ganze Gelände beobachten.

Die Haustür des Gebäudes ließ sich mühelos öffnen. Ein unerwartetes Hindernis bildete die doch verschlossene Tür der Praxisräume. Offenbar hatte das Säuberungspersonal bemerkt, daß die automatische Schloß-Sperre nicht funktionierte und die „Zunge" nicht eingeschnappt war. Derlei Versagen kam nicht selten vor. Nach mehrmaligem Durchdrücken löste sich aber der kleine Sperrbolzen, und das Schloß schnappte ein.

Für De Diego und Martinez war die verschlossene Tür kein ernstes Hindernis. Für geübte Experten auf solchen Gebieten, mit all den Erfahrungen, die sie in ihrem „Beruf" gesammelt hatten, dauerte es nur eine sehr kurze Zeit, bis das Yale-Schloß nachgab. Die Tür sprang auf.

Der Jagdeifer verleitete Hunt, mit den beiden Kubanern doch die Praxisräume zu betreten und damit aktiv am Einbruch teilzunehmen. Es war ein Fehler, aber das erfuhr er erst viel später. Liddy blieb auf seinem Horchposten, spazierte auf der Straße umher und meldete von Zeit zu Zeit, die Luft sei rein.

Als die Dreiergruppe die Praxisräume betrat, war es kurz nach Mitternacht. Als sie den Tatort verließ, begann es draußen hell zu werden. Fast vier Stunden lang hatten unter Hunts Aufsicht De Diego und Martinez mit fachmännischer Gründlichkeit und Vorsicht jede Kartei und jeden Schrank und jedes mögliche Versteck durchkämmt — aber nichts gefunden, was in irgendeine Beziehung zu dem Patienten Dr. Ellsberg gehörte. Weder unter „E" für Ellsberg noch unter „D" für Daniel gab es eine Karteikarte oder Korrespondenz.

Hunt beschloß den Abbruch der Aktion. Alles wurde sorgsam an seinen ursprünglichen Ort zurückgeräumt. Nur ein sehr argwöhnisches Auge hätte Spuren eines Einbruchs erkennen können.

Als das Trio den Tatort verließ, kam Hunt der Gedanke, daß Dr. Fielding möglicherweise durch den Besuch der beiden FBI-Agenten vorgewarnt worden sein und alle Ellsberg-Unterlagen beiseitegeschafft und an einem sicheren Versteck verwahrt haben könnte. Die Annahme schien plausibel. Am Fehlschlag dieser Operation änderte sie nichts.

So gewiß dieser Einbruch ein „selbständiges" Verbrechen war, so gewiß läßt eine Aktion dieser Art eine offenbar bereits seit geraumer Zeit sich einbürgernde Bereitschaft mancher administrativen Instanzen erkennen, sich über jede Legalität hinwegzusetzen. Es ist erwiesen, daß einst Präsident Roosevelt bei fremden Botschaften in Washington einbrechen ließ, um ihn interessierendes Material auch um einen solchen Preis zu beschaffen — aber im Zusammenhang mit dem Einbruch bei Dr. Fielding ist ein anderer Analogiefall von Interesse. Zur Zeit des Wahlkampfes von John F. Kennedy hatten zwei Ärzte den „Besuch" von Einbrechern erhalten, die sich in beiden Fällen für jene Krankengeschichten interessierten, die möglicherweise unter dem Buchstaben „K" in der Patienten-Kartothek aufbewahrt wurden. Der eine dieser Ärzte erstattete Strafanzeige, der andere ließ die Sache auf sich beruhen.

Dr. Eugene J. Cohen, der wiederholt Kennedy behandelt hatte, berichtete, das Interesse der Einbrecher habe allein den Aufzeichnungen über John F. Kennedy gegolten — allerdings befanden sich keine auf ihn Bezug nehmenden Berichte und Befunde in den Praxisräumen, da er sie alle an sicherem Ort verwahrte, so daß es den Einbrechern nicht gelungen war, an das gesuchte Material heranzugelangen.

Bei allen mit dem Einbruch bei Dr. Fielding befaßten Personen in und um das Weiße Haus erweckte der Bericht von Hunt und Liddy nicht nur Unzufriedenheit, sondern Besorgnis.

Die größte Sorge, daß sich aus der kriminellen Aktion gefährliche Komplikationen ergeben könnten, hegte — wie sich später zeigte, durchaus begründet — einer der Hauptinitiatoren des Unternehmens, John Ehrlichman. Aber das Geschehene konnte nicht mehr ungeschehen gemacht werden, und es zeigte sich dann bald zur Bestürzung der Spitzenfunktionäre des Weißen Hauses und aller Mitbeteiligten der CIA, daß keineswegs der erhoffte und hoch bezahlte Effekt, sondern katastrophale Folgen ausgelöst wurden.

Es liegt in der Natur der amerikanischen Gesetzgebung, daß sogar zugunsten von überführten und geständigen Angeklagten Chancen bestehen, wie sie keine andere Strafprozeßordnung kennt.

Es ist dabei zunächst nicht an Hunt, Liddy und ihre direkten und indirekten Helfer gedacht, sondern an den ursprünglichen und die ganze Aktion auslösenden „Fall Prof. Dr. Ellsberg" und der Pentagon-Papiere.

Als es nämlich zur Hauptverhandlung gegen Ellsberg vor dem Richter Matt Byrne kam, war der Einbruch vollumfänglich nicht nur als isolierte Straftat erwiesen, sondern als eine zumindest von Regierungsbeamten gutgeheißene, sogar vermutlich veranlaßte kriminelle Handlung.

Wie Richter Matt Byrne einleitend bei der Verhandlungseröffnung am 11. Mai 1973 feststellte, „hat das Weiße Haus" — um des Magistrats Ausdruck zu gebrauchen — „den Einbruch bei dem Angeklagten

Professor Dr. Ellsberg vornehmen lassen". Sowohl diese kriminelle Handlung wie auch das vom FBI illegal verfügte Abhören der Telefongespräche Ellsbergs und die Übergabe der Tonband-Transkripte an „andere Organe der Administration" — Abschriften, die übrigens rätselhafterweise verschwanden! — „stellt einen eindeutigen Eingriff in die Privatsphäre des Angeklagten Dr. Ellsberg dar und rechtfertigt nicht nur, sondern zwingt zur Niederschlagung des gegen ihn laufenden Strafprozesses". Das Niederschlagen des Verfahrens gegen Ellsberg beinhaltete zugleich die analoge Maßnahme gegen den Mitangeklagten Russo.

Im amerikanischen Strafprozeßrecht wird bei unerlaubten Eingriffen seitens der Exekutive — meistens der Polizei oder ihr gleichartiger staatlicher Organe — zwar von einer Bestrafung der Täter dieser Handlungen abgesehen — aber eine auf sie gestützte Anklage grundsätzlich fallengelassen. Es ist in diesem Zusammenhang ein für den mit dem amerikanischen Strafprozeßverfahren nicht vertrauten Leser angebracht, ein klassisches Beispiel für diese Rechtsusance zu zitieren:

Es soll tatsächlich einmal der Fall vorgekommen sein, daß ein Verkehrspolizist einen Kraftwagen wegen einer geringfügigen Übertretung der Verkehrsvorschriften angehalten und den Fahrer, aus Gründen, die nie geklärt wurden, aufgefordert habe, den Kofferraum seines Wagens zu öffnen. Als der Fahrer schließlich nach einem langen Hin und Her der Forderung des Beamten nachkam, fand der Polizist die Leiche einer offenkundig ermordeten Frau.

Er verhaftete den Automobilisten. Aber dieser kam frei, und es wurde kein Prozeß gegen ihn eröffnet, weil der Polizist den Kofferraum ohne einen von einem zuständigen Richter erlassenen Durchsuchungsbefehl geöffnet, also *widerrechtlich* in seinen Inhalt Einsicht genommen hatte. Das ist natürlich eine extreme Auslegung der Strafprozeßordnung, es ist auch nicht klar bewiesen, daß es diesen Fall tatsächlich gab, doch im Falle Ellsberg reichte das Eingreifen unzuständiger Behörden der Administration in das geordnete Justizverfahren voll und ganz aus, um den Prozeß ein für allemal endgültig und rechtskräftig niederzuschlagen. Es wurde zwar von der Staatsanwaltschaft versucht, den Einbruch als ‚duldbar' hinzustellen, da General Cushmann ihn als „im Interesse der nationalen Verteidigung zur Aufklärung des Verrats der Pentagon-Papiere" für nötig befunden habe.

Aber es gab keine Möglichkeit, den Beschluß des Richters Matt Byrne, der das Strafverfahren gegen Ellsberg und Russo geführt hatte, durch irgendwelche Rechtsmittel anzugreifen. Das Verfahren war beendet.

Nicht nur dieser Ausgang war eine schwere Niederlage für die Regierung, die durch die erwiesene Einmischung des Präsidentenberaters Ehrlichman in die Organisation eines gemeinen Verbrechens kompromittiert wurde — auch die Aufdeckung der vom Weißen Haus zumindest indirekt begünstigten verbrecherischen Aktion belastete Nixon enorm. Er war gewiß nicht persönlich verantwortlich für kriminelle Komplotte, an denen irgendwelche seiner Berater beteiligt erschienen, wohl aber mußte er als Staatsoberhaupt erhebliche Zweifel in seinen Regierungsstil hinnehmen, sich überhaupt mit solchen engsten Mitarbeitern umgeben zu haben, ohne sich ihrer sofort zu entledigen.

Der Fall Watergate läuft an

Der Gebäudekomplex, der durch den „Fall Watergate" zu einem Begriff für politische Korruption und Kriminalität wurde, stand Tag und Nacht unter Bewachung. Sie galt nicht nur der Abwehr von Einbrechern, sondern — da sich in diesem Komplex das Hauptquartier der Demokratischen Partei befand — auch eventuellen politischen Aktionen gegen alle Organisationen, die Nixons Wiederwahl bekämpften.

In der Nacht vom 16. auf den 17. Juni 1972 versah erstaunlicher- oder zufälligerweise nur ein einziger Nachtwächter in dem „demokratischen" Gebäudeteil den Dienst. Es blieb ungeklärt, weshalb der zweite Wachtposten nicht auf seinem Posten war.

Der Nachtwächter Frank Wills, ein junger Farbiger, der sich volles Vertrauen erworben hatte, fand bei seiner Runde im unteren Geschoß das Garagen-Einfahrtstor nur angelehnt und durch einen Tape-Streifen vor eventuellem Selbstaufgehen gesichert. Da aber häufig das Personal, das mit Reinigungsarbeiten in den Büroräumen beschäftigt war, das Tor nicht immer verschloß, wenn es sich nur um eine kurze Abwesenheit handelte, maß Wills dieser Tatsache keine Bedeutung bei. Das Tor war ja soweit gesichert, daß es nicht von außen her als unverschlossen zu erkennen war. Der Nachtwächter drückte das Tor ins Schloß, macht noch eine weitere

Runde und entschied sich dann, da es knapp 1 Uhr nach Mitternacht war, seine übliche Portion Kaffee mit Kuchen in einer nahegelegenen Bar zu sich zu nehmen.

Nur wenig später setzte er seinen Dienst fort. Kurz nach dem zweiten Rundgang kam er wieder an die Garagentür, drückte gegen sie und stellte zu seinem Erstaunen fest, daß sie wiederum nicht abgeschlossen, sondern nur mit einem Tape-Streifen vor der Selbstöffnung gesichert war. Jetzt schien ihm das, da um diese Zeit das gesamte Aufräumungspersonal den Gebäudekomplex verlassen hatte, doch bedenklich. Schließlich war Washington eine der von Einbrüchen am meisten heimgesuchten Metropolen Amerikas.

Wills verließ das Untergeschoß, begab sich zu dem nächst erreichbaren Telefonapparat und rief Police Headquarters an.

Um 1 Uhr 52 nach Mitternacht gab die Zentrale der Polizei durch Funk an den auch für den Watergate-Komplex zuständigen Streifenwagen „Metropolitan Police Car 27" die Meldung weiter und wies die Beamten an, das Fahrzeug unweit von dem Gebäude abzustellen und sich an der von Wills beschriebenen Garageneinfahrt mit ihm zu treffen.

Der Wagen 27 war besetzt mit dem Polizei-Sergeanten Paul Leeper und den diensttuenden Officers John Barrett und Carl Schoffler, alle drei Angehörige der Metropolitan Police. Sie trugen Zivilkleidung, da ihre Mission die vertrauliche Überwachung besonders gefährdeter Stadtteile umfaßte. Der Car wurde von Leeper gesteuert. Von außen gesehen war er einer von zehntausenden gewöhnlichen Privatwagen. Nichts deutete auf ein Fahrzeug der Polizei.

Wills berichtete den Polizisten seine Wahrnehmungen. Gemeinsam begaben sie sich, da zunächst nichts Beunruhigendes festzustellen war, von Stockwerk zu Stockwerk. Von der achten Etage zurückblickend entdeckten sie Licht in dem Stockwerk, das Wills als das Hauptquartier der Demokratischen Partei bezeichnete.

Sie schlichen vorsichtig tastend bis zur Eingangstür. Sie war nicht verschlossen, sondern ebenso wie das Garagentor mit einem Tape-Streifen gesichert, so daß jeder Vorübergehende sie für verschlossen halten mußte.

Plötzlich hörten sie Stimmen, und in einem Nebenraum schwächte sich das Licht ab. Während Wills im Korridor blieb, drangen die Polizisten in das Zimmer ein und forderten mit gezogener Waffe mehrere Männer auf, die Hände zu heben.

Ohne Widerstand zu leisten, kamen die Einbrecher der Aufforderung nach.

Die Beamten schalteten die Deckenbeleuchtung an. Jetzt sahen sie außer zwei Gestalten unmittelbar vor ihnen drei weitere, die sich unsicher nach vorn bewegten. Nur einer fragte, ob die Bewaffneten Polizeibeamte in Zivil seien. Officer Barrett bejahte und wies seine Dienstmarke vor.

Die Unbekannten wurden zur Verhinderung eines Fluchtversuchs gefesselt.

Inzwischen gab Sergeant Leeper der Zentrale im Headquarter Einzelheiten über die Vorgänge im Watergate-Building durch. Im Hinblick auf einen unzweifelhaft politisch bedeutungsvollen Einbruch in das Hauptquartier der Demokratischen Partei wurden höhere Dienststellen informiert.

Bereits eine Viertelstunde später trafen die ersten

Polizeifahrzeuge mit Beamten, Spezialagenten und Sachverständigen der technischen Dienste beim Watergate-Building ein. Nächtliche Passanten begannen zu merken, daß irgendetwas Ungewöhnliches vor sich ging.

Was die Beamten an Ort und Stelle nicht feststellen konnten, war die Anwesenheit zweier Mittäter, die sich in einer oberen Etage — zunächst — in Sicherheit gebracht hatten. Sie sollten später die Hauptrollen auf der Anklagebank spielen: Howard Hunt und Gordon S. Liddy. Ihr Versteckspiel war von kurzer Dauer.

Der Tatort wies eine ungewöhnliche Unordnung auf. Verstreut lagen technische Geräte, Werkzeuge, Verbindungskabel und unverkennbar elektronische Instrumente umher. Die Techniker der wissenschaftlichen Dienste staunten. Es waren Teile von Abhöranlagen, Mikrophone und Mini-Sender.

Die fünf Festgenommenen wurden, separiert, zu Headquarters überführt.

Die Experten begannen eine minuziöse Durchsuchung des Zimmers und der weiteren Räumlichkeiten der „Suite". Sie nahmen eine genaue Inventarisierung aller Objekte vor. Sämtliche Tatortbereiche wurden von verschiedenen Blickwinkeln aufgenommen. Draußen begann es zu dämmern. Die Experten arbeiteten weiter. Zu diesem Zeitpunkt ahnte noch niemand, was dieser Einbruch ins Watergate-Building einmal bedeuten werde.

Sehr bald darauf hatten eingeweihte Personen des Weißen Hauses die ersten Nachrichten vom mißlungenen Einbruch erhalten. Auf Umwegen zwar, doch sicher und rasch, hatten die Watergate-Einbrecher ihre Verbindungsleute von diesem Debakel informiert.

Das Morgengrauen ging über in einen feuchtschwülen Vormittag. Die Atmosphäre am Potomac bedrückte die Menschen. Nur die voll-klimatisierten Räume im Weißen Haus hielten die drückende Luft fern. Dennoch, Nervosität in der Residenz Nixons hatte einige seiner vertrautesten Berater ergriffen. Zur selben Zeit verhörten Beamte des Polizeireviers im 2. Distrikt von Washington die Watergate-Einbrecher. Es war eine zwecklose Einvernahme. Die fünf Männer gaben unverkennbar falsche Namen an. Nach dieser Formalität wurden sie in das Gebäude des „District of Columbia Superior Court" überführt und dort zur Verfügung des Richters Belson gestellt.

Offenbar sah McCord als erster ein, daß es sinnlos war, eine erfundene Identität anzugeben. Er wußte, daß sowohl seine wie auch seiner „Kollegen" Fingerabdrücke an verschiedenen Dienststellen vorlagen und innerhalb weniger Minuten vom FBI beigebracht werden konnten. Er gab seinen richtigen Namen und ebenso seinen tatsächlichen Wohnsitz an. Nach seinem Beruf befragt, bezeichnete er sich als „Sicherheitsbeamter der CIA". Er vergaß hinzuzufügen, daß diese seine Tätigkeit der Vergangenheit angehörte. Freilich — genau genommen bestand auch zu diesem Zeitpunkt zwischen ihm und der CIA eine zwar nicht offizielle, aber doch gewisse Zusammenarbeit. Die anderen vier folgten schließlich seinem Beispiel.

Vor dem Richter lagen bei den Einbrechern gefundene erstaunlich große Mengen Bargeld in Hundert-Dollar-Scheinen, allesamt aus ein und derselben Serie in fortlaufenden Nummern: ein sicheres Zeichen, daß die Banknoten aus der gleichen Quelle stammten.

Die Kriminalbeamten hatten zwischenzeitlich festgestellt, daß zwei der Festgenommenen im Watergate-Building — unter falschem Namen — registriert waren. Der eine bewohnte das Zimmer 214, der andere das Zimmer 314, in dessen Schreibtischfach 3200 Dollar, deren Serien und fortlaufende Nummern zu den bereits gefundenen paßten, sichergestellt wurden.

Besonderes Interesse erweckte ein mit dem Buchstaben „H" signiertes kleines Büchlein, das Adressen und Telefonnummern enthielt. Darunter mehrere Anschlüsse des Weißen Hauses und bei einem die Buchstaben „H.".

Richter Belson nahm die Identifizierung der Festgenommenen vor, worauf sie „zur Verfügung der Justiz" abgeführt wurden.

Kurz vor Mittag erstattete der diensttuende Staatsanwalt Harold Titus seinem unmittelbaren Vorgesetzten, Henry Petersen, Bericht über die wichtigsten Einzelheiten der mitternächtlichen Affäre. Da es sich um einen Einbruch in das Hauptquartier der Demokratischen Partei handelte, informierte Titus den obersten Chef des Justizdepartments, Attorney General Richard Kleindienst und bat um Instruktionen. Aber auf sie sollte er zunächst noch warten, denn für Kleindienst war die Angelegenheit von so großer Bedeutung, daß er die weitere Entwicklung der Affäre abwarten und sich selbst eine Rückendeckung sichern wollte.

Natürlich hatte sich der Fehlschlag der geplanten Aktion besonders im Hauptquartier des „Komitees für die Wiederwahl des Präsidenten" verbreitet. Die Ansichten über die möglichen Folgen waren einhellig. Die Devise schien für jeden einzelnen zu sein: Rette sich, wer kann. Aber jeder war sich wohl darüber im klaren, daß es nicht sehr viele Rettungsmöglichkeiten gab — außer jenen, von denen stets, aber nur geflüstert die Rede gewesen war: die Hilfsbereitschaft des Weißen Hauses „im Fall der Fälle".

Einigermaßen klar sah der in vielen dunklen Affären so erfahrene G. Gordon Liddy die Situation. Er war sich sicher, daß, wenn überhaupt, nur durch Einflußnahmen von hoher und sogar vielleicht von höchster Stelle irgendeine wirksame Aktion unternommen werden mußte, um die drohende Katastrophe zu verhindern. Liddy schlug vor, die Theorie zu vertreten, daß es sich um eine „Fleißaufgabe" übereifriger Idealisten gehandelt haben könnte oder einfach um einen echten Einbruch ohne politisches Motiv. Er war sich klar über die Schwierigkeiten, das Vorhandensein elektronischer Abhörgeräte mit einem gewöhnlichen Einbruch in einen Kausalnexus zu bringen. Aber bei ausreichend mächtiger Protektion sollte nichts völlig unmöglich sein, zumal sich die vorgefundenen bedeutenden Summen als eigentliches Motiv für das Verbrechen eignen könnten.

Im CREEP war es also Liddy, der Ruhe zu bewahren versuchte. Er wußte, daß Jeb Stuart Magruder gemeinsam mit John Mitchell, dem maßgebenden Mann des „Komitees", und als vormaliger Attorney General, größten Einfluß besaß und enge freundschaftliche Beziehungen zu Nixon unterhielt. Mitchell weilte in Los Angeles bei einer Versammlung von Nixon-Wahlhelfern. Im Beverley Hilton Hotel, in dem nicht nur hohe Politiker, sondern bei Gelegenheit auch Kriminelle — unter falschem Namen — logierten, erreichte er zunächst Magruder, der mit Fred de LaRue beim Lunch saß.

Es kam zu einer schockartigen Reaktion von Magruder und de LaRue. Beide beschlossen, Mitchell über Liddys Vorwarnung zu informieren und ihm dringend zu einer Intervention im Interesse einer Freilassung von McCord bei Kleindienst zu raten. Sie berichteten Mitchell, der jedoch eine Intervention für aussichtslos hielt.

Liddy, nunmehr äußerst verängstigt, wandte sich unmittelbar an Kleindienst. Aber der „Justizminister" lehnte jede Einflußnahme auf die amtlichen Ermittlungen und das eingeleitete Gerichtsverfahren ab.

Zu dieser Zeit wußten außer Magruder, de LaRue und Kleindienst auch der Präsidentenberater Dean, Charles W. Colson, der Spezialberater Nixons, Bob Haldeman, Stabschef des Weißen Hauses, und Gordon Strachan nicht nur vom Einbruch in das Hauptquartier der Demokratischen Partei, sondern von der unmittelbaren „Beteiligung" an dem Verbrechen von einer Reihe von Personen, die mit Führungskräften im Weißen Haus in unmittelbarem Kontakt standen.

Da es sich um ein gemeines Verbrechen handelte, hätte jeder höhere Beamte des Weißen Hauses und besonders ein Kabinettsminister selbstverständlich alle ihnen bekannten Fakten der Staatsanwaltschaft, den Ermittlungsbehörden und der Polizei mitteilen müssen. Aber — sie alle schwiegen.

Die Watergate-Affäre war jedoch weder durch Verschwiegenheit noch durch Verlogenheit noch durch den festen Willen, ein Verbrechen zu verniedlichen und jede Verantwortung von allen mitverantwortlichen Hauptpersonen abzulenken, in irgendeiner Weise auf die Dauer vor der Öffentlichkeit zu vertuschen.

Nach der sich von Tag zu Tag intensivierenden Presse-Reaktion mußten die Verschwörer in aller Eile, unter der Federführung von Mitchell, eine zumindest parteioffiziöse Darstellung veröffentlichen, denn völliges Schweigen gegenüber den mehr und mehr konkret sich abzeichnenden Verdächtigungen war unmöglich geworden.

Nach langen Beratungen kam ein Text zustande, der in erster Linie der Verharmlosung des Watergate-Einbruchs galt und in einer zunächst durchaus plausiblen Darstellung alle Mutmaßungen über irgendwelche Beziehungen politischer Persönlichkeiten zu den „Eindringlingen" ins Hauptquartier der Demokratischen Partei bestritt. Völlig außerhalb jedweder Erörterung mußten sämtliche Mitarbeiter des Weißen Hauses bleiben. Den Präsidenten auch nur zu nennen wäre absurd gewesen.

Als konkrete Information — erlogen in jedem Wort — wurde in Mitchells „Erklärung" McCord, Träger einer Hauptrolle im Einbrecherteam, ‚umgeformt'. Aus dem erfahrenen langjährigen Geheimdienstler entstand der harmlose Inhaber einer privaten „Sicherheits-Agentur", dem vor geraumer Zeit ein Auftrag erteilt worden war, das „Komitee" gegen eventuelle „Indiskretionen" abzuschirmen und „unerwünschte Personen" fernzuhalten. Es sei dies ein üblicher Kundendienst der Agentur gewesen, wie ihn zahlreiche andere Firmen und Organisationen in Anspruch nahmen. McCords Büro sei auf solche Aufgaben spezialisiert. Es arbeite nach seinem eigenen Kodex, gegen den es keine Einwendungen zu erheben gebe. Falls Angestellte McCords eigenmächtig irgendwelche irregulären Methoden angewandt haben sollten, so sei es ohne Kenntnis des „Komitees" erfolgt, das jede auch nur unkorrekte Praxis bei der Ausführung solcher Aufträge ablehnt und verurteilt.

Mit dieser „Distanzierung" wollten sich Mitchell und sein Komitee von McCord und seiner Agentur distanzieren, sich und alle Mitarbeiter „im Haus", aber auch „sonstwo" vorsorglich entlasten und den Einbruch — sofern es einer mit irgendwelchen politischen Motiven sein sollte — als Fleißaufgabe der McCord-Agenten bezeichnet wissen.

Doch dieser Versuch, einen Mann, dessen Tätigkeit bis zur Schwelle des Weißen Hauses verfolgt werden konnte, zu entlasten, schlug vor allem schon deshalb fehl, weil aus der Überprüfung des von der Polizei bei den Verbrechern gefundenen Materials, besonders jenes kleinen Büchleins mit den Initialen „H. H." und den Telefonanschlüssen des Weißen Hauses zumindest Kontakte zwischen Howard Hunt und „jemandem" aus der Residenz Nixons hervorgingen.

Während in den ersten 48 Stunden nach der Aufdeckung des Einbruchs in das Watergate-Building selbst Zeitungen wie die „New York Times" nur auf der zweiten Seite einen Bericht mit der wenig besagenden Überschrift „Fünf Männer wegen Einbruchs in das Demokratische Hauptquartier beschuldigt" veröffentlichte, brachte die „Washington Post" bereits eine Großreportage, die freilich die wirkliche Bedeutung und die so tiefgreifende Wirkung des Verbrechens noch nicht ahnen ließ.

Im Weißen Haus liefen zu dieser Zeit die ersten Maßnahmen an, um es wirksam von „der Affäre" zu isolieren. Jeglicher auch indirekter Zusammenhang zwischen den Watergate-Geschehnissen und im Weißen Haus tätigen Personen mußte von Anfang an und mit aller Konsequenz als absurd schroff zurückgewiesen werden.

Die wichtigsten Männer aus der Umgebung Nixons — sowohl die, die ihre indirekte, aber richtungweisende Beteiligung am Watergate-Verbrechen gar nicht leugnen konnten, wie die, die das taten —, hatten miteinander, untereinander, mit Freunden und Anwälten und Vertrauten, von denen sie sich Orientierungshilfe erhofften, lange Konferenzen, um Auswege zu finden. Jeder dachte an sich, aber es zeigte sich bald, daß wohl jeder sich selbst der Nächste war, doch die Chance einer Entlastung nur in einem Pakt bestehen konnte, daß jeder jeden entlastete.

Keiner der in die Watergate-Affäre verwickelten Männer des Weißen Hauses durfte die drohenden Gefahren unterschätzen. Nicht nur die Planer und die Ausführer, auch die Mitwisser waren komprimittiert, sobald erst die eigentlichen Enthüllungen begannen. Auch die „Plumbers" und die Minister und die Präsidentenberater und die Geheimdienstchefs: sie alle *wußten*, was auf sie zukam, denn selbst die verwegensten Optimisten konnten jetzt nicht mehr glauben, es würde alles im Sande verlaufen. Besorgnis, Angst und Furcht kamen auf. Es drohte die Gefahr, es könnten Leute aus dem Weißen Haus und ringsumher, die nichts mit der Watergate-Affäre zu tun hatten — zufallsweise, gewollt vielleicht — zu plaudern beginnen. Und bald kam der erste Schock. FBI-Beamte erfuhren von nicht wegzuleugnenden Beziehungen zwischen Mitchell, Haldeman, Ehrlichman — und anderen hochstehenden Männern des

Weißen Hauses — einerseits und Leuten, die unzweifelhaft zu den „Plumbers" gehörten.

Das allgemeine Erschrecken wuchs, als durchsickerte, ein Assistent Haldemans, betraut mit der Pflege des Kontakts zwischen dem Weißen Haus und dem „Secret Service", habe auf die gezielte Frage eines Geheimagenten, ob er einen Mann namens Howard Hunt kenne, ohne sichtbare Bewegung — die Bedeutung der Frage verkennend — bejahend geantwortet. Hunt sei ihm zwar nur oberflächlich bekannt. Er sei aber gelegentlich als Berater für Sicherheitsfragen des Weißen Hauses tätig geworden.

***

Der Rechtsberater des Präsidenten, John Wesley Dean III. begann als erster mit der „praktischen Arbeit". Er schaffte kompromittierendes Material beiseite. Seinem Beispiel folgten andere Mitarbeiter Nixons.

Magruder sorgte dafür, daß alle belastenden Akten, Aufzeichnungen und Notizen, die sich in den verschiedenen Kartotheken oder Registermappen des CREEP befanden, an „völlig sichere Orte" gebracht, dort versteckt oder, falls entbehrlich, vernichtet wurden.

Im Weißen Haus übernahm Gordon Strachan die Aufgabe, die diversen Ordner und Aktenhefter durchzusehen und jedes Blatt, das irgendwie als „unsicher" schien, zu beseitigen. So verschwanden alle Unterlagen, und so wurden alle Spuren, die die Leute des Verbrecherteams mit dem Weißen Haus in Zusammenhang bringen konnten, gelöscht. Diese umfassende Operation erhielt den Namen „House clean". Zu deutsch vielleicht „Großreinemachen".

Für explosiv hielt John Wesley Dean III. das Geheimmaterial, das sich — mit Wissen Haldemans, Ehrlichmans und Colsons — im Safe Howard Hunts im Weißen Haus befand. Es enthielt vermutlich Aufzeichnungen und schriftliche Angaben über geheime Operationen Hunts, die für das Weiße Haus eine Gefahr bedeuten konnten. Eine Kompromittierung.

Niemand besaß einen Schlüssel zu diesem Stahlkoffer. Es bestand auch keine Aussicht, von Hunt aus dem Untersuchungsgefängnis einen Hinweis zu erhalten, wie dieser Safe geöffnet werden könnte. Vermutlich hätte Hunt auch dann keine Auskunft gegeben, wenn es ihm möglich gewesen wäre. Den Safe-Inhalt betrachtete er gewiß als Rückendeckung.

Nach längeren Beratungen mit Ehrlichman beschloß Dean, den Safe von seinem Aufbewahrungsort zu entfernen und durch Vertrauensbeamte der „General Services Administration" — die über „Fachleute" verfügte — öffnen zu lassen.

Mit Hilfe von Deans Assistenten Fred Fielding wurde Hunts Stahlkoffer in einen Lagerraum im 5. Stockwerk des „Executive Office Building" geschafft und dort von einem Experten geöffnet.

Dean selbst wollte an dem Aufbrechen des Safes nicht persönlich teilnehmen. Dafür, daß nichts verschwand, hatte Fielding zu sorgen.

Männer der „General Services Administration" trugen, überwacht von Fielding, einen großen, mit breitem Stoff-Tesaband verschlossenen Karton, der in großen Buchstaben die beiden Worte „top secret" aufwies, und ein Diplomatenköfferchen, in das Zimmer von Dean. Es war die Ausbeute aus Hunts Safe.

Dean und Fielding inventarisierten den Inhalt des Kartons:
4 Sprech- und Gegensprechgeräte Talkie-Walkie mit technischen Bedienungsanweisungen
4 Spezial-Bell + Howell Nickel-Cadmium-Accus
1 Tränengas-Sprühgerät — Spray — mit Reserve-Tank
Zwei hochempfindliche Spezial-Mikrofone
Zwei Kopfhörer
Zwei Schultergeräte mit Anschlußkabel und Telefonanschluß
Verschiedene Aktenordner
Antennenzubehör und Kabel
Eine Mappe mit der Aufschrift „Pentagon-Papiere"
Eine Sammlung von Unterlagen verschiedener Art über Professor Dr. Ellsberg
Mit „CIA" markierte Papiere mit Kleber:
„Ellsbergs psychologisches Profil"
Berichte über Hunts Untersuchungen im Fall „Chappaquiddick und Senator Edward Kennedy", Telegramme, Kabel des State Department über Südvietnam, zurückgehend bis auf das Jahr 1963, darunter erkennbare Fälschungsversuche Hunts, durch welche Präsident Kennedy direkt mit der Ermordung des südvietnamesischen Präsidenten Diem in Verbindung gebracht werden sollte, ein Memorandum Hunts an Colson über eine Unterredung mit William Lamberg, Reporter von „Time-Life" über die Fälschung der sogenannten „Kennedy-Cables".

Es war ein kleines Archiv und ein kleines elektronisches Abhör- und Mini-Sender-Labor.

Dean studierte das Material. Nach Konsultation mit Ehrlichman wurde beschlossen, Karton und Diplomatenkoffer durch Fielding zunächst in Sicherheit bringen zu lassen. Das Material konnte, in unrichtigen Händen, dem Weißen Haus — und im äußersten Falle Nixon selbst — in hohem Maße gefährlich werden. Das mußten sie — um jeden Preis — verhüten.

***

Es gibt keine Beweise dafür, daß Berater aus dem Weißen Haus mit den inhaftierten Verbrechern — McCord, Barker, Sturgis, Martinez, Gonzalez, Liddy, nach deren Festnahme direkte Verbindung irgendwelcher Art aufgenommen hätten. Andererseits ist erwiesen, daß die materiellen Hilfeleistungen, insbesondere für die Verteidigung der fünf Beschuldigten und zugunsten ihrer Angehörigen aus Geldern des CREEP-Fonds stammten. Erwiesen ist, daß diese Summen — Hunderttausende von Dollars — durch Mitarbeiter Nixons und unter aktiver Beteiligung seines Rechtsberaters Kalmbach ausbezahlt wurden. Natürlich ist dies noch kein Beweis, daß der Präsident selber etwas über diese Transaktionen wußte. Doch wußte es der Anwalt, der Freund.

***

Die größte Sorge bereitete Dean, Kalmbach, Ehrlichman, Mitchell, Colson und dem kleinen Kreis der in die Vertuschungsmanöver eingeweihten Präsidentenberater die Möglichkeit, daß der eine oder andere der Festgenommenen „singen" könnte. Solange keine Aussagen der Angeklagten vorlagen, wonach direkte Verbindungen zu Beamten des Weißen Hauses oder Personen, die unmittelbar mit dem Weißen Haus zu tun hatten, etwa Liddy, beweisbar wurden, existierten also nur Vermutungen über solche Verbindungen der Watergate-Einbrecher, daher konnte zumindest immer noch weiter laviert werden. Für irgendwelche Kontakte bei der Planung und Durchführung hätte es beeidigter Zeugenaussagen bedurft. Solche gab es nicht, und zumindest für Nixon bestand keine akute Gefahr.

Trotz aller Bemühungen und Vorsichtsmaßregeln, die Watergate-Häftlinge isoliert zu halten, gab es trotzdem erfolgreiche Durchstechereien. Die näheren Einzelheiten sind nie bekannt geworden, aber es gelangten sowohl vertrauliche Nachrichten wie auch Informationen über den Gang der Untersuchung und Ratschläge für ihr Verhalten an die Einbrecher, und die Geldmittel, die für sie und ihre Angehörigen flüssig gemacht worden waren, erreichten fast allemal die richtigen Hände.

Die anwaltliche Betreuung hätte natürlich ebenfalls dazu beitragen können, den Untersuchungshäftlingen geheime Mitteilungen durch die Verteidiger zukommen zu lassen. Aber die wichtigsten Interna der Ermittlungsbehörden über die laufend eingehenden Ergebnisse waren so abgesichert, daß weder mitteilungswillige Personen in der Umgebung des Weißen Hauses noch irgendwie „zugängliche" Beamte an die streng überwachten, völlig isolierten Kriminellen herankommen konnten.

***

Der Einbruch in das Watergate-Building konnte angesichts der heftigen Reaktionen weitester Kreise nicht mehr verschönt noch auch nur verniedlicht oder durch irgendeine Auslegung in seiner Bedeutung heruntergespielt werden. Noch gab es keine überzeugenden Beweise dafür, daß es ein von höherer oder gar höchster Stelle ausgehendes Komplott gewesen sei, so daß die Masse der Gutgläubigen, die solchen Regierungsstellen kriminelle Handlungsweisen nicht zutrauen wollten, die Angelegenheit für „Sensationsmache" hielten. Andere meinten, der Einbruch werde von der Demokratischen Partei für ihre Wahlzwecke maßlos übersteigert.

Gewiß, die Demokratische Partei, die sich in einer hinsichtlich des Wahlausgangs fast aussichtslosen Situation befand — allein schon die Problematik mit ihrem eigenen Kandidaten schwächte alle Aussichten — nützte den Einbruch in ihr Hauptquartier ausgiebig zur Propaganda gegen die Republikaner. Andererseits stand einer wirklich breitesten Veröffentlichung fast täglich neuer Enthüllungen die partei-politische Orientierung einer sehr beachtlichen Zahl von Massenmedien aller Art im Wege, denn es gibt in Amerika schon deshalb keine dominierende überregionale Presse, weil die enormen Entfernungen des Landes — eigentlich ein Kontinent für sich — eine echte Wirkung über das Gesamtgebiet nahezu ausschließen.

Sogar eine Zeitschrift wie TIME-MAGAZINE kann nur dadurch überregional wirken, weil sie diese weiten Entfernungen nicht per Transport bewältigt, sondern an mehreren Druckorten hergestellt wird und infolgedessen nicht unter Zeitverlusten leidet.

Es wäre dennoch eine interessante Aufgabe für die Zeitgeschichtler, die tieferliegenden Ursachen eines während erstaunlich langer Zeit gelungenen „Hinunterspielens" der Watergate-Affäre aufzuklären.

Vielleicht ist die Vermutung nicht abwegig, daß gerade in den Vereinigten Staaten sogar jene Wählermassen, die einem anderen Kandidaten ihre Stimme gaben, nach der erfolgten Wahl des ersten Repräsentanten der Nation eine gewisse Tendenz aufweisen, sich mit der Person des Staatsoberhauptes zu identifizieren — nicht in der politischen Einstellung, aber aus Respekt vor dem Präsidenten, der als Staatsoberhaupt nicht angreifbar sein soll.

Nur so ist es zu erklären, daß Wochen nach der Enthüllung des Einbruchs eine beträchtliche Mehrheit der Amerikaner nicht nur Nixon für einen völlig integren und keiner unlauteren Handlung fähigen Mann ansah — Meinungsumfragen bestätigten das —, sondern eine feindliche Einstellung ihm gegenüber mißbilligten.

Wesentlich zu dieser Sympathie für Nixon trug die Entschiedenheit bei, mit der er alle Verdächtigungen gegen sich und seine Mitarbeiter als grundlose Verleumdungen brandmarkte. Die Mehrheit des „Volkes" — um diesen immer simplifizierenden Ausdruck zu gebrauchen — hielt es für unmöglich, daß der Präsident so energisch jede auch nur entfernt unzulässige Handlungsweise ablehnen würde, wenn auch nur die geringste Berechtigung für eine solche Annahme bestünde. Der einfache Mensch argumentierte: unser Präsident kann nicht lügen, er ist ein rechtschaffener Mann, und seine Berater haben sich nichts zuschulden kommen lassen, er steht zu ihnen — er ist ein ehrenwerter Mann, treu und zuverlässig, und keine Verunglimpfung kann daran etwas ändern.

So merkwürdig es klingen mag, so gewiß steht es fest, daß die Watergate-Affäre, die für die liberalen Massenmedien eine Verschärfung der Affäre mit den

Pentagon-Papieren bedeutete, für die sogenannte „schweigende Mehrheit" eine echte Ursache bildete, dem Präsidenten als Person, als Regierungschef und damit auch seinen Mitarbeitern nicht nur die Treue zu wahren, sondern in ihnen auch eine Art Verkörperung jenes „guten" Amerikanertums zu sehen, welches sich dadurch auszeichnete, daß es nationale Ziele, nationale Gedanken und nationalen Stolz — in diesem Fall schon sehr in Begriffsnähe zu militärischem Denken — bewies.

Am 13. Juni 1971 war mit der Veröffentlichung der Pentagon-Papiere in der „New York Times" begonnen worden, und fast genau ein Jahr später fand der Einbruch in den Watergate-Bau statt.

Ein Zufall zweifellos. Aber die Reminiszenz an den für Nixon persönlich, für seine Regierung und für das Pentagon innen- wie außenpolitisch verheerenden Bericht über eine durch und durch verlogene, vor keiner Fälschung zurückschreckende Vietnam-Abenteurer-Politik, durch Diebstahl der Geheimpapiere möglich geworden, ließ da und dort eine mildere Beurteilung des Watergate-Verbrechens aufkommen. Mitchell hatte als Aufgabe der Firma McCords die Absicherung des „Komitees für die Wiederwahl des Präsidenten" gegen „Indiskretionen" und „unerwünschte Personen" bezeichnet. Vielleicht hatten die Agenten McCords die ihnen gesetzten Grenzen überschritten. Das war immer noch verzeihlicher als der Diebstahl von geheimsten Staatspapieren. Es war eine defensive Handlung zum Schutz des „Komitees". Nicht mehr. Gewiß, illegal und daher zu verurteilen. Aber wer vermochte denn überhaupt im ganzen Watergate-Fall noch klar zu sehen? Die Mehrheit der Amerikaner stand auf der Seite Nixons.

Auch der Wunsch, etwas, das man nicht glauben wollte, das man nicht wahrhaben, gar nicht erst genau erörtern mochte, konnte besser durch ein Ausweichen gegenüber der Realität verdrängt werden, selbst wenn diese immer deutlicher das Weiße Haus belastete. Die breiten Massen hatten zudem den Ausweg, den Einbruch in das Hauptquartier der Demokraten als eine der vielen Entartungsformen extremen politischen Wahlkampfs zu werten, wie er in Nordamerika nicht selten abrollte. Freilich, die andere Lesart, es sei ein Einbruch wie viele andere, begann abzuflauen.

Der Historiker, dem die Problematik der Art, wie Massenmedien in einer eminent politischen Angelegenheit Stellung nehmen, Grund bietet, um die Motive ihrer Haltungsweisen zu analysieren, wird an der Tatsache nicht vorbeigehen können, daß die wichtigsten Tageszeitungen und Zeitschriften der USA die Watergate-Affäre keineswegs als eine „lokale Angelegenheit" behandelten, sondern schwerwiegende Konsequenzen — zunächst andeutungsweise, dann durch fundierte Berichte abgesichert — voraussagten.

Die Lesart von irgendwelchen übereifrigen privatdetektivischen Aktivitäten konnte schon gar nicht mehr ernstlich angeboten werden, denn allein die Tatsache, daß sich unter den Einbrechern ein früherer Spezialagent der CIA befunden hatte — Howard Hunt —, ließ zwangsläufig Vermutungen entstehen, die tief ins Politische hineinreichten.

Die Reminiszenzen an die Affäre der Pentagon-Papiere wurden wieder aktuell. Aber ein politischer Einbruch schien eine Ideologie gewisser Kreise anzudeuten, die von allen liberalen und progressiven Kreisen als gefährlich für den Bestand der Freiheit empfunden wurde.

Während in der maßgebenden Presse der USA der Watergate-Fall sehr ernstgenommen wurde, verhielten sich viele außeramerikanische Massenmedien, auch die sehr ausgewogen informierenden, erstaunlich zurückhaltend. Erst am 28. August 1972, über zwei Monate nach dem Watergate-Einbruch, berichtete eine vermutlich international meistbeachtete deutschsprachige Zeitung unter der recht wenig besagenden Titelzeile: „MYSTERIÖSE ABHÖRAFFÄRE IN WASHINGTON" jene Einzelheiten, die *eindeutig* die politischen Hintergründe des Verbrechens erkennen ließen.

Immerhin gab es vereinzelt auch Zeitungen von Ruf, die bereits Anfang Oktober 1972 nun keineswegs mehr in Frageform die Watergate-Affäre behandelten, und als dann zusätzlich die Affäre „Segretti" weithin als besonderer politischer Skandal offenkundig wurde, konnte kaum noch ernstlich an einem Zusammenhang dieser unsauberen Machenschaften mit maßgebenden hohen Beamten des Weißen Hauses in Frage gestellt werden. Es war erwiesen worden, daß Donald Segretti, ein Anwalt, den Auftrag entgegengenommen hatte, „durch geeignete Mittel" demokratische Versammlungen zu stören und eventuell zu sprengen. Segretti, Mitglied der Rechtsanwaltskammer von Los Angeles, sollte besonders den Gegenkandidaten Nixons, McGovern, in seinem Wahlkampf behindern. Zu seinen Aufgaben gehörte außerdem die Organisation von Diffamierungen republikanischer Politiker.

Die als „überzeugte Republikanerin" geltende Patricia E. Griffin, Sekretärin in Tamp, Florida, war durch einen Agenten von Segretti angeworben worden, um sich getarnt als Helferin in das Wahlkampfbüro Edmund Muskies — ebenfalls demokratischer Kandidat — einzuschleusen. Sie sollte dann auf dem Papier dieses Kandidaten falsche Presseerklärungen versenden. Tatsächlich kamen solche Briefe, auf Muskies Briefpapier getippt, in Umlauf. In diesen Schreiben beschuldigte Muskie seine Parteifreunde Hubert Humphrey and Henry Jackson, beides engagierte demokratische Politiker, sexueller Vergehen. Ehe die Fälschungen aufgeklärt waren, hatten die Briefe bereits die erwartete Vergiftung der persönlichen Beziehungen folgerichtig erreicht.

Der Pressesprecher Nixons, Ron Ziegler, wurde durch einen Journalisten beschuldigt, von dieser Briefaktion gewußt zu haben: Ziegler verzichtete auf eine gerichtliche Klärung . . .

Und es gab weitere Fäden, die von verbrecherischen Aktionen direkt und indirekt zum Weißen Hause führten. Dieser Anwalt Segretti erhielt für sich und die von ihm anzuwerbenden Saboteure und Agenten erhebliche Summen aus dem Wahlfonds des Komitees. Insgesamt soll er 700 000 Dollar bekommen haben. Die Belege fehlten. Über solche Summen des Geheimfonds konnte an erster Stelle Präsidentenberater Haldeman disponieren. Die Übergabe des Geldes war in Teilbeträgen durch Dwight L. Chapin und Nixons persönlichen Anwalt, Herbert Kalmbach erfolgt, der auch die später höchst umstrittenen Grundstücksgeschäfte des Präsidenten juristisch betreute.

Die sich häufenden Berichte über immer weitergehende kriminelle Verquickungen hoher und höchster Dienststellen im Verwaltungsgefüge der Nixon'schen Regierung fanden einen immer deutlicher werdenden

Niederschlag in den Ergebnissen weiterer Meinungsbefragungen. Die „schweigende Mehrheit" — stets als sicherer Rückhalt für Nixons Mehrheit betrachtet — wurde durch die sich häufenden unwiderlegbaren Schuldindizien gegen das Weiße Haus immer mehr verunsichert. Nixons Wahlchancen sanken von 64 auf 59 ab, die der demokratischen Kandidaten stiegen von 32 auf 36. Freilich, das bedeutete immer noch den sicheren Wahlsieg des bisherigen Präsidenten, aber es war doch auch ein Zeichen, daß seine bisherige als unveränderlich betrachtete Wählerschaft kritischer geworden war.

Offensichtlich begannen die während des ganzen Wahlkampfes immer wiederholten Feststellungen des demokratischen Kandidaten, es sei bewiesen, daß in Zusammenarbeit mit Männern des Weißen Hauses sieben gemeine Einbrecher in das Demokratische Hauptquartier eingedrungen waren, bei den Wählern zu wirken. Aber die permanenten Hinweise der Demokraten als unmittelbar interessierter Partei wurden nicht zu vollem Nennwert akzeptiert.

***

Abgesehen von Kombinationen und Vermutungen konnten erfahrene Reporter immer neues erstaunliches Tatsachenmaterial zutage fördern. Es gab bereits nach kurzer Zeit eine Unzahl „durchlöcherter" Stellen in den behördlichen Apparaten, die sich mit dem Einbruch befaßten — Polizei, Staatsanwaltschaft, CIA, FBI. Und offenbar auch im „Komitee" und sogar im Weißen Haus. Die Dementis waren entsprechend vehement, wenn auch alles andere als überzeugend.

Der „Washington Post" gebührt das Verdienst, den Fall Watergate zu einer nationalen Affäre gemacht zu haben, die das Weiße Haus und die engsten Mitarbeiter Nixons in kurzer Zeit aus ihrer offensiven Ableugnungstechnik in die Defensive zwang und schließlich wesentlich, vielleicht sogar entscheidend — freilich in zunehmendem Maße unterstützt von anderen großen Organen der Presse, von Funk und Fernsehen — alle Vertuschungsmöglichkeiten im Keim erstickte.

Für ihre einmalige journalistische Leistung erhielten die beiden Männer der „Washington Post", die in unermüdlicher, ingeniöser und beispielgebend korrekter Weise den Skandal nicht einschlafen ließen, sondern mit immer weiteren Einzelheiten anreicherten, die Reporter Robert Woodward und Carl Bernstein, jene höchste Auszeichnung, die einem Journalisten überhaupt zuteil werden kann: den Pulitzer-Preis.

Statutengemäß wurde die „Washington Post" mit dieser höchsten Ehrung der Publizistik ausgezeichnet — ausdrücklich für die mit der Enthüllung des Watergate-Skandals der Öffentlichkeit geleisteten Dienste —, aber die eigentliche journalistische Leistung hatten die beiden Reporter erbracht. Es ist also in Wahrheit eine persönliche Anerkennung der beiden Reporter, 30 Jahre der eine, 29 der andere. Aber sie bedeutet auch für den Editor des Distrikts von Columbia — also Washington — Barry Sussman, eine tiefe Genugtuung, der seinen beiden Mitarbeitern bedingungslose Unterstützung ihrer Arbeit gewährt hatte.

Der Herausgeber der „Washington Post" erkannte bereits wenige Wochen nach der Festnahme der sieben Einbrecher im Hauptquartier der Demokratischen Partei die sicheren Folgen der Tat, denn für ihn, den Geschäftsführenden Herausgeber des Blattes, Howard Simmons, bestand kein Zweifel, daß es sich um ein einmaliges politisches Verbrechen handelte. Er hatte Sussman die Vollmacht gegeben, Woodward und Bernstein von allen anderen Reporterpflichten zu entbinden und ihnen auch ausreichende finanzielle Mittel zu gewähren, um sie mit dem Fall unnachsichtig eingehend befassen zu können. Sussman, Woodward und Bernstein erhielten eine ganze Reihe von weiteren journalistischen Preisen für ihre ausgezeichnete Arbeit, der Verlag Simon und Schuster leistete einen Vorschuß von 55 000 Dollar für das Copyright eines Watergate-Buches.

Inmitten des sich zu Pyramiden ansammelnden Belastungsmaterials über immer neue Entwicklungen in der Watergate-Affäre wurde der erste Termin des ersten Strafverfahrens wegen des Watergate-Einbruchs in der ersten Januar-Woche 1973 angesetzt. Die bei amerikanischen Strafprozessen häufig äußerst langwierige Auswahl der Geschworenen — sowohl der öffentliche Ankläger wie der Verteidiger haben unzählige Möglichkeiten, um einen Geschworenen abzulehnen — währte nur zwei Tage.

Die Staatsanwaltschaft trug ihre Anklage vor, doch ehe sie die Verurteilung des Angeklagten Hunt beantragen konnte, wandte dieser sich an den Vorsitzenden des Gerichts und gab eine für alle Anwesenden und besonders für die Vertreter der Presse sensationelle Erklärung ab:

„Ich, Howard Hunt, erkläre mich im Sinne von drei Punkten der Anklage für schuldig und ersuche um Milde des Gerichts."

Doch der Vorsitzende lehnte dieses Schuldbekenntnis, weil es nicht alle Anklagepunkte einschloß, ab. Um in den Genuß des Schuldbekenntnisses zu gelangen, stellte er dem Angeklagten Hunt anheim, ein *vollumfängliches* Geständnis abzulegen und gab ihm Bedenkzeit. Damit war die Verhandlung zunächst beendet.

Die Geständnisbereitschaft, wenn auch nur teilweise gutgeheißen, befreite den Angeklagten Hunt vor der Aburteilung durch ein Geschworenengericht, da nach der Strafprozeßordnung der geständige Täter von *einem Richter* abgeurteilt werden muß.

Die anderen Angeklagten, die der verschiedenen, im Zusammenhang mit dem Einbruch spezifizierten Straftaten angeklagt worden waren, erklärten sich für nicht schuldig.

Das Schuldbekenntnis Hunts bedeutete natürlich eine außerordentliche Erschwerung für die Verteidigung der anderen Verbrecher.

Vermutlich hatte Hunt die „Flucht vor den Geschworenen" nicht nur aus formaljuristischen Erwägungen gesucht, sondern wollte so schnell wie möglich mit dem Gericht ins reine kommen, da er sich in einer schweren psychischen Depression befand. Seine Frau — offenbar auch beruflich mit ihm verbunden — war anläßlich eines Flugzeugunglücks bei Chicago ums Leben gekommen. Die sichere, aber kurzfristig zu erwartende Strafe durch einen Distrikts-Richter schien dem nervlich in hohem Maße anfällig erscheinenden Hunt ein geringeres Übel als ein möglicherweise wochenlanges Verfahren vor dem Geschworenengericht.

Aus der nach Wiedereröffnung des Verfahrens vorgetragenen Anklage des Staatsanwalts gelangte eine nunmehr amtlich erwiesene, bis dahin lediglich gerüchtweise verbreitete Einzelheit an die Öffentlichkeit: dem Mittäter Liddy, Mitarbeiter in einem Stab des Weißen Hauses, war vom „Komitee für die Wiederwahl des Präsidenten" ein Betrag von 235 000 Dollar für „diskrete Ausgaben" zur Verfügung gestellt worden. Über die Verwendung von 185 000 Dollar konnte die Staatsanwaltschaft keine Unterlagen, weder durch Ermittlungen noch durch Verhöre des Angeklagten, erhalten. Nur ein Betrag von 50 000 Dollar war verbucht.

Bereits wenige Tage nach dem aufsehenerregenden Schuldbekenntnis von Howard Hunt bekannten sich dann doch vier weitere Angeklagte — Barker, Sturgis, Martinez und Gonzalez — uneingeschränkt als „schuldig im Sinne der Anklage".

Der Skandal weitet sich aus

Der Skandal um Watergate bekam durch die Enthüllungen über das im Weißen Haus installierte elektronische Abhörsystem eine neue Dimension. Ganz besonders bildet die neue Sachlage zwei Ursachen, um ernste Erwägungen anzuschließen:
1. Dem Watergate-Ausschuß wäre es möglich, eine mit an Gewißheit grenzender Wahrscheinlichkeit sichere Feststellung über Schuld oder Schuldlosigkeit des Präsidenten in der Watergate-Affäre, in der Planung, in den Vorbereitungsarbeiten und der Vertuschungstätigkeit zu finden, und
2. Nixon könnte, würden die Aufzeichnungen, die sich auf Watergate beziehen, sich als Beweismittel für seine Darstellung benützen lassen, bestimmt nicht Zuflucht zu formal-juristischen Erörterungen nehmen, um Zweifel zu klären anstatt eindeutig zu beweisen, daß er von der Sache weder vorher noch inzwischen noch überhaupt von einer Vertuschung irgendetwas wußte, geschweige denn beteiligt gewesen sei.

Bereits am Tage nach der Enthüllung der Abhörvorrichtung durch den „Mitarbeiter des Präsidenten-Stabsberater" Haldeman, Butterfield, von dessen Einvernahme noch ausführlich zu berichten sein wird, ersuchte die Senatskommission Nixon um Aushändigung der im Tresor des Geheimdienstes aufbewahrten Tonbänder über alle Gespräche, die sich auf die Watergate-Affäre bezogen.

Nach Zustellung der Forderung an das Weiße Haus suchten Nixons Anwälte Fred Buzhardt und Leonard Garmet unverzüglich den Präsidenten im Bethesda-Hospital auf. An dieser Unterredung nahmen auch Haldemans Nachfolger, Stabschef des Weißen Hauses, General Alexander Haig und Pressesprecher Ronald Ziegler teil. Das Thema war bekannt, das Ergebnis der Besprechung blieb verschleiert. Am Nachmittag legte Alfred Wong, seinerzeit als Direktor der technischen Abteilung des Geheimdienstes verantwortlich für die gesamten elektronischen Anlagen, ein von Nixon persönlich unterzeichnetes Schreiben an Schatzsekretär Shultz vor, dem der „Secret Service" unterstellt war: „Hiermit ordne ich an, daß kein Funktionär oder Agent des ‚Secret Service' vor Kongreßausschüssen Auskunft geben darf über sein Wissen, das er in Ausübung seiner Funktionen zum Schutze des Präsidenten oder seiner sonstigen Aufgaben im Weißen Haus erhielt. Dieses Aussageverbot gilt auch für die Sonderkommission des Senats zur Untersuchung der Watergate-Affäre. Ich ersuche ferner, dem Vorsitzenden dieser Kommission mitzuteilen, daß Gesuche um Informationen über die Vorgänge im Weißen Haus prompt in Erwägung gezogen werden, wenn sie an mich selbst gerichtet sind."

Die Haltung Nixons überraschte nicht, aber sie erhöhte das bereits deutlich zunehmende Mißtrauen. Noch ehe die eigentliche Auseinandersetzung über die Herausgabe der Tonbänder formell begann, wurde durch das Aussageverbot deutlich, daß der Präsident um jeden Preis das Durchsickern von Informationen über Watergate verhindern und die Herausgabe diskriminierender Tonbänder zu verhindern versuchen werde.

Bei seiner Einvernahme vor dem Senatsausschuß erklärte der Nixon-Anwalt Herbert Kalmbach, der die von ihm verwalteten sehr bedeutenden Gelder fast ohne Aufzeichnungen verteilte, er habe auf Anweisung John Wesley Deans gehandelt; als er aber Bedenken bekam, verlangte er Rückendeckung beim Präsidentenberater Ehrlichman, der ihm versicherte, alles geschehe im Rahmen einer ‚von oben' autorisierten Operation.

Der Hinweis des Weißen Hauses, ebenfalls Johnson habe während seiner Präsidentschaft Gespräche, auch vertraulichster Art, auf Magnetbänder aufnehmen lassen, wurde übrigens in einem Gespräch mit seinem Pressesekretär, George Christian, als zutreffend bestätigt. Der Direktor der nach Kennedy benannten Bibliothek gestand ein, J. F. Kennedy habe Telefongespräche über außenpolitische und innenpolitische Fragen, besonders auch solche, welche die Verteidigung der USA betrafen, durch verborgene elektronische Abhörgeräte registrieren lassen. In der überfüllten Bibliothek seien diese Tonbänder zwar registriert, aber noch nicht inhaltlich ausgewertet worden. Sie kamen erst zu interner Erörterung, als die Kontroverse um die Watergate-Tapes begann.

Aber man muß weiter in die Vergangenheit zurückgreifen, um den „Erfinder" solcher Praktiken zu eruieren. Es ist Franklin D. Roosevelt, der allerdings noch nicht über elektronische, sondern nur primitive Abhörgeräte verfügte. Aber bei Gesprächen mit seinen engsten Mitarbeitern zeichneten sich dann Möglichkeiten ab, vertrauliche Unterhaltungen, die der Präsident mit seinen Besuchern führte, von Drittpersonen „überhören" und aufschreiben zu lassen. Die „Washington Post" vom 18. Juli 1973 erinnerte an die Memoiren von I. Smith, der während eines nahezu halben Jahrhunderts zum engeren Stab des Weißen Hauses gehörte und ausführlich schilderte, durch welche höchst ingeniöse Anlage die Gespräche abgehört und stenographisch aufgezeichnet werden konnten.

Sowohl aus dem Arbeitszimmer wie dem anliegenden Empfangssalon führte je ein Ventilationsschacht bis in den Keller hinunter. Diese Schächte gaben die Möglichkeit, durch relativ einfache Verstärkeranlagen, die in den Räumen, in denen sich Roosevelt mit seinen Gesprächspartnern aufhielt, geführten Gespräche über Telefonapparate, die im Keller installiert waren, durch Stenographen aufnehmen und dann in Maschinenschrift übertragen zu lassen. Die Anlagen funktionierten durchaus einwandfrei.

Die Angaben von I. Smith finden in einem Brief Hamilton Fishs, der von 1921 bis 1945 dem Repräsentantenhaus angehörte, an die „New York Times" volle Bestätigung. Es sei ihm schon ‚damals' bekannt geworden, daß sowohl seine eigenen Telefongespräche sowie die anderer republikanischer Politiker mit Roosevelt regelmäßig abgehört worden seien. Man habe sich das nur damit erklären können, daß ein Stenograph einen doppelten Kopfhörer mit einer Verbindungsleitung zu Roosevelts Telefon besaß, so daß er nicht nur die durch den Telefonschacht kommenden mündlichen Gespräche stenographisch aufnehmen konnte, sondern auch telefonisch geführte.

Harry Vaugham, enger Mitarbeiter Präsident Trumans, meldete sich mit der Information, der Präsident habe nichts von derartigen Methoden wissen wollen und bei seinem Amtsantritt alle Aufzeichnungen, die auf solche Praktiken zurückgingen, vernichten lassen. Aber die Durchsicht dieser Aufzeichnungen bewies, daß Roosevelt sogar Telefongespräche seiner engsten Mitarbeiter durch Anzapfen der Leitung abhören und stenographisch festhalten ließ.

Durch diese Reminiszenzen, die sich auf Abhörmethoden bezogen, nicht zu vergleichen mit den hochwertigen modernen Systemen, kam ein neuer Skandal auf. Die „New York Times" berichtete eben in Ergänzung der Hinweise auf Roosevelts „Keller-Stenographie", daß dieser Präsident, von 1933 bis 1945, in einer weltgeschichtlich entscheidend wichtigen Epoche, äußerst „großzügig" bei der Beschaffung von ihn interessierendem Geheimmaterial vorging. So habe er — immer nach dem Bericht der „New York Times", der sich auf die Aussagen zweier früherer Agenten des FBI berief — mehrmals in ausländische Botschaften Washingtons Beamte des FBI einbrechen lassen, teils um Dokumente zu photokopieren, teils um sie entwenden zu lassen, teils um geheime Codes zu beschaffen. Nach den Informanten hatte der frühere Direktor des FBI — J. Edgar Hoover — diese Einbrüche angeordnet und unter seiner Verantwortung vornehmen lassen. Erst als sich ernste Verwicklungen abzeichneten, wurden die „diplomatischen Einbrüche" eingestellt.

Nach den Gewährsleuten der „New York Times" waren FBI-Agenten auch in Wohnungen von „führenden Persönlichkeiten" der amerikanischen Unterwelt eingedrungen, um Beweismaterial zu finden und Abhörgeräte einzubauen.

Beobachter in Washington brachten die Berichte in Zusammenhang mit Erklärungen Präsident Nixons während seiner Pressekonferenz am 22. August, als er sich darüber beklagte, frühere Geheimdienst-Operationen hätten weniger Entrüstung verursacht als die Watergate-Affäre.

Gleichzeitig mit diesen neuen Enthüllungen von Vorfällen, die recht weit zurückliegen, wurde bekannt, daß General Attorny Elliot Richardson eine Untersuchung in seinem Ministerium angeordnet hatte, um ermitteln zu lassen, wer vertrauliche Informationen über Untersuchungen der dem Vizepräsidenten Agnew angelasteten Bestechungsaffäre an Zeitungen weitergab. Agnew war bei Richardson vorstellig geworden, daß die Presse sich dauernd mit — nach seiner Ansicht völlig unberechtigt — ihn belastendem Material befasse, das „verleumderisch und bösartig" sei und nur auf Indiskretionen aus dem Justizdepartment beruhen könne.

Inzwischen kam zudem, wieder durch irgendwelche Indiskretionen, ein neuer Bestechungsskandal im Zusammenhang mit den Agnew vorgeworfenen strafbaren Handlungen an die Öffentlichkeit. Ein in Baltimore führender Demokrat, ein Großunternehmer, D. Anderson, wurde beschuldigt, von Baufirmen — mit einem System, das mit jenem, das Agnew angelastet wurde, identisch war — Zahlungen von Schmiergeldern erpreßt zu haben. Seine Praktiken fielen in die Zeit der Gouverneurschaft Agnews im Bundesland Maryland.

Als Nixon am 23. Juli das Marinespital Bethesda verließ, wurde er von den etwa 200 im Weißen Haus tätigen Mitarbeitern stürmisch begrüßt. Er benützte die Gelegenheit, um seinen Mitarbeitern für ihre Treue zu danken. Freilich versicherte er: „Ich werde den mir erteilten Auftrag der Wähler als erste Pflicht bis zum Ende erfüllen." Gerüchte, die von seinem möglichen Rücktritt sprachen, bezeichnete er als „reinen Unsinn".

Im selben Geist aggressiver Haltung verweigerte auch bereits am 23. Juli das Weiße Haus die Herausgabe jedweder Tonbänder.

Aber Nixon lehnte zudem das Ansuchen des mit der Untersuchung betrauten Sonderstaatsanwalts Archibald Cox, die Tonbänder, die sich mit der Watergate-Affäre befaßten, ihm zu überlassen, ab.

Die sieben Mitglieder des Senatsausschusses reagierten unverzüglich mit einem einstimmig gefaßten Beschluß, die Freigabe der Tonbänder durch eine „Subpoena" zu erzwingen. Der Sonderstaatsanwalt Cox kündigte gerichtliche Schritte zur Sicherstellung und Beschaffung des Materials an.

Damit trat die Kontroverse zwischen den parlamentarischen Gewalten und der Exekutive offen in Erscheinung. Eine Verfassungskrise schien kaum vermeidbar.

Nach diesem Aufeinanderprall gegenteiliger Haltung der Exekutive gegenüber der Legislative wurde den Einvernahmen von John D. Ehrlichman und von Haldeman mit besonderer Neugier und Skepsis entgegengesehen.

Was Ehrlichman langatmig erzählte, läßt sich in wenige Sätze zusammenfassen: Er erklärte sich für unschuldig, versuchte Nixon zu entlasten und alles, was an nicht widerlegbarem Belastungsmaterial vorlag, damit zu entschuldigen, daß die Exekutive Maßnahmen ergreifen mußte, um der Gefährdung außenpolitischer Ziele der USA zu begegnen. Dies sei die Begründung für den Einbruch bei dem Arzt Professor Ellsbergs. Ein großer Teil der 30 Seiten umfassenden Erklärung Ehrlichmans galt dem Versuch, die bisherigen Angaben Deans als unwahr abzutun.

Was von Ehrlichman zu halten sei, faßte Senator Herman E. Talmadge in einem Satz zusammen: „Es ist kaum zu glauben, daß ein Mann Ihrer Intelligenz in eine so komplizierte Komplizenschaft hätte verwickelt werden können, ohne etwas von ihr zu wissen." Und Senator Daniel H. Inouye charakterisierte Ehrlichman mit vier Worten: „Was für ein Lügner!"

Als die Angelegenheit mit dem Safe des Einbrechers Hunt zur Sprache kam, sagte Ehrlichman: „Ich habe keine Erinnerung an ein Gespräch mit Dean über die Vernichtung jener Dokumente."

Zur Affäre des Einbruchs bei Ellsbergs Arzt behauptete er: er habe dem Einbruch nicht zugestimmt, der Einbruch sei aber notwendig gewesen, denn es seien ausländische Agenten in den Fall Ellsberg verwickelt, die den Sowjets die Pentagon-Papiere zugespielt hätten. Diese Behauptung von einer Weitergabe der Pentagon-Papiere erwies sich als völlig freie Erfindung.

Daß Ehrlichman mit seiner Aussage den Ausschußmitgliedern glatte Unwahrheiten vorgetragen hatte, ging auch aus einem Memorandum hervor, das ihm von Young and Krogh *vor* Ausführung des Einbruchs bei Ellsbergs Arzt übergeben worden war. Es stellte fest, daß er die Operation gebilligt habe, um alle medizinischen und ärztlichen Unterlagen über Ellsberg, die sich im Besitz des Arztes befanden, zu prüfen. In eigenhändiger Schrift Ehrlichmans stand auf dem Memo: „Unter der Bedingung, daß keine Spuren zu Ihnen zurückführen."

Ehrlichman konnte nicht leugnen, daß er, im Auftrage Nixons, dem im Strafprozeß gegen Ellsberg und Russo amtierenden Richter William Matthew Byrne dessen Ernennung zum Direktor des FBI anbot. Aber Ehrlichman versuchte diesen geradezu abenteuerlichen Versuch der Beeinflussung eines Richters dadurch zu verniedlichen, daß er erklärte: „Ich sagte aber Richter Byrne, die Angelegenheit sei nicht dringend und sie könnte auch später besprochen werden. Richter Byrne hat nichts dazu bemerkt."

Der Einvernahme Haldemans ging eine ihn schwer belastende Aussage Gordon Strachans voraus, der Haldeman beschuldigte, ihn nach der Verhaftung der Watergate-Einbrecher angewiesen zu haben, alle ihm zugänglichen Unterlagen, die mit dem Fall zusammenhingen, zu vernichten. Strachan gestand, in Befolgung dieser Order zwei Aktenmappen und verschiedene andere Papiere vernichtet zu haben. Schon stillschweigende Zustimmung zur Vernichtung von amtlichem Beweismaterial genügte, um Haldeman der Anklage einer Mittäterschaft bei der Vernichtung von Beweismaterial und einer Behinderung der Rechtspflege auszusetzen. Zweifellos war Haldemans Order an Strachan der Anfang des sorgfältig geplanten Versuchs der Vertuschung der Watergate-Affäre.

***

Die Ernennung des Professors Archibald Cox als Sonderstaatsanwalt zur Untersuchung des Watergate-Komplexes hatte Mitte Juli zum Aufbau eines eigenen und mit seinen Vertrauensleuten besetzten Stabes geführt. Achtzehn Rechtsanwälte und siebzehn weitere Mitarbeiter

wurden ihm zur Verfügung gestellt. Das von Cox aufgestellte Arbeitsschema umfaßte folgende fünf Punkte:
1. Der Fall Watergate. Beginnend mit den Vorbereitungen, dem Einbauplan der Abhöreinrichtungen und der Durchführung des Einbruchs bis zu den ersten Versuchen, das Verbrechen zu vertuschen.
2. Die verschiedenen „schmutzigen Methoden" — „dirty tricks" —, die im Zusammenhang mit der Tätigkeit des Saboteurs Segretti bekannt geworden waren, aufzuklären.
3. Die Untersuchung und Aufschlüsselung der Spenden und Beiträge an das „Komitee für die Wiederwahl des Präsidenten" einschließlich der Feststellung der Spender illegal gegebener Summen und der Klärung „außergewöhnlicher Vorkommnisse bei der Beschaffung von Zuwendungen".
4. Die Tätigkeit der „plumbers" — der „Röhrenleger" —, die auch mit den technischen Vorbereitungen und den Ausführungsarbeiten betraut waren. Diese Sektion der Arbeit umfaßte den Einbruch in die Praxis des Arztes Dr. Fielding, desgleichen die Überwachung oder die Anzapfung von Telefonleitungen.
5. Der Fragenkomplex, der im Zusammenhang mit Spenden der ITT — International Telephone and Telegraph Corp. — entstanden war, zu jenem Zeitpunkt, als sich die staatliche Aufsichtsstelle mit einem Antitrust-Verfahren gegen diesen „Gemischtwaren"-Konzern beschäftigte. Waren die Spenden geleistet worden, um durch Regierungs-Intervention dieses Antitrust-Verfahren zu hemmen?

Es wurde bekannt, daß Sonderstaatsanwalt Cox erwog, auch die Ankaufs- und Finanzierungs-Modalitäten des in San Clemente von Nixon gekauften Hauses und Grundbesitzes untersuchen zu lassen. Cox selbst gab zu verstehen, daß zum gegenwärtigen Zeitpunkt eine solche Untersuchung nicht durchgeführt werde, daß sie jedoch in Zukunft möglich sei. Es entstanden Vermutungen, daß auch andere Einzelfälle, die zu seiner Kenntnis gelangt waren, von ihm gesondert geprüft würden, ob sie eventuellen Anlaß für weitere Untersuchungen boten.

Die offenbar durch Indiskretionen erfolgten Mitteilungen über Einzelheiten der Strafanzeigen gegen Haldeman, Ehrlichman, Mitchell und Dean bezeichnete Cox „als Folgen bedenklichen Bruchs professioneller Ethik". Er ließ keinen Zweifel, daß jeder seiner Mitarbeiter, der sich eines Vertrauensbruchs dieser Art schuldig mache, von ihm sofort entlassen würde.

Nixon bekräftigte dennoch nachdrücklich seine Überzeugung, keiner seiner Stabsmitarbeiter habe irgendetwas mit der Watergate-Affäre zu tun. Er wiederholte, sie seien alle völlig unschuldig und er werde daher das Verbot, vor der Senatskommission auszusagen, nicht aufheben. Er widersetze sich aber nicht einer Untersuchung durch eine Grand Jury in einem ordentlichen Justizverfahren gegen die Angeschuldigten.

Mit dieser Erklärung hatte Nixon — wie die spätere Entwicklung ergab — objektiv die Unwahrheit gesagt, denn zu diesem Zeitpunkt mußte er wissen, daß unmittelbare Beziehungen zwischen zumindest einigen seiner Mitarbeiter im Weißen Hause einerseits und den ausführenden Verbrechern im Watergate-Fall andererseits bestanden. Vermutlich gebrauchte Nixon die

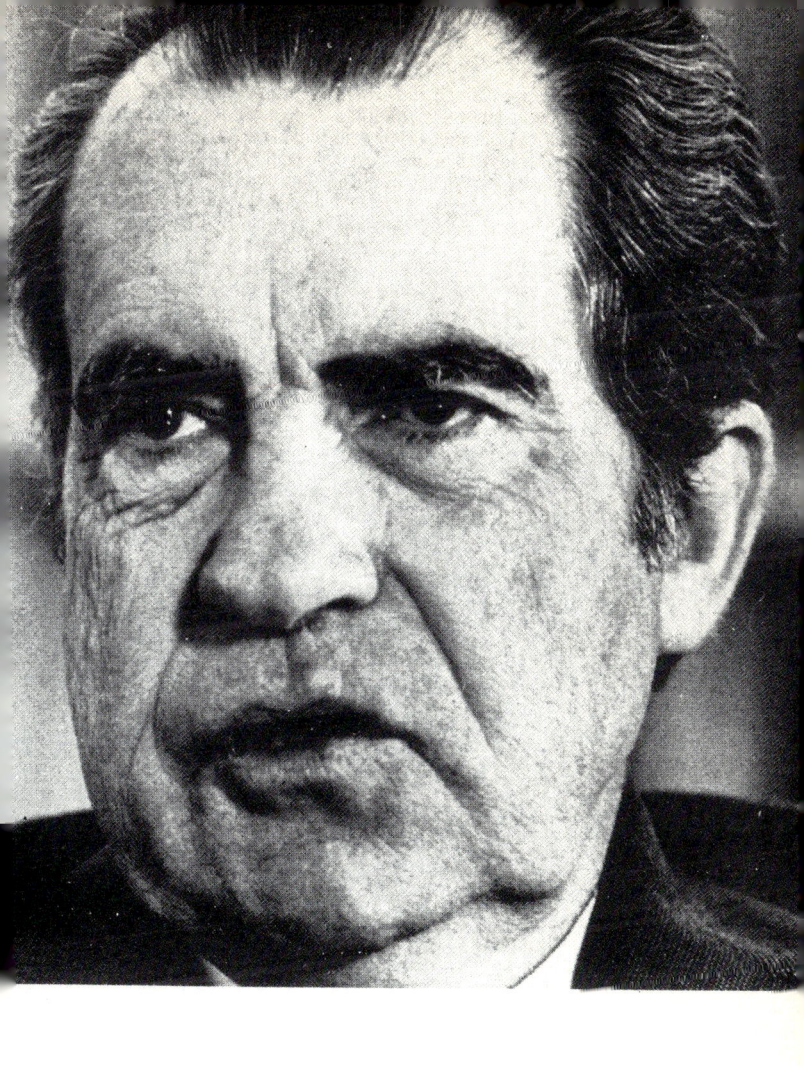

Präsident Richard M. Nixon

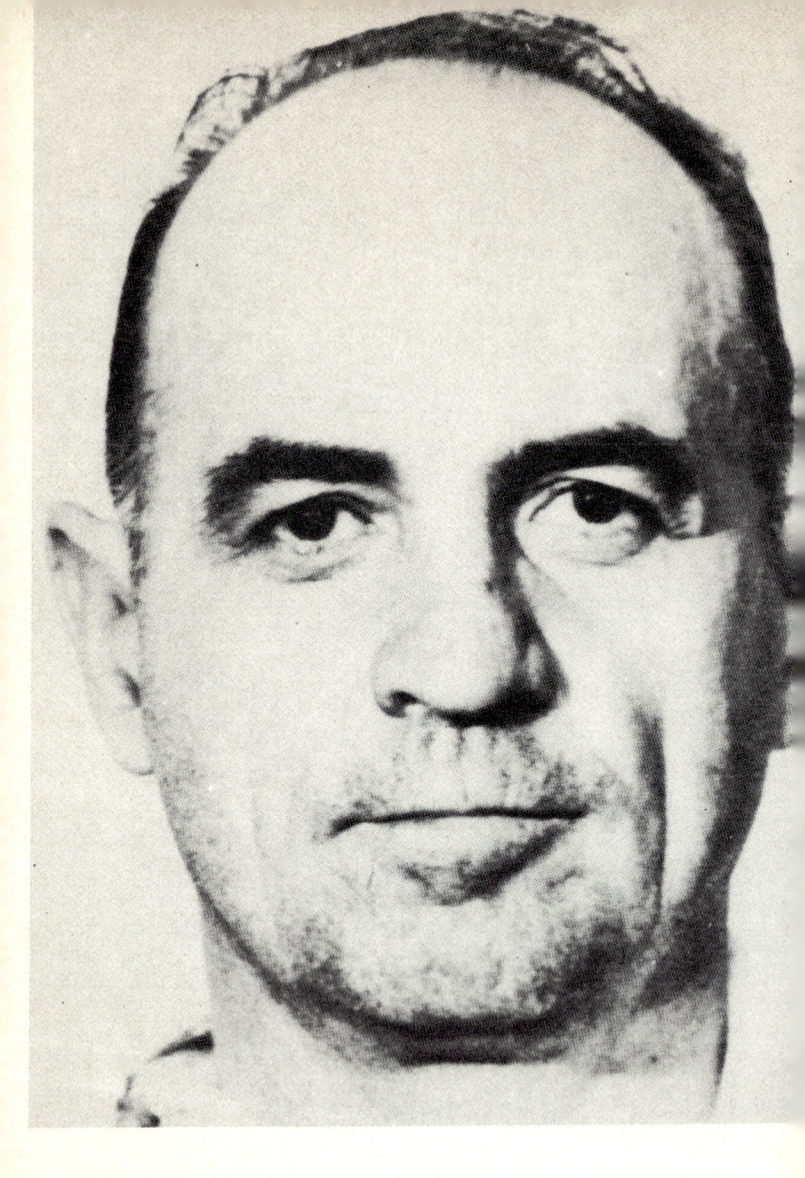

James McCord, ehemaliger „Sicherheitsbeamter" der CIA und als Inhaber einer privaten „Sicherheits-Agentur" Träger einer Hauptrolle im Watergate-Einbrecherteam

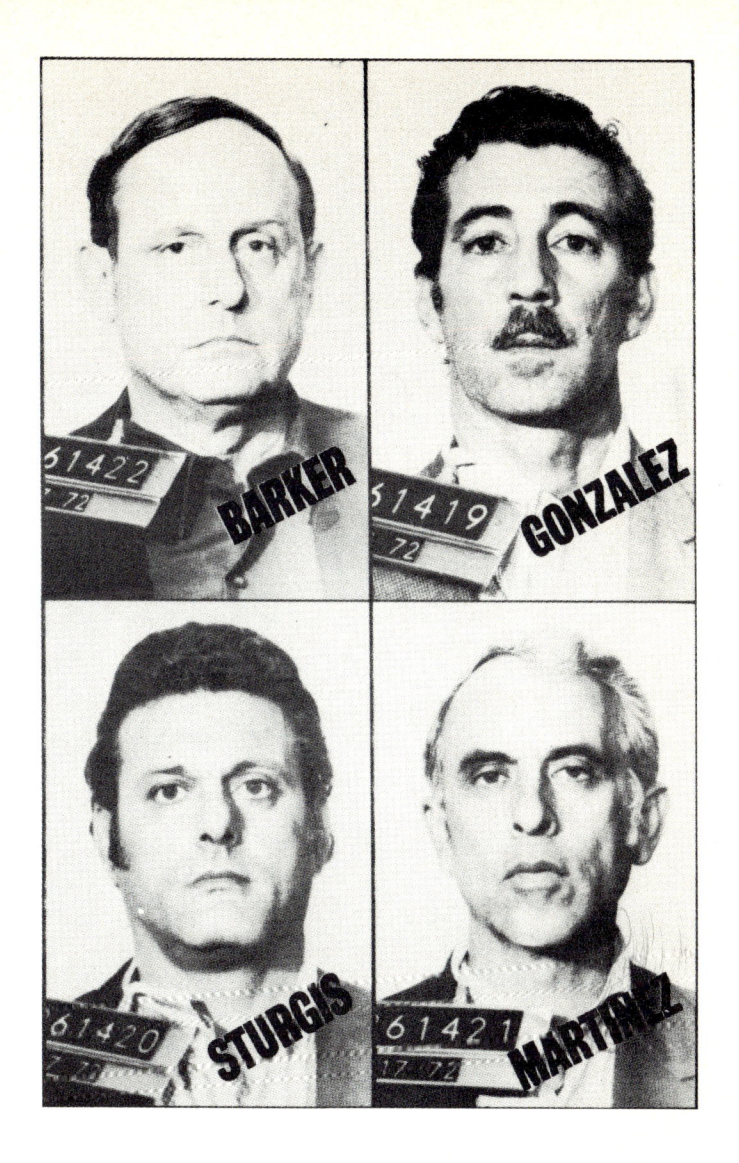

Die Watergate-Einbrecher: oben links Bernard L. Barker, rechts Virgilio R. Gonzalez; unten links Frank A. Sturgis, rechts Eugenio R. Martinez

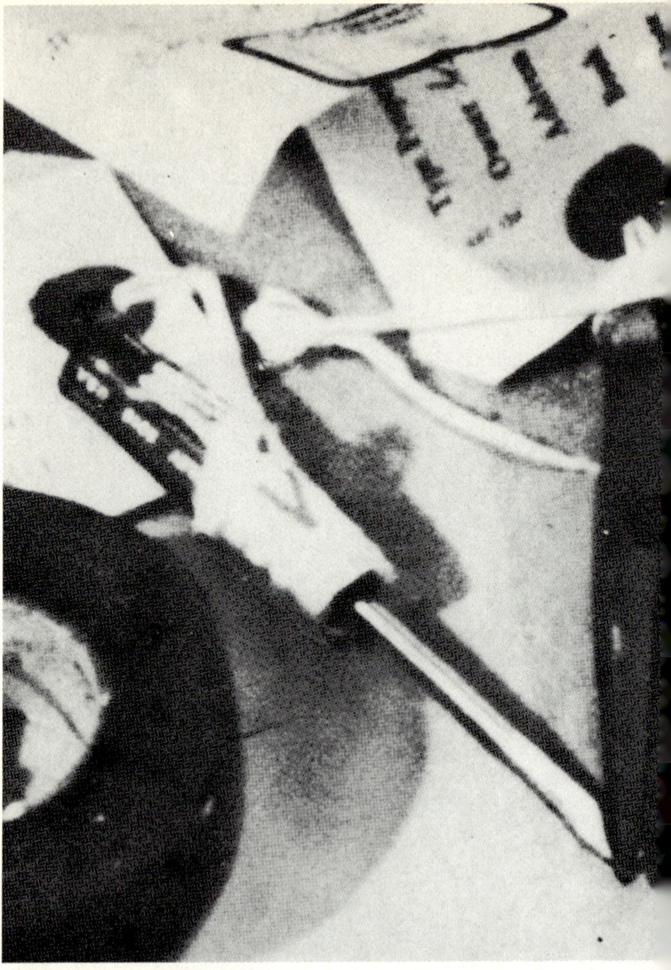

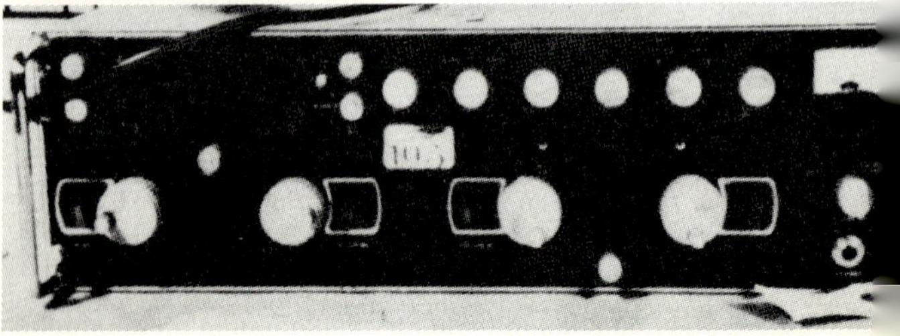

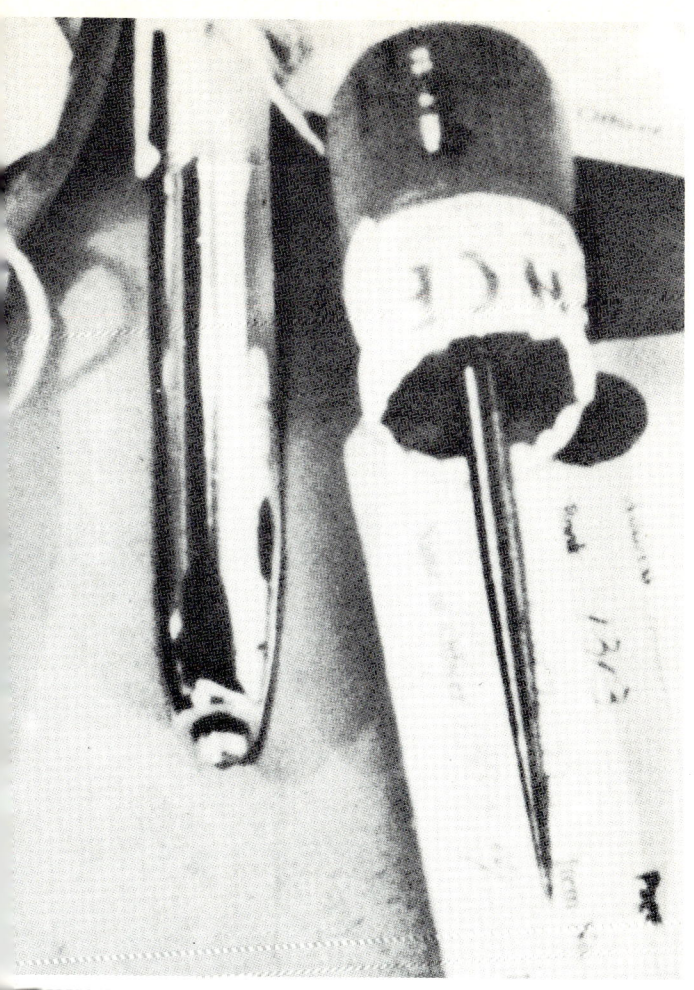

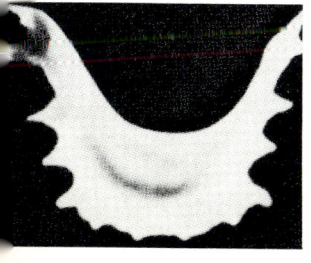

Einige der von den Watergate-Einbrechern verwendeten Werkzeuge, das Empfangsgerät und das Stimmtarnungsgerät

Rechts das Watergate-Building mit dem Hauptquartier der Demokratischen Partei. Von einem gegenüberliegenden Apartment aus wurde der Einbruch „gesteuert"

Frank Wills,
der den Einbruch
entdeckte

HUNT

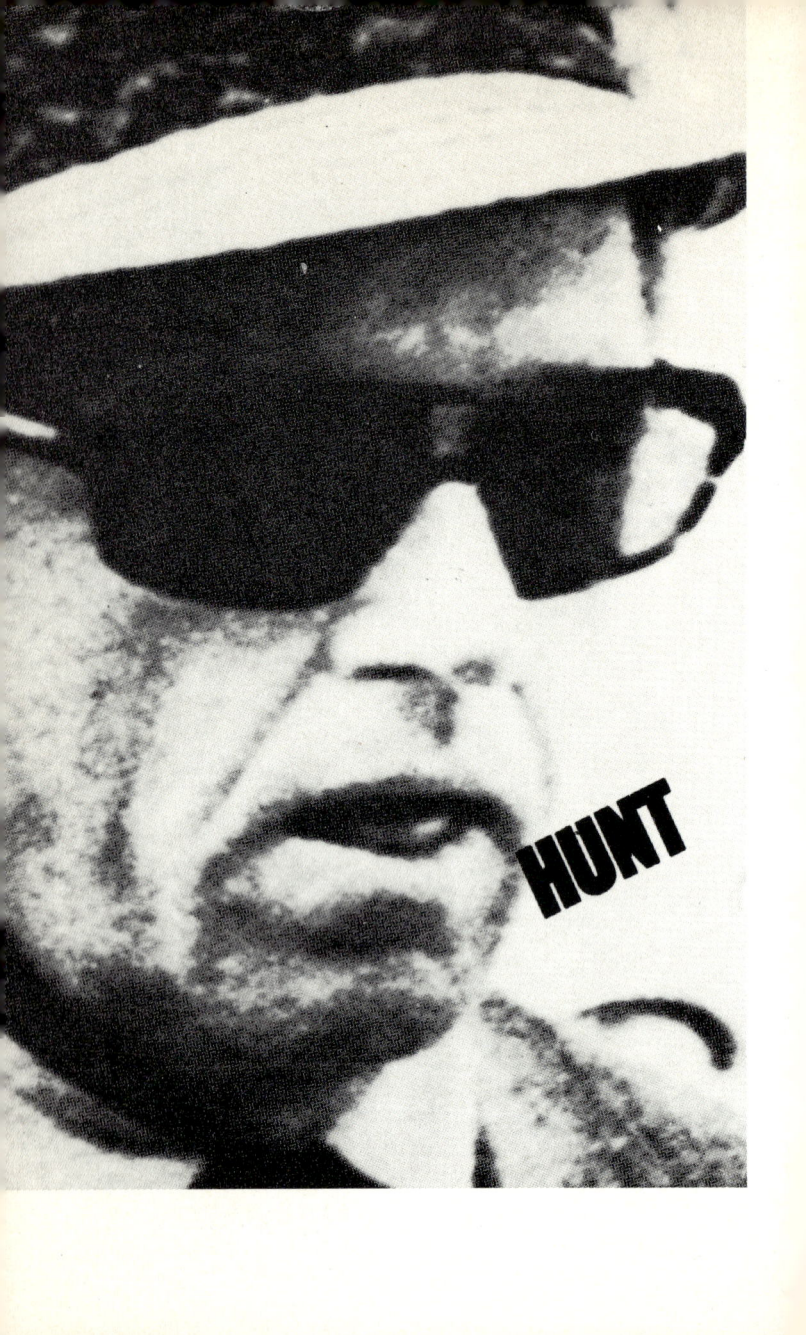

Howard Hunt, vormals Agent des FBI, und G. Gordon Liddy, die leitenden Figuren des Watergate-Einbrecherteams

H. R. (Bob) Haldeman, der Stabschef des Weißen Hauses

John Wesley Dean III, der Rechtsberater des Präsidenten

John D. Ehrlichman, als Präsidentenberater einer der Initiatoren der Watergate-Affäre — neben Haldeman der engste Vertraute Nixons vor allem für innenpolitische Fragen

John Mitchell, zunächst des Präsidenten allmächtiger Attorney General — Leiter des Department of Justice —, dann Vorsitzender des CREEP, des „Komitees zur Wiederwahl des Präsidenten"

Oben: der Rechtsbeistand des Präsidenten, Fred Buzhardt; unten: der Vorsitzende des Senatsausschusses zur Untersuchung der Watergate-Affäre, Sam Ervin

1971 NIXON UND SEIN STAB 1972

Unterstrichen: Die Namen der in der WATERGATE-AFFÄRE Genannten

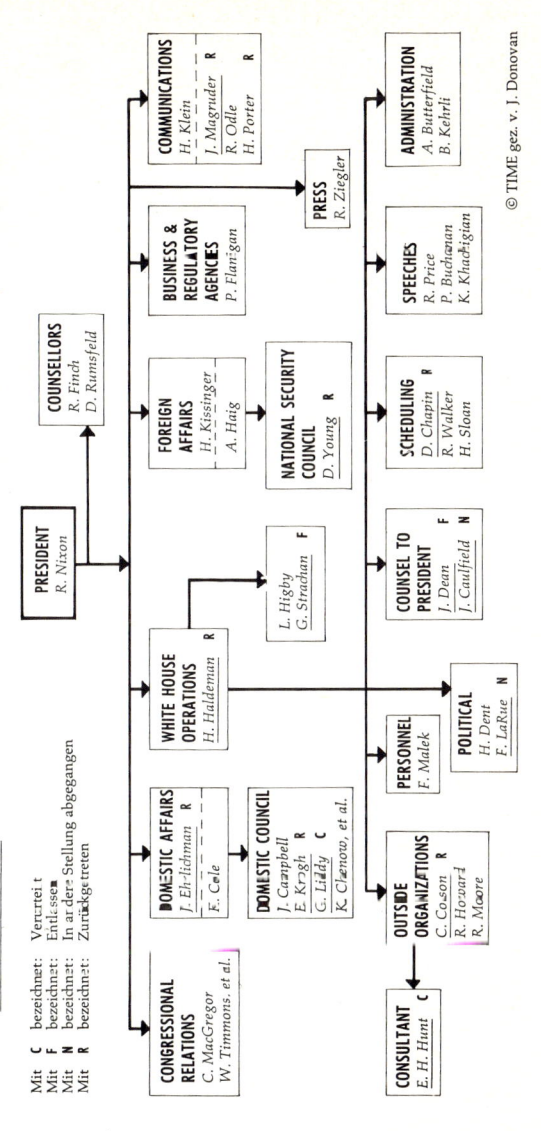

Mit **C** bezeichnet: Vereiteit
Mit **F** bezeichnet: Entlassen
Mit **N** bezeichnet: In andere Stellung abgegangen
Mit **R** bezeichnet: Zurückgetreten

PRESIDENT
R. Nixon

COUNSELLORS
R. Finch
D. Rumsfeld

WHITE HOUSE OPERATIONS
H. Haldeman **R**

- L. Higby
- G. Strachan **F**

DOMESTIC AFFAIRS
J. Ehrlichman **R**
- E. Cole

DOMESTIC COUNCIL
- J. Campbell
- E. Krogh **R**
- G. Liddy **C**
- K. Clawson, et al.

CONGRESSIONAL RELATIONS
C. MacGregor
W. Timmons, et al.

OUTSIDE ORGANIZATIONS
- C. Colson **R**
- R. Howard
- R. Moore

CONSULTANT
E. H. Hunt **C**

PERSONNEL
F. Malek

POLITICAL
H. Dent
F. LaRue **N**

COUNSEL TO PRESIDENT
J. Dean **F**
J. Caulfield **N**

FOREIGN AFFAIRS
H. Kissinger
A. Haig

NATIONAL SECURITY COUNCIL
D. Young **R**

SCHEDULING
D. Chapin **R**
R. Walker
H. Sloan

BUSINESS & REGULATORY AGENCIES
P. Flanigan

SPEECHES
R. Price
P. Buchanan
K. Khachigian

PRESS
R. Ziegler

COMMUNICATIONS
H. Klein
J. Magruder **R**
R. Odle
H. Porter **R**

ADMINISTRATION
A. Butterfield
B. Kehrli

© TIME gez. v. J. Donovan

C.R.P.-(CREEP)-Komitee zur Wiederwahl des Präsidenten

Unterstrichen: WATERGATE-LEUTE

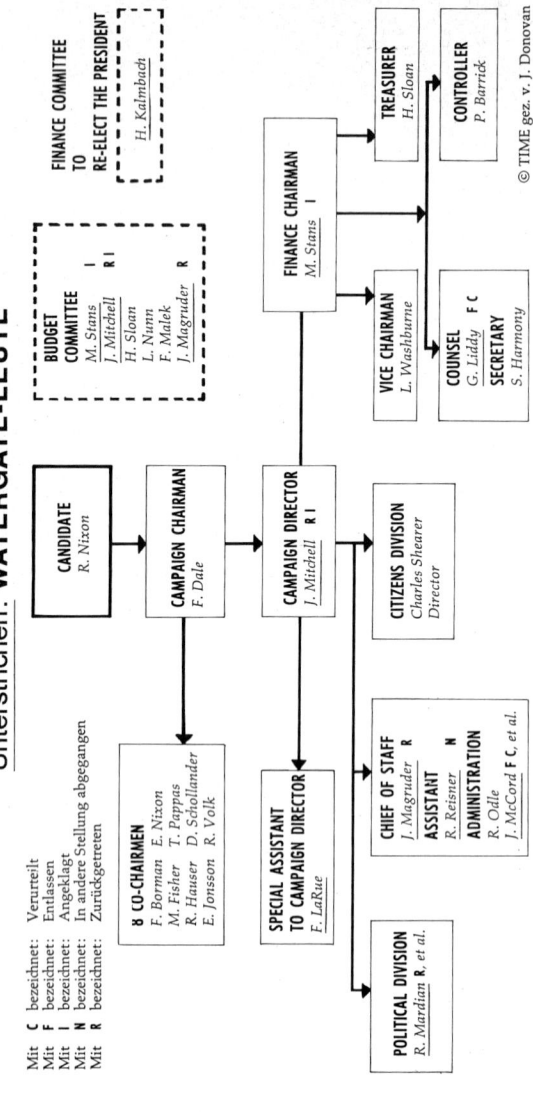

Mit **C** bezeichnet: Verurteilt
Mit **F** bezeichnet: Entlassen
Mit **I** bezeichnet: Angeklagt
Mit **N** bezeichnet: In andere Stellung abgegangen
Mit **R** bezeichnet: Zurückgetreten

CANDIDATE
R. Nixon

CAMPAIGN CHAIRMAN
F. Dale

CAMPAIGN DIRECTOR
J. Mitchell **R I**

FINANCE COMMITTEE TO RE-ELECT THE PRESIDENT
H. Kalmbach

BUDGET COMMITTEE
M. Stans **I**
J. Mitchell **R I**
H. Sloan
L. Nunn
F. Malek
J. Magruder **R**

FINANCE CHAIRMAN
M. Stans **I**

VICE CHAIRMAN
L. Washburne

COUNSEL
G. Liddy **F C**
SECRETARY
S. Harmony

TREASURER
H. Sloan

CONTROLLER
P. Barrick

8 CO-CHAIRMEN
F. Borman   E. Nixon
M. Fisher   T. Pappas
R. Hauser   D. Schollander
E. Jonsson   R. Volk

SPECIAL ASSISTANT TO CAMPAIGN DIRECTOR
F. LaRue

CITIZENS DIVISION
Charles Shearer
Director

CHIEF OF STAFF
J. Magruder **R**
ASSISTANT
R. Reisner **N**
ADMINISTRATION
R. Odle
J. McCord **F C**, et al.

POLITICAL DIVISION
R. Mardian **R**, et al.

© TIME gez. v. J. Donovan

Bezeichnung „Stabsmitarbeiter", um die Möglichkeit, *andere* Mitglieder hätten eben doch von der Affäre gewußt oder gar an ihr mitgewirkt, offen zu lassen.

Gegen Ende August folgte ein neuer Skandal, der verheerende Wirkungen auslöste. John Mitchell, zuvor Justizminister, seit dem 1. März 1972 Vorsitzender des „Komitees für die Wiederwahl des Präsidenten", hatte vor der Grand Jury unter Eid auszusagen. Während er bei der voraufgegangenen nicht eidlichen Einvernahme nachdrücklich erklärt hatte, von der Watergate-Angelegenheit nichts zu wissen, gab er nunmehr zu, bei zwei ausführlichen Gesprächen mit Gordon G. Liddy und John W. Dean über den Plan informiert worden zu sein. Da er ihn aber verworfen und von der Ausführung der Tat nichts gewußt habe, so hielt er sich für berechtigt, eine negative Antwort zu geben. Formaljuristisch kann Mitchell wegen der nichteidlichen Aussage strafrechtlich vielleicht nicht verfolgt werden. Aber die Tatsache, daß er wissentlich die Strafuntersuchung gehemmt und bis zum Zeitpunkt seiner eidlichen Aussage verhindert hat, stellt ein Delikt dar.

Nicht nur Mitchells Aussage war für das Weiße Haus eine außerordentlich schwerwiegende Belastung, sondern ebenso das Ergebnis der Einvernahme von Gordon Strachan, einem engen Mitarbeiter des Stabchefs für Zivilfragen des Präsidenten, H. R. — Bob — Haldeman, den Strachan beschuldigte, er habe 350 000 Dollar aus dem Nixon-Wahlfonds „für die Verteidigung der im Watergate-Fall verurteilten Verbrecher sowie für Zuwendungen an deren Familienangehörige" zur Verfügung gestellt.

Das Bekanntwerden sich häufender Anschuldigungen

gegen hohe Beamte des Weißen Hauses, Nixons engste Mitarbeiter, untergrub das Ansehen des Präsidenten in einem solchen Maß, wie es die Gallup-Meinungs-Umfragen am 22. April 1973 ergaben: 41 Prozent der Befragten nahmen nunmehr an, der Präsident habe im voraus von dem kriminellen „Projekt Watergate" Kenntnis gehabt, und nur 32 Prozent meinten, er habe davon nichts gewußt.

Drei Tage später demissionierte Jeb Stewart Magruder, vorher stellvertretender Leiter des CREEP. Eine Begründung für seinen außergewöhnlichen Schritt lehnte er ab. Die wahren Ursachen zeigten sich später.

In verschiedenen Berichten wurde angedeutet, er habe vertraulich Mitchells Kenntnis über Vorbereitung und Durchführung des Einbruchs in das Hauptquartier der Demokratischen Partei behauptet. In schroffem Gegensatz dazu hatte Mitchell unter Eid beteuert, von dem Plan des Einbruchs gehört, diesen aber mißbilligt zu haben. Das ergab Meineidsverdacht gegen Mitchell.

Kaum war der Rücktritt Magruders durch seinen Anwalt formell bestätigt worden, ersuchten die Hauptberater Nixons, H. R. Haldeman und John Ehrlichman um ihre Demission. John Wesley Dean III hingegen wurde „entlassen".

Unmittelbar danach gab auch Attorney General Richard Kleindienst seine Demission bekannt.

Diese vier hatten noch am 30. April in Camp Davis mehrstündige Besprechungen mit dem Präsidenten gehabt. Es sickerte sehr bald durch, daß die Rücktritte und Deans Amtsenthebung in unmittelbarem Zusammenhang mit den Ergebnissen der fortschreitenden Ermittlungen in der Watergate-Affäre erfolgt waren, wonach

Kleindienst sich von Nixon trennte, da er nicht mehr gewillt sei, unter den gegebenen Umständen sein Amt weiter auszuüben.

„Die Ratten beginnen das sinkende Schiff zu verlassen!" — war die für diese Demissionen am häufigsten gebrauchte Redensart.

Der Präsident ernannte am selben Tag Elliot Richardson, bis dahin als Kabinettsmitglied Leiter des Verteidigungsressorts und damit Chef des Pentagon, zum Attorney General.

Eine für Nixon schädliche Entwicklung zeitigte auch die von ihm vorgenommene Nominierung L. Patrick Grays zum Direktor des FBI. Da der Senat die Bestätigung verweigerte, gab Gray seinen Verzicht auf das Amt bekannt — ohne freilich den schlimmen Eindruck seiner Kandidatur dadurch verhindern zu können. Als serviler Diener hatte er auf „Anordnung" von Ehrlichman und Dean wichtige Papiere, die im Safe von Hunt gefunden und ihm zur Aufnahme in die Dossiers des FBI übergeben worden waren, vernichtet.

Weitergehendes Aufsehen erregte eine „Bekanntgabe" des Vizepräsidenten Spiro Agnew in der ersten Mai-Woche:

„Ich habe volles Vertrauen in die Integrität Nixons und in seinen Entschluß und seine Fähigkeit, die Watergate-Angelegenheit zur vollen Zufriedenheit des amerikanischen Volkes zu erledigen."

Nach nur drei Monaten wurde diese Erklärung des Vizepräsidenten zur Satire. Agnew war selbst unter ärgsten Beschuß geraten. Von der Staatsanwaltschaft in Baltimore schwerer Verbrechen angeklagt, blieb er zudem ohne präsidentiellen Schutz.

Zum Verzicht Grays auf den Posten des FBI-Direktors berichtete ergänzend in ihrer Ausgabe vom 7. Mai 1973 TIME-MAGAZINE:

Dean habe die im Safe und im Aktenkoffer von Hunt gefundenen Unterlagen nach einer sechs Tage währenden Prüfung Gray übergeben und dabei zwei Aktenfaszikel mit den Worten „Dies ist politisches Dynamit, das vernichtet werden muß", bezeichnet. Ehrlichman aber habe Dean den Ratschlag gegeben: „Nimm doch das Material bei einer nächtlichen Fahrt über den Potomac mit, und weshalb solltest du es dann nicht in den Fluß werfen?" Der Ratschlag war geographisch begründet, denn Dean wohnte in Alexandria, Va., in einem Haus auf dem gegenüberliegenden Ufer des Potomac. Aber anstatt diesen Rat zu befolgen, blieb Dean dabei, Gray solle die Unterlagen beiseite schaffen: „Diese Papiere dürfen nie wieder ans Licht des Tages kommen!"

Gray, designierter Direktor des FBI, berufen, um Verbrechen zu bekämpfen und möglichst schon durch Präventivmaßnahmen zu verhüten, nahm gemeinsam mit Nixons beiden Beratern Dean und Ehrlichman an der Vernichtung von wichtigem Beweismaterial teil. Die Tat stellte ein eindeutiges Verbrechen dar.

Die drei Konspiratoren beachteten den strafrechtlichen Aspekt offenbar überhaupt nicht. Ihre Aufmerksamkeit galt nur dem Problem, wie sie sich der „Papiere" in für sie günstiger Weise entledigen konnten. Dean und Ehrlichman betätigten sich dabei als Ratgeber, wie es ihre amtliche Stellung — allerdings in anderem Sinne — vorsah.

Eine weitere Veröffentlichung belastete Nixons Regierung und sein „Komitee für die Wiederwahl des Präsidenten". Die „Washington-Post" berichtete, nach den Protesten gegen die von Nixon befohlene Verminung der Häfen von Nordvietnam habe sein Wiederwahlkomitee Hunderte von Telegrammen „inexistenter Absender" an das Weiße Haus adressiert und den Präsidenten zu seinem Entschluß beglückwünscht. Pressesekretär Ronald Ziegler erklärte angesichts dieser „Massenzustimmung", die Öffentlichkeit heiße mit etwa fünf Stimmen zu einer Stimme die Verminungsaktion des Präsidenten gut. Die Gelder für diesen Meinungsschwindel wurden dem Wahlfonds entnommen.

Als Washingtons WTTG — TV — eine Umfrage ankündigte, um die öffentliche Meinung hinsichtlich der Stellungnahme zu dieser Verminungsaktion zu ermitteln, wurden vom Wiederwahlkomitee zweitausend Postkarten wiederum von fingierten Personen an die Televisionstation gesandt, mit denen die Absender Nixons Vorgehen applaudierten.

Sowohl durch Verfälschung der Ergebnisse von Meinungs-Befragungsaktionen wie durch anonym placierte Zeitungsinserate und andere Mittel der Irreführung der Öffentlichkeit versuchte das „Komitee für die Wiederwahl", aus gespendeten Millionen schöpfend, das stark ramponierte Image Nixons aufzupolieren.

Am 14. Mai veröffentlichte TIME-MAGAZINE eine neue und für Nixon ebenfalls bedenkliche Information: John Wesley Dean habe erklärt, er sei vom Präsidenten nachdrücklich beglückwünscht worden für seine erfolgreiche Tätigkeit bei den Bemühungen, die Abhöraffäre zu vertuschen. Kurz nachdem die sieben Einbrecher ins Hauptquartier der Demokraten von der Grand Jury angeklagt worden waren, habe ihm Nixon mit vollem Lächeln und im Beisein von Haldeman gesagt: „Bob teilte mir mit, daß Sie gute Arbeit geleistet haben."

Unter der Voraussetzung, daß diese Erklärung Deans beweisbar war, bedeutete sie, daß Nixon bereits im September 1972 Kenntnis davon hatte, daß seine Berater die Untersuchungen der Watergate-Affäre zu obstruieren versuchten und daß er mit seinen gegenteiligen Versicherungen die Öffentlichkeit wissentlich falsch informierte. TIME-MAGAZINE vermerkte, Deans Motive seiner Behauptungen seien gewiß dunkel und müßten geprüft werden. Aber es gab eine ganze Reihe von Belastungsmomenten gegen Nixon:

Leute, die auf der Gehaltsempfängerliste des Weißen Hauses standen, waren mit Wissen des Präsidentenberaters Ehrlichman angeheuert worden, den Einbruch in die Ordinationsräume des Arztes Dr. Ellsbergs auszuführen.

Nach Bekanntwerden des Versuchs Ehrlichmans, Richter Byrne, der den Strafprozeß gegen Ellsberg und Rossy leitete, den Posten des FBI-Direktors anzubieten, stellte sich heraus, daß Nixon persönlich kurz bei der Besprechung zugegen gewesen war.

Es erwies sich auch, daß die illegale Abhörung von Telefongesprächen mehrerer im Weißen Haus akkreditierter Reporter und anderer Personen auf Anweisung des damaligen Attorney General John Mitchell erfolgt war, um irgendwelche „leaks" aufzudecken. Nixon verpflichtete seine Beamten, über diese Angelegenheit keinerlei Auskünfte zu erteilen, da sonst die „nationale Sicherheit" gefährdet sein könnte.

In der Nacht zum Freitag, dem 27. April, hatte sich

Nixon zu dem Beschluß durchgerungen, seine engsten Mitarbeiter fallen zu lassen, da es nicht mehr möglich war, sie aus der Watergate-Konspiration herauszuhalten. Vermutlich war es sein Vertrauter William Rogers, der ihm bei dem schmerzlichen Entschluß half, denn es durfte nicht so aussehen, daß die Berater wegen etwa erwiesener Beteiligung in der Verschwörung entlassen wurden, sondern der Anschein mußte aufrechterhalten werden, sie seien aus eigenem Antrieb zurückgetreten. Die Demissionserklärungen, verbrämt mit Nixons Dankesworten an Haldeman und Ehrlichman, wurden von Ronald Ziegler gemeinsam mit dem Präsidenten formuliert. Nur Dean war „entlassen" worden.

Für Nixon war Rogers, sein Außenminister und Freund, einer jener wenigen Männer, zu denen er nicht nur volles Vertrauen hatte, sondern es auch haben durfte, da an dessen Loyalität nicht zu zweifeln war.

Bei einer Pressekonferenz, die er im Zusammenhang mit den personellen Veränderungen hielt, stellte Nixon in den Vordergrund die als erstes und wichtigstes Ziel angestrebte Außenpolitik: „Den Frieden für Amerika und die Welt zu sichern." Was er sonst zur Sache, um die es ging, ausführte, blieb belanglos. Er meinte, die nun scheidenden Mitarbeiter hätten möglicherweise aus Übereifer, der sie stärker bewegte als ihre Urteilskraft, vielleicht Unrechtes getan, aber wenn dem so sei, so wäre es nur geschehen, weil sie dennoch davon überzeugt waren, rechtens zu handeln. Und dann sprach er einen Satz, der in typischer Weise seine Mentalität enthüllte. Er sagte:

„Es ist sehr leicht möglich, unter intensivem Druck einer präsidentiellen Wahlkampagne taktische Fehler zu begehen, auch wenn jene, die es tun, beste Intentionen haben. Unsere beiden großen Parteien sind schuldig an solchen Taktiken."

Der Versuch Nixons, Verbrechen einer effektiven Verschwörung dadurch abzuschwächen, daß er ihnen Übertreibungen der Wahlkampagne der Demokraten gegenüberstellte, die in keiner Weise kriminelle Handlungen involvierten, zeigte seine Unfähigkeit, der Wahrheit auch nur in bescheidener Weise zu dienen.

Die Taktik Nixons, alles zu leugnen, was nicht bewiesen werden konnte, wurde besonders deutlich, als man seine wichtigsten Erklärungen von dem Tage an, da er die Watergate-Affäre zur Kenntnis nehmen *mußte*, bis heute verfolgte.

Am 19. Juni 1972, zwei Tage nach der Nachricht über die Verbrechen von Watergate, erklärte Pressesprecher Ziegler *im Auftrage des Präsidenten:* „Der Einbruch kann als drittklassig abgetan werden."

Am 22. Juni, fünf Tage danach, erklärte Nixon bei einer Pressekonferenz: „Ein solcher Vorfall hat keinen Platz in unserer Wahlkampagne und ebensowenig im Verhalten der Regierung. *Das Weiße Haus hat nichts mit diesem Zwischenfall zu tun.*"

Am 29. August bestritt Nixon bei einer Pressekonferenz erneut kategorisch jede Verwicklung irgendeines Mitglieds eines Stabes im Weißen Haus oder eines der sonst dort tätigen Angestellten in den — wie er es nannte — „sehr bizarren Zwischenfall". Er schob den Einbruch „übereifrigen Leuten" zu und versicherte, „es wird nichts unternommen werden, um irgendetwas zu verbergen. Wir wollen klare Luft, und wir wollen diese Klarheit so rasch wie möglich."

Am 5. Oktober behauptete Nixon, vom Watergate-Einbruch nichts gewußt zu haben, begrüßte die vom FBI geführte Untersuchung und wiederholte: „Ich will bis zum äußersten Ende Gewißheit, daß kein Mitarbeiter im Weißen Haus, sei es ein Mann oder eine Frau, oder daß irgendein verantwortlicher Mitarbeiter im Komitee für meine Wiederwahl irgendetwas mit diesen nicht gut zu heißenden Aktivitäten zu tun hatte."

Am 2. März erklärte Nixon, er könne seinem Berater John W. Dean III „aufgrund seines Executive Privilege" nicht gestatten, vor dem Senatsausschuß zur Untersuchung der Watergate-Affäre auszusagen: „Kein Präsident könnte jemals zustimmen, daß einer seiner Berater vor einer Kommission aussagt."

Am 17. April änderte Nixon seine Haltung oder erweckte zumindest diesen Anschein. Er äußerte zu Reportern, er habe intensive Untersuchungen in der Watergate-Affäre veranlaßt, da ihm ernste Anklagen bekannt geworden seien: „Es wird auch niemandem im Verwaltungsapparat eine Straffreiheit gewährt werden, und ich verurteile jeden Versuch, diese Affäre zu vertuschen, möge wer immer in sie verwickelt sein." Jede dieser einzelnen Erklärungen und Versicherungen Nixons beinhaltete eine bewußte Irreführung der Öffentlichkeit. Von einer Erklärung zur anderen waren immer neue, immer unwiderlegbarere und immer belastendere Tatsachen bekannt geworden, die ihn aber nicht hinderten, alle diese Tatsachen konsequent zu leugnen.

Die vakant gewordenen Posten im Weißen Haus mußten so rasch wie möglich neu besetzt werden. Als Stabchef stellte sich General Alexander Meigs Haig jr. zur Verfügung. Er trat an die Stelle von Haldeman.

Elliot Lee Richardson war als Attorney General anstelle von Richard Kleindienst getreten. Deans Beraterdienste als Jurist übertrug Nixon auf Leonard Garment, vordem in der New Yorker Anwaltsfirma tätig, zu der Nixon 1933 gehört hatte. Garment galt als eine Art unbeschriebenes Blatt, er stammte aus kleinen Verhältnissen, seine Eltern waren jüdische Immigranten.

Für Nixon und das Weiße Haus entstand eine neue Krisensituation, als die beiden vormaligen Kabinettsmitglieder, der frühere Attorney General John Mitchell und der Commerce Secretary Maurice H. Stans vor Gericht gestellt wurden. Um eine Parallele zu finden, mußte man sich erst erinnern an die ein halbes Jahrhundert zurückliegenden Akten des „Teapot Dome"-Ölfelder-Skandals. Die Anklage warf Mitchell und Stans vor: „Sie haben sich unter Mißachtung des Gesetzes willentlich und wissentlich zusammengetan und gemeinsam sich bereitgefunden, miteinander oder jeder einzeln für sich ein Verbrechen gegen die Vereinigten Staaten zu begehen . . . die Vereinigten Staaten und deren Institutionen zu hintergehen und die legalen Aufgaben der Regierung durch List, Täuschung und Betrug mit unehrenhaften Mitteln zu behindern."

Es war ein halbes Jahrhundert her, daß in der Geschichte der Verbrechen der Vereinigten Staaten ebenfalls zwei Kabinettsmitglieder, damals der Innenminister Albert B. Fall und der Justizminister Harry M. Daugherty, beide in dem Teapot-Dome-Skandal belastet, in dieser harten Weise angeklagt werden mußten.

Abgesehen von dem drohenden Gerichtsverfahren stand beiden einstigen Ministern auch ein Verhör vor der Senatskommission unter Senator Ervin bevor, und es gab von Anfang an keine Zweifel, daß die Anklagen nicht erhoben worden wären, hätte es nicht unwiderlegbare Schuldindizien gegeben.

Beide waren nicht unmittelbar mit dem Watergate-Einbruch belastet, aber eindeutig durch Mitwisserschaft und durch Transaktionen im Rahmen des „Komitees für die Wiederwahl des Präsidenten". Am Ursprung dieser Anklage stand eine Spende von 200 000 Dollar, die der berüchtigte, durch Haftbefehle seit 1972 von den Strafbehörden der USA verfolgte „Financier" Robert L. Vesco bar an Stans hatte auszahlen lassen und zwar unter der ausdrücklichen Bedingung, das Geld sei für Nixons Wiederwahl-Fonds bestimmt, falls es Mitchell und Stans gelänge, die Einstellung der gegen Vesco laufenden Untersuchungen der S.E.C. — der Securities and Exchange Commission — zu erreichen. Vermittler in diesem dunklen Geschäft, das der Niederschlagung eines wohlfundierten Verfahrens gegen den übel beleumundeten „Financier" dienen sollte, war Harry L. Sears, Vorsitzender des „Komitees zur Wiederwahl Nixons" in New Jersey, ein Leader der republikanischen Majorität im Senat des Staates und so ganz nebenbei Direktor der berüchtigten Firma „International Controls Corp.", die von Robert Vesco beherrscht wurde und unter der Anschuldigung stand, 224 Millionen Dollar aus den „Restbeständen" der einst von Bernard Cornfield gegründeten und aufgebauten I.O.S. zu halten. Die Ausbeutung des I.O.S.-Vermögens durch Vesco, mittels Verschiebung von Aktienpaketen in straf- und steuerrechtlich nicht erreichbare Länder — nach den Bahamas, wo er „gute Freunde" hatte, und nach Costa Rica, wo der Präsident dieser Republik, Figueres, gegen entsprechende materielle Hilfeleistung Vescos ihm mehr oder minder Sicherheit gegen eine Auslieferung an die USA gewährleistete — umfaßte noch eine ganze Reihe weiterer strafbarer Handlungen.

Wie Robert Vesco die gegen ihn angestrengten Strafverfahren zu blockieren versuchte — und dies mit Erfolg —, zeigt die „Spendenaktion" über Stans und Mitchell:

Vesco bezog von einer ihm nahestehenden Bank in Nassau, Bahamas, von den dorthin verschobenen I.O.S.-Fonds-Geldern 200 000 Dollar in bar. Die Summe wurde am 10. April 1972 an Sears ausgezahlt, der diese 200 000 Dollar in Banknoten zu je 100 Dollar — um sie möglichst nicht auf ihre Quelle zurückführen zu können — in eine abgewetzte Aktentasche verstaute und damit nach Washington flog.

Stans übernahm das Geld und verwahrte es in demselben Safe, aus welchem später an G. Gordon Liddy, einen der verurteilten Watergate-Verbrecher, 235 000 Dollar ausbezahlt wurden.

Vesco stellte außerdem einen Scheck über 50 000 Dollar zur Verfügung. Der Zweck dieser Sonder-Spende war nicht zu klären. Noch am selben 10. April arrangierte Mitchell auf Intervention von Sears für diesen eine vertrauliche Besprechung mit William Casey und G. Bradford Cook, Generalberater in der S.E.C., später durch Casey als Kommissions-Obmann ersetzt.

Der Zweck dieser Zusammenkunft war die Niederschlagung der gegen Vesco und seine Firma von der S.E.C. eingeleiteten Untersuchung. Stans gab niemals irgendeine Unterlage über diese „Wahlspende zugunsten des Komitees für die Wiederwahl des Präsidenten" an das „General Accounting Office", wie es eine nicht zu umgehende gesetzliche Bestimmung vorschrieb.

Als die 200 000-Dollar-Spende anrüchig zu werden begann, versuchte Stans bei Cook zu intervenieren, damit dieser keinerlei Angaben über den für das Komitee gespendeten Betrag mache. Wie die Anklage später ausführte, ersuchte Mitchell den Präsidentenberater John W. Dean III auch seinerseits bei Casey vorstellig zu werden und eine Hinauszögerung jeglicher Vorladung an Angestellte der „International Controls Corp." zu erreichen.

Wie die Anklageschrift weiter feststellte, hatte Robert Vesco im Oktober, als die Präsidentenwahl sich näherte, und die S.E.C. die Ermittlungen immer noch nicht eingestellt hatte, dem Zwischenträger Sears ganz unumwunden erklärt, er würde seine geheime Spende von 200 000 Dollar an das Komitee bekanntgeben, wenn nicht eine wirksamere Einwirkung auf die S.E.C. und eine Hinauszögerung aller Untersuchungen und schließlich deren Einstellung, was ja der Zweck der Spende gewesen sei, erfolge.

Sears gab diese gefährliche Drohung telefonisch an Mitchell weiter.

Als sie nicht sofortige Wirkung erzielte, sandte Vesco ein Memorandum an Nixons Bruder Donald, in dem er nachdrücklichst auf die Folgen einer Unterlassung der gewünschten Intervention bei der S.E.C. aufmerksam machte.

Erst am 31. Januar 1973, fast drei Monate nach Nixons Wahlsieg, zwei Monate, nachdem die S.E.C. ihre Strafanklagen gegen Vesco schriftlich eingereicht hatte, gab das „Komitee für die Wiederwahl des Präsidenten" die 200 000 Dollar an Vesco zurück. Es mag ein Zufall sein, daß fünf Tage vor dem Anlaufen der S.E.C.-Strafaktion gegen Vesco die „Washington Star News" berichtete, daß eine Untersuchung über die Angelegenheit dieser Spende aufgenommen worden sei.

Diese Untersuchung war aber offenbar aufgrund einer voraufgegangenen anonymen Anzeige des Rechtsanwalts Whitney North Seymour jr. angelaufen, der ankündigte, er werde die ganze Transaktion Vesco-Sears-Mitchell veröffentlichen.

Es ist keine müßige Aufgabe, diesen außergewöhnlichen Komplex eng miteinander verbundener Machenschaften ernstlich zu prüfen.

Da ist ein vormaliger Anwaltskollege Präsident Richard Nixons, Teilhaber der Anwaltsfirma, an welcher er selber maßgeblich beteiligt war. Dann sein Attorney General. Dann der Chef des „Komitees zur Wiederwahl des Präsidenten". Da ist weiterhin ein prominenter Politiker aus Nixons Partei, ein Mann, der es in New Jersey zu einer führenden Rolle unter den Republikanern gebracht hat. Dann zwei hohe Beamte der S.E.C., einer Regierungsstelle, der die Überwachung der Börse und der an ihr getätigten Transaktionen obliegt. Schließlich ein übler sogenannter „Financier".

Und Mitchell, Wahlchef und Freund Nixons, sein vormaliger allmächtiger Attorney-General, mischte in diesem verwerflichen Spiel, das eine offenkundige Behinderung der Strafjustiz zum Ziele hatte, eifrig mit, anstatt die kriminelle Aktion zur Anzeige zu bringen.

Der Fall ist ein Musterbeispiel der Verquickung von Politik, Geschäft und Kriminalität.

Es muß erwähnt werden, daß **Martha Mitchell** — in Scheidung lebend von ihrem Gatten John —, eine wegen ihrer lockeren Zunge und ihrer rücksichtslosen Bemerkungen gefürchtete Dame der Washingtoner „oberen Fünfhundert", auf großen gesellschaftlichen Veranstaltungen ihren Mann vor seinen verschiedenen Aktionen im Interesse Nixons und des Komitees für dessen Wiederwahl gewarnt hatte. Die Warnung erfolgte mehrmals und in aller Öffentlichkeit. Sie galt nicht nur einzelnen Verhaltensweisen Mitchells, sondern seine Frau ließ keinen Zweifel, daß sie bereit sei, sich von ihrem Mann zu trennen, wenn er nicht seine Praktiken im Zusammenhang mit Nixon und dessen Wiederwahl und des CREEP zu beenden bereit sei.

Unter dem wachsenden Druck der öffentlichen Meinung und der für Nixon ebenfalls zunehmend ungünstigeren Ergebnisse der Meinungsumfragen hatte sich der Präsident entschlossen, einen „Spezialstaatsanwalt" zur Führung der Watergate-Untersuchung einzusetzen. Der schwierige Posten, der eine große Verantwortung und ein bedeutendes juristisches Wissen voraussetzte, war eben an Archibald Cox, 61, ergangen, einen Universitätsprofessor von Rang, dem für die Ausübung seines Amtes von Präsident Nixon „völlig freie Hand" gegeben wurde. Es war dies die Vorbedingung von Cox gewesen, den Auftrag anzunehmen.

Die nächste Zukunft sollte dann lehren, daß eine Zusicherung Nixons in dem Augenblick gegenstands- und inhaltslos wurde, wenn der, dem sie gegeben worden war, sich tatsächlich bemühte, jene Zusammenhänge aufzuklären, die zwischen dem Weißen Haus und dem

Watergate-Verbrechen bestanden — und dies mit der für Nixon unverkennbaren Gefahr, es könnte sich erweisen, daß er selber tiefer, als es bekannt geworden war, in die Angelegenheit verwickelt sei.

Schwierigkeiten ergaben sich mit der Kandidatur von William D. Ruckelshaus als Direktor des FBI. Die Stimmung in dieser wichtigen staatlichen Dienststelle war infolge undurchsichtiger Vorkommnisse bei der Untersuchung des Watergate-Skandals außerordentlich gedrückt. Selbst altgediente FBI-Männer in leitenden Positionen hielten mit einer negativen Beurteilung der Lage, in welche das FBI hineinmanövriert worden war, nicht zurück.

Eine weitere zunächst nicht aktuelle, aber kaum völlig eliminierbare Gefahr bedeuteten nachdrückliche neue Bestrebungen zur Einleitung eines Impeachment-Verfahrens gegen Nixon. Die politische Geschichte der USA kennt nur sehr wenige solche Versuche, denn die Erfüllung der von dem Gesetzgeber vorgeschriebenen Formalitäten setzt diesem Verfahren, wodurch ein Präsident praktisch seines Amtes enthoben wird — Impeachment bedeutet eine Behinderung und in diesem Fall die Behinderung in der Ausübung des Amtes — so viele Schwierigkeiten entgegen, daß selbst ein eingebrachter Antrag auf Impeachment kaum je Aussicht hat, durch die vorgeschriebene Mehrheit angenommen zu werden.

Vielleicht veröffentlichte Nixon, um solche Versuche im Keim zu ersticken, Ende Mai 1973 eine Art Verteidigungserklärung. Sie umfaßte rund 4000 Wörter, und selten zuvor wurde mit so vielen Wörtern so wenig gesagt.

Kurz gefaßt ging er extensiv auf unzählige, freilich unwichtige Einzelheiten ein und kaum auf wichtige Fragen. Entscheidend beruhte seine Verteidigung auf dem erneuten Bekenntnis, es sei seine Pflicht, die Sicherheit der Vereinigten Staaten — womit er auch offenbar die Wahrung aller sie berührenden Geheimnisse meinte — in voller Verantwortung zu gewährleisten.

In den letzten Tagen des Juni 1973 wurde bekannt, daß ein früheres Mitglied des Einbrecherteams, David Young — selbst nicht am Tatort aktiv gewesen — vormals Assistent Henry Kissingers in dessen Stab im „National Security Council", sich um Immunität bemühte, wobei er als Gegenleistung bereit war, alles auszusagen, was er über die Ellsberg-, CREEP- und „Plumber-Affäre" wußte. (Der Ausdruck war in den USA längst in den allgemeinen Sprachgebrauch eingegangen, sobald es um die Watergate-Verbrechen ging. Wörtlich übersetzt heißt plumber „Rohrleger". Damit sollte zum Ausdruck gebracht werden, daß dieses Team Rohre — im übertragenen Sinne Leitungen, etwa Kabel oder andere elektronische Anschlüsse zu legen hatte.)

Zur gleichen Zeit erklärte sich jener Jeb Stewart Magruder, früher stellvertretender Leiter des CREEP, bereit, sich als schuldig zu bekennen, sofern ihm seitens der Anklagebehörde Straffreiheit zugesichert werde. Da Magruder an zahlreichen Sitzungen mit Mitchell und seinen Mitarbeitern teilgenommen hatte, wobei der ganze Watergate-Plan und dessen Ausführung besprochen worden war, konnte sein Einlenken eine außerordentliche Gefahr für Nixon bedeuten.

Inzwischen wurde Elliot Richardson formell als Attorney General auch vom Senat bestätigt. Der Sonderstaatsanwalt Archibald Cox hatte im Beisein Richardsons die Erklärung abgegeben, bei seinen Untersuchungen zur Aufklärung der Watergate-Affäre „niemanden zu schonen, niemanden zu schützen, aber auch sich von niemandem beeinflussen oder einschüchtern zu lassen". Er schloß mit den Worten: „Ich würde mich berechtigt fühlen, öffentlich gegen jeden Versuch zu protestieren, mich in der Ausführung meiner Aufgabe zu hindern, und ich werde jedem Hinweis nachgehen, *wohin er mich immer führen mag.*"

Die vom Senator Sam Ervin geleitete Untersuchung der Senatskommission verhörte weitere Zeugen. Zu den wichtigsten gehörte zweifellos James McCord. Er sagte aus, G. Gordon Liddy habe ihm versichert, sowohl John M. Mitchell wie Präsidentenberater John W. Dean III hätten den Einbruchsplan nicht nur gekannt, sondern befürwortet. Es sei schon 1969 eine Reihe von Gewaltakten zum Schaden der Demokratischen Partei erwogen worden.

Die Aussagen Baldwins, Bakers, Ulasewicz' und anderer enthielten weitere Belastungen der Ellsberg- und Watergate-Planer und ihrer Hintermänner.

Über die Einvernahme des Schatzmeisters des „Komitees zur Wiederwahl des Präsidenten", Hugh Sloan jr., wurde bekannt, daß 300 000 Dollar aus dem Fonds für Geheimzwecke und -aktionen bereitgestellt waren. Der größte Teil des Geldes, das über verschiedene Kanäle in verschiedene Banken geleitet wurde, soll letztlich über Nixons Rechtsanwalt Kalmbach zur Verteilung gelangt sein.

Als Sloan sich bei Stans erkundigte, zu welchen Zwecken an Liddy sehr hohe Beträge ausgezahlt würden, erhielt er die Antwort: „Ich weiß das nicht, und Sie wollen das gewiß auch nicht wissen."

Die Ausweitungen des Watergate-Skandals begannen immer dichter an Nixon persönlich heranzurücken. Der „Santa-Ana-Register" in Orange County veröffentlichte in der ersten Woche im Juni einen Bericht über Ermittlungen des FBI — zur Feststellung von mehreren Millionen Dollar nicht registrierter, also gesetzeswidriger Wahlgeldspenden für Nixons „Komitee", von denen aber auch erhebliche Summen für den San-Clemente-Grundbesitz des Präsidenten verwendet worden seien. Das Weiße Haus erklärte diese Behauptung für völlig unbegründet und kündigte ein detailliertes Dementi innerhalb der nächsten 24 Stunden an. Diese 24 Stunden dauerten jedoch nicht 24, sondern fast 300 Stunden. Dann gab das Weiße Haus an, der Präsident habe von einem ihm befreundeten Industriellen 625 000 Dollar als Darlehen erhalten, um den Grundbesitz kaufen zu können. Später habe Nixon einen Teil des Terrains einer Investment-Firma weiterverkauft. Die Firma wurde nicht genannt.

Als so darlehensgebefreudig konnte ein naher Freund des Präsidenten, der Airosol-Spray-Großkapitalist Robert Abplanalp ermittelt werden. Das Dementi des Weißen Hauses befriedigte weder die Neugier der Massenmedien noch die der Finanzexperten. Die Tatsachen wurden urkundlich belegt publiziert:

Den Ankauf des teuren San-Clemente-Objekts „Casa Pacifica" hatte Nixon *ohne jegliche Eigenmittel vorgenommen*. Eine höchst ungewöhnliche Verfahrensweise bei Grundstückskäufen. Bar bezahlte Nixon 399 609 Dollar aus einem Darlehen, das ihm sein Freund Abplanalp zu 8 % Jahreszins gewährt hatte. Das Restkaufgeld von 1 000 000 Dollar entrichtete er durch Wechsel, zahlbar an die Verkäufer des Besitztums. Als Hypothekarschuld dieser Vorbesitzer mußte Nixon eine Belastung von 264 440 Dollar übernehmen, abzuzahlen mit monatlich 1399 Dollar. Nixon konnte bereits den erstfälligen Wechsel über 100 000 Dollar nicht einlösen, ebensowenig die erste jährlich fällige Zinsrate von 75 000 Dollar. Er wandte sich an Abplanalp um einen weiteren Kredit. Diese Finanztransaktion führte zu einem Verkauf eines Teils des Grundbesitzes von San Clemente. Käufer war die Firma „B. & C. Investment Co.", die aber handelsrechtlich nicht in Erscheinung trat. Dennoch konnte festgestellt werden, daß diese Firma aus zwei Teilhabern bestand: Nixons Intimfreund Abplanalp und dem ihm nicht minder eng zugetanen Millionär Rebozo, der aber später — wie das Weiße Haus schließlich bekanntgab — von Abplanalp ausgezahlt wurde, so daß er Alleinkreditgeber blieb.

Formell kaufte die — nicht registrierte — Firma „B. & C. Investment Co." 24 Acres (1 Acres: 4064,87 m²) für 1 249 000 Dollar von Nixons Grundbesitz. Der Präsident erzielte damit 83 % des von ihm bezahlten Kaufpreises für 80 % der Grundfläche. Unberechnet blieb dabei der hohe Wert des Hauses, aller sonstigen Baulichkeiten und der enorme Überwert der ihm verbleibenden 6 Acres höchstwertigen Terrains mit der durchgehenden Ozeanfront. Zu all diesem Wertzuwachs kam eine Restriktionsklausel, wonach — wie Abplanalp den Washingtoner STAR NEWS gegenüber erklärte — dem Präsidenten zunächst die Nutzung des gesamten Areals freistand, da die „B. & C. Investment Co." —

(Alleinbesitzer Abplanalp) — nicht beabsichtigte, es zu nutzen. (Mehrwertschätzung: 5—600 000 Dollar.)

Wie die Beamten der Steuerbehörde feststellten, hatte Nixon auch keinerlei Kapitalertragsteuer nach dem substantiellen Gewinn aus der Grundstückstransaktion bezahlt, deren „Eigenart" auch dadurch erkennbar wurde, daß sein Berater Ehrlichman *zwei Jahre nach dem Verkauf* an die Tarngesellschaft Abplanalp/Rebozo erklärte, Nixon sei auf der Suche nach einem Käufer für den überschüssigen Grundbesitz.

Die Accounting-Firma Coopers & M. Lybrand (eine der „big eight") — vormals Lybrand, Ross Bros. & Montgomery — hatte bei der Transaktion die steuerlichen Belange behandelt. Das Weiße Haus konnte nicht widerlegen, daß drei frühere Steuerexperten der Treuhandunternehmung wegen „Ausarbeitung falscher Finanz-Statements" (die sich nicht auf San Clemente bezogen) verurteilt, aber von Nixon begnadigt worden waren. Ein wenig glückliches Zusammentreffen merkwürdiger Begleiterscheinungen.

Die engen, übliche Freundschaftsbeziehungen erheblich übersteigenden finanziellen Relationen zwischen Nixon und zwei Vielfachmillionären warfen die Frage auf, ob er die mit solchen fast schon familiären Bindungen verbundenen Risiken auf sich nehmen dürfe. Die öffentliche Meinung verneinte diese Frage.

***

Der große Tag nahte: die Einvernahme von John W. Dean III vor der Senatskommission.

Dean hatte sich gegen Zusicherung der Immunität bereit erklärt, uneingeschränkt auszusagen.

Die in der amerikanischen Strafprozeßordnung vorgesehene und ziemlich weitgehende, unter Umständen bis zur Gewährung der Straffreiheit reichende „Immunität" — wie sie in anderen Rechtssystemen nicht gegeben ist — führt natürlich zu weitergehenden Überlegungen. Wenn einem Täter, der sich selber zu einem Verbrechen bekennt, gegen bestimmte Auflagen sein Geständnis, die Preisgabe seiner Mittäter, wodurch er sich aus einem Angeklagten in einen Zeugen der Staatsanwaltschaft verwandelt, Straffreiheit oder Strafminderung zugesichert wird, widerspricht eine solche Praxis allen rechtsstaatlichen und allgemeingültigen Rechtsbegriffen.

Das amerikanische Recht hat sehr früh solche Möglichkeiten geschaffen. Sie gehen ursprünglich auf ein Gesetz des englischen Rechtskodex, der im Jahr 1710 vom Parlament gutgeheißen wurde, zurück. Die amerikanische Formulierung der Zusicherung der „Immunität" als Gegenleistung für bestimmte Verhaltensweisen eines Angeklagten und seine Bereitwilligkeit, als Zeuge der Staatsanwaltschaft aufzutreten, beruht zum großen Teil auf inoffiziellen, nur durch bundesstaatliche Gesetze geschützten, nicht allgemein verbindlich verankerten Vorschriften. Erst 1896 erfolgte durch einen Entscheid des Supreme Court, der höchsten Gerichtsinstanz der Vereinigten Staaten, die erste „vollständige Zustimmung", also „Gutheißung" eines für die Bundesgerichtsbarkeit gültigen „Immunity Statute". Solche Grundsatzentscheidungen des Supreme Court sind gesetzesbildend.

Die Gewährung der „Immunität" setzt praktisch voraus, daß der Angeklagte sich nicht durch Berufung auf das „Fifth Amendment" der amerikanischen Verfassung, in welchem jedermann das Recht zugesprochen wird, eine Aussage zu verweigern, wenn er sich durch sie irgendeiner strafbaren Handlung bezichtigen würde, der Aussage entzieht. Andererseits schließt die „Immunität" aus, daß er einer strafbaren Tat angeklagt wird, die erst durch seine Aussage zur Kenntnis des Gerichts gelangt.

Ein Angeklagter, dem „Immunität" zugesichert wurde, muß in jedem Fall *alles* aussagen oder riskiert wegen „contempt of court" — Mißachtung des Gerichts — eine Gefängnisstrafe.

Nach 1965 wurden die Möglichkeiten der Immunitäts-Zusicherung stark ausgeweitet, und öffentliche Ankläger begannen nicht nur durch dieses Mittel kleinere Gauner straffrei zu stellen, um an größere heranzukommen, sondern auch manche führende Mafiosi zogen Redebereitschaft langjährigen Zuchthausstrafen vor. Freilich, durch Bedrohung ihres Lebens oder dessen ihrer Angehörigen durch die „Exekutionskommandos" schwieg schließlich auch der Aussagewillige. Ausnahmen gab es. Für viele Gangsterbosse galt das Axiom: Nur tote Zeugen schweigen.

1970 entstand der „Crime Control Act" — in erster Linie gerichtet gegen das organisierte Verbrechertum. Zu seinen Schöpfern gehörte Nixons Rechtsberater John Wesley Dean III.

Der Fall Dean wurde gerade im Zusammenhang mit dem Gesamtkomplex der Immunitäts-Praxis zu einem äußerst komplizierten Rechtsproblem. Es sollte das erste Mal in der Geschichte des amerikanischen Parlamentarismus sein, daß sowohl ein Untersuchungsausschuß des Senats wie eine Grand Jury über die einem Berater des Präsidenten zu gewährende Immunität zu entscheiden hatte. Durch eine Dean zugesicherte Immunität konnte vermutlich die Frage, ob Nixon bereits von den Vorbereitungen der verschiedenen kriminellen Aktionen irgendetwas gewußt, ob er erst post festum Kenntnis erhalten hatte oder nur an den Vertuschungsbemühungen beteiligt war, geklärt werden.

Bevor Dean, einer der wohl bestinformierten Insider, vor dem Ausschuß des Senators Ervin aussagte, wurden einige Nebenfiguren gehört.

Die Sekretärin des Einbrechers G. Gordon Liddy, Sally Harmony, die bei den Befragungen durch den Senator Joseph Montoya ein hohes Maß von Gedächtnisschwäche zeigte, mußte schließlich doch zugeben, etwa acht Telefongespräche, die durch Anzapfung von Fernsprechleitungen im Demokratischen Hauptquartier auf Band aufgenommen worden waren, in Schreibmaschinenschrift umgesetzt zu haben.

Auf nachdrückliches Befragen gab Miß Harmony zu, alle Schreibmaschinen-Abschriften und handschriftlichen Notizen über die Gespräche und deren Teilnehmer auf Anweisung ihres Chefs sofort nach Bekanntwerden der Watergate-Affäre vernichtet zu haben.

Robert A. F. Reisner, 26, Verwaltungsassistent im CREEP, zugeteilt Jeb Stuart Magruder, hatte kurz vor dem 17. Juni von verschiedenen Mappen mit „Material über Watergate" gehört. Einer der Ordner war für John Mitchell bestimmt. Reisner wußte auch von verschiedenen Belegen, die sich auf Zahlungen an Personen bezogen, die G. Gordon Liddy im CREEP beschäftigte.

Darunter sei ihm ein Name „Cedan Chaer II" aufgefallen. Die so bezeichnete Person sollte in das Demokratische Hauptquartier eingeschleust werden, um belastendes Material beizubringen. Reisner erwähnte noch, daß ihm Magruder nahegelegt habe, mit ihm seine bevorstehende Einvernahme abzusprechen. Als er das abgelehnt habe, sei Magruder äußerst erregt geworden und habe ihm die Frage gestellt: „Wollen Sie nicht kooperieren? Jeder andere im Hause erweist sich als verständnisvoll." Reisner lehnte jede „Unterhaltung" über seine bevorstehenden Aussagen ab, da er sich nicht eventuell strafbar machen wollte.

Hugh W. Sloan, 32, lange Zeit Schatzmeister des „Komitees zur Wiederwahl des Präsidenten", gab zu, verschiedene Beträge aus dem Wahlfonds für geheime Zwecke ausbezahlt zu haben, darunter auch solche Zahlungen, die er nicht für gerechtfertigt hielt. Magruder habe versucht, ihn zu überreden, geringere Beträge als die wirklich an Liddy bezahlten einzutragen, was er aber ablehnte, um nicht in ein Strafverfahren verwickelt zu werden. Als wenige Tage später FBI-Agenten im CREEP erschienen und zu fragen begannen, suchte Sloan Rat und Hilfe bei Mitchell, aber er bekam keine klaren Antworten. Er wandte sich dann an Dean und schließlich an Ehrlichman, doch keiner war bereit, ihm irgendwelche Verhaltensweisen zu empfehlen.

Der Einvernahme Deans, der — wie es bei jedem wichtigen Zeugen der Fall war — vor seinem Erscheinen in öffentlicher Sitzung eine ausführliche Besprechung mit den Mitgliedern des Senats-Untersuchungsausschusses hatte, um die unübersehbaren Fragenkomplexe so weit einzuengen, daß ein klares Bild entstehen konnte, kam eine besondere Bedeutung zu: Dean wußte mit Sicherheit mehr als irgendein anderer Berater Nixons, und er war bereit, zu gestehen.

Die entscheidende Frage blieb, ob Dean seine Behauptungen durch Beweismittel erhärten konnte oder ob Aussage gegen Aussage stünde. Später änderte sich die Situation, als bekannt wurde, Nixon habe seine Gespräche, die er mit Beratern — auch mit anderen Personen, etwa ausländischen Diplomaten — führte, auf Band aufnehmen lassen. Es muß hier vorweggenommen werden, daß Nixon zuerst die Herausgabe dieser Bänder unter Bezugnahme auf sein „Executive Privilege", dann „in Wahrung der nationalen Sicherheit" ablehnte. Schließlich, als er, in die Enge getrieben, Bänder, bedroht durch gerichtliches Vorgehen, preisgab, fehlten entscheidend wichtige Aufzeichnungen, die — angeblich — durch irgendwelche technischen Fehler nicht mehr hörbar waren. Später folgte dann eine plötzliche und gänzlich unerwartete Erklärung seiner Sekretärin, die behauptete, Teile des einen oder anderen Bandes ungewollt gelöscht zu haben. Experten erklärten, bei den verwendeten Aufnahmegeräten sei ein unbeabsichtigtes Löschen nahezu ausgeschlossen.

Es muß also die Aussage von Dean, deren Wahrheitsgehalt nur durch ungekürztes und unbehindertes Abspielen seiner mit Nixon geführten Gespräche ermittelt werden könnte, insolange für wahr und unwiderlegt gelten, als der Präsident es ablehnt, der Wahrheitsfindung zu dienen. Es ist Nixon, der die Feststellung hindert, wer die Wahrheit sagt oder — wer lügt.

Nach dem Watergate-Einbruch war Nixon — so Dean — in alle Versuche eingeweiht, das Weiße Haus, das

„Komitee für die Wiederwahl des Präsidenten" und alle seine Mitarbeiter durch Vertuschung aus der Affäre herauszuhalten. Dean habe selber mit dem Präsidenten wiederholt über die geeigneten Maßnahmen gesprochen, die Sache zu vertuschen.

Der Präsident habe auch mit ihm als seinem Rechtsberater die Möglichkeit erörtert, zugunsten der Täter von seinem Recht der Begnadigung Gebrauch zu machen. Das sei ferner besprochen worden mit John Ehrlichman und mit Charles W. Colson.

Die ersten Pläne für den Einbruch in das Hauptquartier der demokratischen Partei im Watergate-Gebäude seien vorweg nur H. R. Haldeman, Gordon Strachan und auch Colson bekannt gewesen.

Trotz aller Ableugnungen habe der Präsident 1971 den Einbruch bei Dr. Fielding, Ellsbergs Arzt, gutgeheißen. Dies wisse er, Dean, von Egil Krogh jr., der für die „Plumber" — die Rohrleger — in jener Angelegenheit mitgewirkt hatte.

Das waren die wichtigsten Abschnitte in der Aussage Deans, die mit vielen weiteren Details immer wieder — unter der Voraussetzung, daß Dean die Wahrheit sprach — Nixon schwer belasteten.

Jeb Magruder sagte aus, daß der Attorney General John Mitchell bei ihren drei gemeinsamen Besprechungen, bei denen der Watergate-Einbruch mit allen Einzelheiten erörtert wurde, „zwar nicht enthusiastisch, aber dennoch eindeutig seine Zustimmung zur Installation der Abhörvorrichtungen im Demokratischen Hauptquartier" gegeben habe.

Die vor dem Einbruch bereits in Betrieb genommenen elektronischen Anlagen zur Aufnahme von Telefongesprächen auf Band waren Mitchell bekannt. Er erhielt diese Abschriften jeweils durch Magruder. Nach dem Auffliegen der Watergate-Affäre trat Mitchell von seinen Funktionen zurück, nahm aber weiter aktiven Anteil an allen Maßnahmen zur Verschleierung der Angelegenheit.

Nach Magruders Ansicht war H. R. Haldeman persönlich nicht über die Watergate-Pläne im vorhinein informiert. Gordon Strachan besaß alle Informationen und wirkte ebenfalls aktiv mit in der Vertuschungsaktion. Vermutlich diente er als Mittelsmann in dieser Affäre zwischen dem Präsidenten und Haldeman. Die Behauptungen Magruders, er habe im Januar persönlich Haldeman die ganze Watergate-Story vom Anbeginn bis zu den Vertuschungsmanövern berichtet und sich sogar bereit erklärt, notfalls einen Meineid zu leisten, wurde hingegen von Haldeman als unwahr bestritten.

Aus weiteren Aussagen wurde bekannt, welche Beträge zunächst vom Komitee zu bestimmten wie unbestimmten Zwecken bereitgestellt worden waren:

1. In der Kasse von Maurice Stans befanden sich zwischen 800 000 und 1,3 Millionen Dollar, wie bei einer gelegentlichen Rechnungslegung anläßlich der Übergabe von 235 000 Dollar an Liddy zum Zweck der Vorfinanzierung des Watergate-Einbruchs festgestellt worden war.

2. Haldeman unterhielt eine Kasse mit einem Bestand von 350 000 Dollar, ebenfalls aus Wahlkampfspenden zugunsten Nixons stammend. Sie dienten der Auszahlung von Schweigegeldern, der Unterstützung verhafteter Einbrecher und deren Familien sowie der Meinungslenkung zugunsten der Popularität Nixons.

3. Der persönliche Rechtsanwalt des Präsidenten, Kalmbach, verfügte über einen gesonderten Fonds von 500 000 Dollar, über die er Rechnung zu legen hatte. Als jedoch der Watergate-Skandal aufkam, vernichtete er „aus bestimmten Gründen" alle Unterlagen und Belege. Nur eine einzige Quittung über 30 000 Dollar, die dem als Sabotage-Agenten tätigen Donald Segretti ausbezahlt worden waren, fand sich zufallsweise.

Unterlagen über andere Geldzuwendungen und vermutlich weiteres Beweismaterial hatte Patrick Gray, von Nixon designierter, aber vor der Ernennung zurückgetretener Direktor des FBI, auf direktes Anraten von Dean und Ehrlichman vernichtet.

Über die Vesco-Spende von 200 000 Dollar Bargeld lagen keine schriftlichen Aufzeichnungen vor.

Die Ausstrahlung der Watergate-Hearings durch alle Fernsehstationen löste zwar viele Proteste von inspirierter Seite — Freunden des Präsidenten, des Weißen Hauses, der politischen Gremien der Republikanischen Partei — aus, und eine gewaltige und kostspielige Propaganda sollte Stimmung machen gegen die „Amerika selbst verunglimpfenden Television-Sendungen". „Das gute Amerika", die sogenannte „schweigende Mehrheit" sollte der Übertragung der Hearings ein Ende bereiten. Die Aktion führte nicht zum Ziel. Alle wichtigen, sämtliche für Nixon und seine Berater verhängnisvollen und schwer belastenden Aussagen drangen bis in die kleinsten Wohnungen des riesigen Landes.

Natürlich hoben das Weiße Haus und alle ihm zugänglichen Massenmedien die Widersprüche zwischen Aussagen von Nixon, Dean und anderen Zeugen hervor. Des Präsidenten Propagandisten beschuldigten

Dean, viertausend Dollar als Darlehen aus der Kasse des CREEP — allerdings unter Hinterlegung eines entsprechenden Schuldscheins — entnommen zu haben. Sie mußten allerdings zugeben, daß er diese Summe später prompt zurückgezahlt hatte. Doch die Erklärung Deans, er habe sie für die Finanzierung seiner Hochzeitsreise benötigt und doch „gewissenhaft zurückerstattet", konnte bei manchem besonders streng denkenden Amerikaner den Eindruck nicht verwischen, daß der Hauptzeuge gegen Nixon zumindest einer unerlaubten Handlung fähig war.

Was für jeden einigermaßen objektiv die Gesamtlage Deans beurteilenden Beobachter klar sein mußte, blieb die Tatsache, daß Dean im Rahmen der ohne jede Belege ausgezahlten Summen alle Gelegenheit gehabt hätte, nicht nur viertausend Dollar sich anzueignen, sondern auch sechsstellige Beträge. Irgendeine Kontrolle gab es nicht. Auch das Wissen um die verbrecherischen Quellen des Geldes und dessen Verwendung gab jedem, der an diesen Summen partizipieren wollte, die Möglichkeit, durch eine bloße Andeutung, er müsse ja nicht unbedingt schweigen, wenn er verhört werde, zu Geld zu kommen. Der Versuch, Dean zu diskreditieren, indem man ihm eine zwar sicher nicht statthafte, aber auch nicht seinen Charakter irgendwie diskriminierende Handlung anlastete, hätte bei gerechtem Abwägen niemals gegen seine Glaubwürdigkeit ausgewertet werden dürfen.

Am 10. Juli stand die vielleicht interessanteste Figur vor dem Senatsausschuß: John Mitchell, der Mann, der als Attorney General eine beispiellose Machtstellung eingenommen und sie dann als naher Freund Nixons mit jener des Chefs des „Komitees für die Wiederwahl des Präsidenten" vertauscht hatte, Mitchell, hervorragender Jurist, erfolgreicher Rechtsanwalt, im Grunde ein Selfmade-man, der aus eigener Kraft und Leistung nicht nur bedeutende politische Ehren, sondern ein beträchtliches Einkommen und ein großes Vermögen erreicht hatte. Seine Leitung der Wahlkampagne für Nixon im Jahr 1968 war weitgehend entscheidend für dessen Sieg gewesen.

Diese Leistung fand ihre entsprechende Würdigung in seiner Ernennung zum Attorney General.

Seine Vorladung vor den Watergate-Ausschuß war weniger bedrohlich als das gegen ihn eingeleitete Strafverfahren. Die Anklage lautete auf Behinderung der Justiz, Anstiftung zum Meineid und Meineid. Bis zu seiner keineswegs sicheren Rehabilitierung drohte ihm das Verbot der Ausübung seiner Anwaltspraxis.

Mitchells Verteidigung beschränkte sich auf die Versicherung, nichts Unrechtes getan zu haben. Die Watergate-Affäre sei ihm in ihrem Frühstadium unbekannt gewesen. Die Pläne G. Gordon Liddys habe er nur in dem Sinne verstanden, daß durch elektronische Geräte der Schutz des Republikanischen Parteikongresses vor unerwünschten Überraschungen gewährleistet werden solle. Von irgendwelchen Einbruchsplänen oder derlei sei ihm nichts bekannt geworden, und er hätte „sowas" auch niemals gutgeheißen. Er habe einen stark modifizierten „Vorschlag" Magruders am 30. März in Key Biscayne gebilligt, aber dabei sei offenbar ein Mißverständnis unterlaufen oder seine Zustimmung sei falsch interpretiert worden. Mitchell bestritt Magruders Behauptung, er habe nach dem Ergebnis der unbefriedigenden Abhör-Ergebnisse im Demokratischen Hauptquartier Watergate den „Einbruch vom 17. Juni angeordnet" und bezeichnete sie als eine „verdammte Lüge".

Mitchell belastete, zweifellos um sich selber zu entlasten, besonders Ehrlichman und Haldeman. Von Senator Talmadge nachdrücklich befragt, weshalb er, einst Justizminister, dann Vorsitzender des Wiederwahlkomitees und engster Vertrauter Nixons, diesem nicht die Wahrheit über diese ganzen Sachen gesagt habe, erwiderte Mitchell, keineswegs mehr mit jener Sicherheit, die er zu Beginn seiner Einvernahme erkennen ließ: „Ich hatte nur den Wunsch, den Präsidenten vor den Wahlen nicht irgendwie in diese Affäre zu verwickeln, da es ihn nur belastet haben würde. Ich gebe zu, daß dieses mein Verhalten möglicherweise eine Fehlentscheidung war."

Mitchell tat alles, um dem Präsidenten beizustehen. Auf die Frage, weshalb Nixon, nachdem ihm die Watergate-Affäre in ihrer wirklichen Bedeutung keinesfalls mehr unbekannt gewesen sein konnte, nichts unternahm, um durch entscheidende Schritte sich selber über alles, was offenbar verdunkelt wurde, Gewißheit zu verschaffen, wußte Mitchell keine Erklärung.

Am Tage nach Mitchells Einvernahme wurde in eingeweihten Kreisen bekannt, daß der Staatssekretär des Äußeren, nach europäischem Sprachgebrauch der Außenminister, Rogers, in Kürze seinen Posten verlassen und durch den außenpolitischen Berater des Präsidenten, Henry Kissinger, ersetzt werden sollte. Am nächsten Tag erklärte der Sprecher des Weißen Hauses, der hinreichend unrühmlich bekannte Ron Ziegler, ihm sei nichts über irgendwelche Pläne des Präsidenten bekannt, Kissinger anstelle von Staatssekretär Rogers als Außenminister zu ernennen. Er verwies auf eine Erklärung Kissingers, die aufgestellte Behauptung über einen Wechsel im State Department habe zwischen ihm und Nixon nie zur Diskussion gestanden.

Das doppelte Dementi hatte nur eine kurze Lebensdauer, es erwies sich als von Anfang an unwahr.

Auf Grund der Einvernahme Mitchells sowie der Enthüllungen und gegenseitigen Anschuldigungen, die aus den voraufgegangenen Aussagen deutlich geworden waren, entstand bei den Mitgliedern der Senatskommission der Eindruck, es befänden sich im Weißen Haus mit einer an Gewißheit grenzenden Wahrscheinlichkeit ausreichende Unterlagen, Aufzeichnungen, Dokumente und sonstige Beweismittel, um endlich volle Klarheit über die Hintergründe und den Ablauf der Watergate-Affäre zu erhalten. Aber sowohl der Vorsitzende der Kommission, Senator Ervin, wie auch andere führende Kommissionsmitglieder mußten erkennen, daß der Präsident nicht gewillt war, den Senatoren irgendwelches Material von Wichtigkeit zur Verfügung zu stellen. Auch eine Unterredung Ervins mit Nixon und ein Schriftwechsel änderten nichts daran, daß der Präsident anscheinend entschlossen war, der Watergate-Kommission in keinerlei Unterlagen auch nur Einblick zu gewähren und nicht einmal einer kleineren Gruppe von Senatoren Einsichtnahme in Akten des Weißen Hauses zu erlauben. Der Präsident berief sich dabei auf das „Verfassungsprinzip der Gewaltentrennung" — im praktischen Bereich: das „Executive Privilege" des Präsidenten —, welches, zumindest nach seiner und seiner Rechtsberater Auffassung, dem Staatsoberhaupt das Recht gab, souverän zu entscheiden, was er den parlamentarischen Instanzen für eine Untersuchung zur Verfügung zu stellen bereit sei und was er freizugeben ablehne.

Nixon verweigerte die Herausgabe irgendwelcher Unterlagen über die Watergate-Affäre und ließ keinen Zweifel, einer Vorladung der Kommission keine Folge zu leisten. Er dehnte das „Executive Privilege" auch — immer nach seiner und seiner Rechtsberater Interpretation — auf jeden früheren und jetzigen Beamten und Mitarbeiter des Weißen Hauses aus, dem er untersagen könne, auf Fragen einer parlamentarischen Kommission zu antworten.

Die den Untersuchungsausschuß bildenden Senatoren bestanden auf Herausgabe der Unterlagen, welche sich auf die Watergate-Affäre bezogen und im Besitz des Weißen Hauses befanden. Eine vorübergehende leichte Erkrankung Nixons, nach Ansicht eingeweihter Personen eine nervenbedingte Indisposition, diente ihm als Versuch, einer Stellungnahme auszuweichen. Deutlich zeichnete sich eine Verfassungskrise ab, da die gegensätzlichen Ansichten der parlamentarischen Körperschaft einerseits und des Weißen Hauses andererseits unüberbrückbar schienen.

Doch bevor dieser schwerwiegende Konflikt gedämpft, gemindert oder für beide Teile befriedigend gelöst werden konnte, explodierte eine neue Bombe im Watergate-Fall.

Der Mann, der am 16. Juli 1973 als Zeuge vor dem Ausschuß stand, hieß Albert Butterfield und gab als seinen Beruf an, er sei „Deputy Assistant to the President of the United States". Nach der Rangliste des

Weißen Hauses amtierte er als Mitarbeiter des Präsidenten-Stabsberaters Haldeman. Er sah aus, wie man sich einen mittleren Beamten einer hohen Behörde vorstellt.

Die Einvernahme des höflichen, stets besonnen und leise sprechenden Zeugen lehrte bald, daß er kein „kleiner Fisch im großen Gewässer des Weißen Hauses" war, sondern eine wichtige, wiewohl selbst Eingeweihten kaum bekannte Funktion ausübte.

Als Senator Ervin mit gezielten Fragen nähere Angaben über Butterfields Tätigkeit erfahren wollte, schien sich der Zeuge unsicher zu fühlen. Er meinte etwas verlegen, er hätte gehofft, daß ihm keine Fragen gestellt würden, deren Beantwortung „irgendwem" ungelegen sein könne. Schließlich, als ihm versichert wurde, man werde gern seiner Rücksichtnahme Verständnis entgegenbringen, doch sei eine vollständige und wahrheitsgemäße Aussage eines jeden Zeugen Pflicht, gab Butterfield, langsam zunächst und zögernd, dann flüssig Auskunft. Er sei mit der Bedienung der elektronischen Anlagen betraut, die auf Anordnung des Präsidenten installiert worden seien. Er bediene ein Schaltpult, einen Kommandotisch, der es ihm ermögliche, auf bestimmte Signale hin jedes einzelne Abhörmikrophon in jedem Raum des Weißen Hauses unter Strom zu setzen und damit eine Registrierung aller Gespräche auf Tonband vorzunehmen. Die von ihm auf den jeweiligen Schaltknopf betätigten Apparate umfaßten die von außen unsichtbar montierten Mikrophone im „Cabinet Room", im „Ovalen Salon" des Präsidenten und alle angeschlossenen Räume, auch die seiner Berater und sonstigen Mitarbeiter. Es konnte jedes einzelne Gerät, konnten auch gleichzeitig mehrere oder alle eingeschaltet werden. Auf Ersuchen Senator Ervins erläuterte Butterfield alle gewünschten technischen Einzelheiten.

Weiter befragt, berichtete Butterfield, ihm seien die Orders zur Einrichtung der Gesamtanlage im Auftrag des Präsidenten von Haldeman erteilt worden. Die Durchführung wäre ohne ausdrückliche Anordnung des Präsidenten unmöglich gewesen, allein schon wegen der zahlreichen Spezialisten, ohne die eine Aufgabe solcher Größenordnung nicht hätte realisiert werden können. Eine weitere, allerdings entsprechend kleinere Anlage sei auf Anweisung Haldemans, der sie als Order Nixons bezeichnete, in Camp David eingebaut worden. Angeblich sei sie bei Staatsbesuchen nicht im Betrieb gewesen.

Praktisch war jeder Apparat, den Nixon benutzte — sei es, daß er ein Gespräch annahm, sei es, daß er eine Verbindung herstellen ließ — permanent angeschlossen gewesen. Bei nichtmanueller Bedienung habe sich jedes Gerät vollautomatisch bei geringstem Tonanfall ein- und sich ebenso abgeschaltet, wenn der Ton, der zur Betriebsaufnahme führte, erlosch.

Butterfield meinte, vielleicht habe Nixon die Anlage einbauen lassen, um historisches Material für spätere Zeiten zu bewahren. Die Tonbänder seien nicht per Schreibmaschine festgehalten worden, zumindest sei ihm darüber nichts bekannt, sie würden im Tresor des „Secret Service" im „Executive Building" verwahrt.

Von der Existenz dieser Abhöranlagen habe nur ein sehr kleiner Kreis gewußt, sagte Butterfield auf weiteres Befragen. Außer Nixon, Haldeman, dessen Assistent Higbee, nach Haldemans Ausscheiden dessen Nachfolger General Haig, habe niemand etwas von der Abhör-

Installation geahnt. Niemand — „außer mir" — fügte Butterfield hinzu.

Senator Ervin wollte mehr wissen. Butterfield antwortete nach einigem Nachdenken:

„Tonbänder konnten ohne mein Wissen nicht entnommen werden, es sei denn durch Haldeman —."

„Sonst niemanden?" fragte der Senator.

„Doch", gab Butterfield zu, „durch Präsident Nixon. Denn die Agenten des ‚Secret Service' hatten sehr genaue Sicherheitsanweisungen. Natürlich galten sie nicht für Haldeman oder den Präsidenten, und ich war ja der Leiter der ganzen elektronischen Einrichtung der Abhöranlage." Kurz bevor der Zeuge den Saal verließ, wandte er sich kurz an den Vorsitzenden des Ausschusses:

„Ich habe bei dieser meiner eigenen Aussage unangenehme Gefühle, denn ich bin mir bewußt, daß durch das vorzeitige Bekanntwerden der von mir gemachten Angaben peinliche Rückwirkungen entstehen können. Ich vermute, daß der Präsident, von dessen Schuldlosigkeit ich überzeugt bin, das ganze Material zu einem späteren Zeitpunkt zwecks Verteidigung seiner Haltung in der Watergate-Affäre verwenden will."

Das Weiße Haus war offenbar Wort für Wort über Butterfields Aussage, schon während er sie machte, informiert worden, denn nur knapp eine Viertelstunde später überreichte der Anwalt Fred Buzhardt dem Ausschußvorsitzenden eine Stellungnahme zu Butterfields Bekundungen. Abgesehen von einer einzigen Berichtigung, die den Zeitpunkt der Einrichtung der Abhöranlagen auf den Frühling 1971 verlegte, während der Zeuge ihn in das Jahr 1970 datiert hatte, erhob das

Weiße Haus keinerlei Widerspruch. Damit konnten die Ausführungen Butterfields als wahr gelten. Nixonanwalt Buzhardt wies in der „Stellungnahme" darauf hin, daß schon unter Präsident Johnson ein ähnliches oder gleiches System funktioniert habe, das nach seiner Amtszeit unterbrochen und dann eben erst im Frühjahr 1971 wieder eingeführt worden sei. Abgesehen von der Erklärung Butterfields, es seien ihm derartige Behauptungen nicht unbekannt, doch habe er ihre Richtigkeit durch nichts bestätigt gefunden, würden illegale Handlungen Johnsons keineswegs ähnliche Nixons rechtfertigen können. Während die Mehrheit der Ausschußmitglieder keinen Hehl aus ihren schweren Bedenken machte, meinte Senator Dash: „Das Abhören von Telefongesprächen ist nur dann strafbar, wenn es ohne Wissen der Gesprächspartner erfolgt." So zutreffend diese Feststellung auch ist, so sehr belastet sie doch Nixon.

Freilich, der Beweis, daß jedes abgehörte Gespräch mit Zustimmung sämtlicher Teilnehmer auf Tonband aufgenommen worden sei, dürfte praktisch nie bewiesen werden können, eher wohl das Gegenteil, denn eine große Anzahl von Personen, deren Gespräche abgehört wurden, hat weder vom Vorhandensein der Abhörvorrichtungen etwas gewußt noch einer Tonbandaufnahme zugestimmt. Mit Sicherheit ist das bei fremden, vornehmlich ausländischen Persönlichkeiten anzunehmen. Nicht einmal Ehrlichman hatte, nach seiner eigenen Aussage, auch nur eine Ahnung, seine Gespräche mit Nixon würden auf Tonband aufgenommen.

Die Beziehungen zwischen dem Senat, dem Senatsausschuß zur Untersuchung der Watergate-Affäre und der Nixon-Regierung verschlechterten sich als Folge der Aussagen Butterfields, zumal der Präsident keinerlei Verständigungsbereitschaft zeigte.

Der Senat bestätigte mit 82 gegen 3 Stimmen die Ernennung Richardsons zum „Justizminister", allerdings erst nach endlosen Gesprächen hinter den Kulissen, als deren Ergebnis der Kandidat Nixons die formelle Verpflichtung übernahm, die vollkommene Unabhängigkeit des außerordentlichen Staatsanwalts Cox zu gewährleisten, so daß Nixon durch kein eigenmächtiges Eingreifen die von diesem makellosen hohen Rechtsgelehrten zu führenden Ermittlungen behindern könne.

Allerdings sollte sich in naher Zukunft erweisen, daß Nixon dieses Versprechen des Justizministers skrupellos mißachtete. Die Konsequenzen blieben nicht aus.

Gespeist aus nixonfreundlichen Quellen und bekräftigt durch überzeugte Anhänger des Präsidenten mehrten sich Stimmen, die die enorme Publizität, mit welcher die Hearings in der Watergate-Angelegenheit von Senator Ervin und seinen Kollegen geführt wurden, für übertrieben erklärten. Besonders die Enthüllungen der Massenmedien wurden kritisiert, während die eigentlichen Ursachen dieser Aufklärungsaktionen ignoriert blieben, so sehr sie auch Nixon, seine Berater und die Verwaltung belasteten. Doch die Rettungskampagne hatte keinen Erfolg. Die Senatskommission führte weiter ihre Hearings vor den Fernsehkameras durch, und die Meinungsumfragen ergaben ein zunehmendes Absinken von Nixons Popularität.

Eine neue Komprimittierung des Weißen Hauses nahte. Am 4. Juni veröffentlichte die „New York Times" ein Memorandum des Generals Vernon A. Walters, zur

Zeit des Watergate-Einbruchs Vizedirektor des CIA, sowie eine Geheimstudie von James R. Schlesinger, damals Direktor dieser staatlichen Dienststelle. (Schlesinger wurde 1973 Kabinettsmitglied.) Walters schilderte eingehend, wie Haldeman und später, noch nachdrücklicher, Dean, unter Berufung auf Ehrlichman, an ihn das Ansinnen gestellt habe, die Untersuchung des FBI in der Watergate-Angelegenheit zu behindern und, wenn möglich, einstellen zu lassen. Walters beteuerte in seinem Schriftsatz immer wieder, daß seines Wissens CIA mit dem Watergate-Fall nichts zu tun gehabt habe. Das war objektiv unwahr. Blieb die Schlußfolgerung, der General habe nichts davon gewußt, was bedeuten würde, er sei unzureichend informiert gewesen. Immerhin mußte er zugeben, daß vor dem 31. August 1971 Beamte des CIA den Agenten Hunt mit Tonbandgeräten und einem Photoapparat ausgerüstet hatten, doch meinte der General, das könnte sich allenfalls auf die Angelegenheit Ellsberg beziehen.

In seinem Memorandum erwähnte Walters zwei „Kubaner", gemeint waren dabei offenbar Leute, die an der Aktion in der Bay of Pigs mitgewirkt hatten: sie seien in die chilenische Botschaft in Washington eingebrochen.

Die Geheimstudie Schlesingers war im Auftrag Nixons erarbeitet worden. Sie betraf eine Reform der traditionellen Geheimdienste der USA. Die — vielfach umstrittenen — Vorschläge Schlesingers wurden von Nixon als ‚besonders beachtenswert' klassifiziert.

Am 6. Juni nominierte Nixon den Polizeichef von Kansas City, Clarence M. Kelly, einen gut beleumundeten hohen Polizeibeamten, zum Direktor des FBI.

Am 14. Juni war die Vernehmung des früheren Handelsministers Stans erfolgt. Er gab zu, etwa 45 Millionen Dollar an Spenden für das „Komitee zur Wiederwahl Nixons" eingesammelt, von Spionage und einem Geheimfonds aber nichts gewußt zu haben, eine Behauptung, die mit bereits aktenkundigen Tatsachen in schroffem Widerspruch stand. Über die dunkle 200 000-Dollar-Spende des „Finanzmannes" Vesco konnte Stans nicht befragt werden, da er in dieser Sache bereits in dem gegen Mitchell und ihn selber angelaufenen Strafverfahren unter Anklage stand.

Magruder gab zu, an den Sitzungen teilgenommen zu haben, bei welchen die von Liddy vorgelegten Pläne für das Eindringen in das Hauptquartier der Demokratischen Partei und die Installation von Abhörgeräten besprochen worden war. Nach seiner Erinnerung seien diese Pläne abgelehnt, allerdings Liddy Geldmittel zur Verfügung gestellt worden, „um seine persönliche Tätigkeit fortsetzen zu können". Auf wiederholtes Befragen gestand Magruder, sowohl Tonbandaufnahmen, welche illegal registrierte Gespräche wiedergaben, abgehört wie auch in Ablichtungen von photokopierten Dokumenten aus dem Demokratischen Hauptquartier Einsicht genommen zu haben. Nach seiner Meinung rechtfertigten die Ergebnisse nicht den Einsatz. Er schilderte eingehend das persönliche Engagement Mitchells und Deans in der Einbruchsaffäre und belastete beide schwer.

Deutlich unterschied Magruder zwischen dem sogenannten „ersten" Einbruch in das Demokratische Hauptquartier am „Memorial Day Weekend", dem 27. Mai 1972, und dem zweiten, dem „großen" Einbruch am

17. Juni. Er erwähnte auch den am 3. September 1971 erfolgten Einbruch beim Psychiater Ellsbergs in Los Angeles.

Aus seinen eingehenden Bekundungen ergab sich, daß er über alle „Interna" bestens informiert war, aber offenbar die Führungspositionen Mitchells, Haldemans und Ehrlichmans nicht streitig machen wollte.

Magruder belastete auch LaRue und Mardian, enge Mitarbeiter Mitchells. Beide hätten mitgewirkt, die Watergate-Affäre zu vertuschen. Während der in seinem Beisein mit LaRue und Mardian geführten Besprechungen Mitchells sei „grundsätzlich" beschlossen worden, den Vorfall so darzustellen, als habe Liddy „ausschließlich aus eigener Initiative, ohne Wissen irgendwelcher Personen aus dem Weißen Haus" gehandelt.

Magruder bekannte, sowohl gegenüber dem FBI wie in seiner Aussage vor der Grand Jury die Unwahrheit gesagt und falsche Versionen als richtig bezeichnet zu haben. Mit diesem Eingeständnis bezichtigte er sich des Meineids. Freilich, ein Meineidsverfahren hatte die Staatsanwaltschaft bereits gegen ihn eingeleitet.

Für Außenstehende völlig unerwartet, für genauere Kenner der Spannungen im Weißen Haus keineswegs überraschend, gab am 18. Juni — ohne Begründung — John Conally, Berater und bis dahin treuer Freund Nixons, seinen Entschluß bekannt, aus den Diensten des Präsidenten „in absehbarer Zeit" auszuscheiden. Informierte Politiker waren der Ansicht, die zunehmenden Belastungen Nixons durch die Ergebnisse der Watergate-Untersuchungen hätten den unabhängigen und vermögenden Politiker zu seiner Entscheidung geführt. Wieder kam die „Flucht der Ratten vom sinkenden Schiff" ins Gerede.

Am Rande der „großen" Geschehnisse war noch ein anderes zu vermerken: Morton Halperin, National Security Council, der verdächtigt worden war, in die Ellsberg-Affäre mit den Pentagon-Papieren verwickelt zu sein, reichte gegen den Präsidentenberater Kissinger und sechs andere Beamte des NSC eine Schadenersatzklage über 600 000 Dollar ein, weil seine Telefonleitung auf Anweisung Kissingers unter Mitwirkung der sechs Personen, die er namentlich in seiner Klageschrift nannte, angezapft worden sei. Dieser „Einbruch in seine Privatsphäre" bedeute eine gesetzeswidrige Handlung, da Kissinger und seine Mitarbeiter keinerlei Recht besäßen, Telefonleitungen überwachen, Gespräche abhören und auf Magnetband aufnehmen zu lassen. Halperin behauptete, auch die Telefonanschlüsse anderer Mitarbeiter des NSC und des Weißen Hauses sowie wichtiger akkreditierter Journalisten seien ständig illegal abgehört worden.

Die große Sensation, die man von der Einvernahme Deans erwartete, war durch das Bekanntwerden aller wesentlichen, dem Verhör voraufgegangenen Besprechungen, die er, wie üblich, mit der Senatskommission geführt hatte, ausgeblieben. Auch seine überraschenden Enthüllungen konnten durch die Wiederholung keine Verstärkung erfahren.

Er beteuerte, nur die Wahrheit gesagt zu haben. Er belastete sowohl Haldeman wie Ehrlichman sehr schwer und erklärte, daß ihm Präsident Nixon in einer Unterredung am 27. Februar ausdrücklich bestätigt habe, daß Ehrlichman und Haldeman in der Watergate-Angelegenheit die Hauptschuldigen seien. Der Präsident habe ferner mit ihm am 13. März, im Beisein Haldemans, ein Gespräch geführt, in welchem die Frage erörtert wurde, ob es möglich sei, Hunt zu begnadigen, „was aber nicht klug gewesen wäre". Bei der Unterredung am 13. März sei auch Haldeman zugegen gewesen, als Nixon betonte, es gebe für ihn kein Problem, ausreichendes Schweigegeld für die Watergate-Einbrecher zu beschaffen, auch dann nicht, wenn der erforderliche Betrag eine Million Dollar ausmache. Dean belastete in seiner formellen Aussage nochmals ganz besonders Mitchell und sagte, der Chef des „Komitees für die Wiederwahl des Präsidenten" habe ihn angewiesen, die Zustimmung Haldemans und Ehrlichmans einzuholen, damit Kalmbach die finanzielle Regelung übernehme. Dean widersprach entschieden, von Nixon einen Auftrag zur Untersuchung über irgendwelche Verbindungen von Beamten des Weißen Hauses zur Watergate-Affäre erhalten zu haben. Er sei vom Präsidenten niemals mit einer solchen Aufgabe betraut worden.

Neu und überraschend war das Geständnis Deans, er habe im Zusammenhang mit der Watergate-Affäre die Justiz in ihrer Arbeit behindert und dabei einen Meineid geschworen. Über die von ihm aus dem Wahlfonds gegen Schuldschein entliehenen 4850 Dollar und deren pünktliche Rückzahlung gab er den Senatoren eine erschöpfende Aufklärung.

In rein formaljuristischer Beziehung muß die Aussage unter dem Gesichtspunkt gewertet werden, daß nunmehr auf Grund der ihm vorhergehend gewährten Immunität *nichts* von seinen *eingestandenen Straftaten* strafrechtlich ihm angelastet werden kann. Nur Delikte, die ohne sein Geständnis von der Staatsanwaltschaft ermittelt und bewiesen werden, können zur Grundlage einer Anklage gemacht werden.

Die Aussage Deans legte er in einem Schriftsatz, der 245 Schreibmaschinenseiten umfaßt, vor. Die Nixon besonders wohlgesonnenen Kreise hoben aus dem großen Material schwerer Anschuldigungen und konkreter Anklagen gegen engste Mitarbeiter Nixons einen Satz aus dem Schriftsatz hervor, den sie dann als isolierte Entlastung des Präsidenten bewertet wissen wollten. Er lautete: „Ich bin der ehrlichen Überzeugung, daß der Präsident zwar in die Affäre verwickelt war, aber der eigentlichen Bedeutung dieser Verwicklung sich nie richtig bewußt wurde."

Diese Formulierung ändert nichts an einem objektiven Tatbestand. Daß der Präsident sich der Bedeutung seines Verhaltens nicht klar wurde, hat nichts zu tun mit seinem von Dean behaupteten Wissen über die Affäre. Selbst wenn man annimmt, er habe nichts von der Planung gewußt, so kann, nach der Bewertung *sämtlicher* Sachverhalte, Tatbestände und Aussagen geschlossen werden, er habe aktiv die Vertuschung des Skandals nicht nur gefördert, sondern gewollt.

Das Weiße Haus wußte auf die für Nixon, seine nächsten Mitarbeiter und Dean selber katastrophale Aussage dieses „Rechtsberaters des Präsidenten" nur durch Bestreiten zu antworten. Sie hielten den Angriff für die beste Verteidigung und beschuldigten Dean, der „Hauptinitiant der Vertuschungsmanöver" gewesen zu sein.

Tatsache jedoch blieb, daß Nixons Stabschef Haldeman wußte, daß alle Gespräche des Präsidenten mit seinen Beratern aufgenommen wurden. Nixon hatte also die Möglichkeit, Deans Aussagen in allen Punkten durch Abspielen der Tonbänder zu widerlegen.

Aber Nixon verschwieg das Vorhandensein der beweiskräftigen Tonbänder, das erst viel später durch Butterfield dem Senatsausschuß und damit der breiten Öffentlichkeit bekannt wurde.

Daß Nixon die Aussagen Deans nicht auf diese Weise widerlegen ließ, muß zwangsläufig bei jedem objektiven Beobachter zu der Überzeugung führen, das Abspielen der Tonbänder werde nicht die Richtigkeit der Darstellung Nixons und seiner Berater, sondern diejenige Deans beweisen. Das erkannte offenbar auch der „Mann auf der Straße".

Die Meinungsumfragen zeigten den Rückgang der Popularitätskurve Nixons. Die Zahl derer, die dem Präsidenten Glauben schenkten, nahm ab, jener, die ihm nicht trauten, stieg an.

* * *

Während der Ermittlungen über die Einzelheiten der Watergate-Affäre wurde bekannt, daß Nixons persönlicher Rechtsanwalt Kalmbach aus „Überschußsalden" der Spendenaktion 1968, die 1,1 Millionen Dollar umfaßten, Mitte 1969 einen neuen Geheimfonds gebildet hatte. Er wurde Haldeman unterstellt, der gemeinsam mit Kalmbach die auszuzahlenden Beträge bestimmte. In erster Linie diente das Geld zur Bezahlung der Rechercheure Caulfield und Ulasewicz, die spezielle Nachforschungen im Auftrag des Weißen Hauses durchführten. Dabei sollten vor allem „Feinde des Präsidenten" überprüft und Belastungsmaterial gegen sie beschafft werden. Auf der Liste stand an erster Stelle Senator Edward Kennedy, der damalige New Yorker Bürgermeister John Lindsay und der Sprecher des Abgeordnetenhauses, Carl Albert.

Der Kalmbach-Haldemansche Geheimfonds führte den Namen „Public Institute". In kurzer Zeit gab er für solche Informationszwecke 2,5 Millionen Dollar aus. Kalmbach, Nixons persönlicher Anwalt, stellte auch dem Saboteur Segretti, im Einvernehmen mit Haldeman und Chapin die notwendigen Gelder für seine Aktivitäten und die seiner Mitarbeiter zur Verfügung.

Von dem eingegangenen Geld und den Restbeständen des Fonds von 1968 ließ Kalmbach, abgestützt durch Weisungen von Dean und Ehrlichman, 460 000 Dollar an die Watergate-Einbrecher gelangen. Wie das Geld aufgeteilt wurde, ist nie ganz klar geworden. Es umfaßte Anwaltsvorschüsse, Unterhaltskosten und Hilfsgelder für Familienangehörige der Festgenommenen. Die einzelnen Beträge übergab Kalmbach dem „Investigator" Ulasewicz. Der bezahlte im Auftrag des Rechtsanwalts unter anderem folgende Beträge

an Hunt: 154 000 Dollar
an LaRue: 29 000 Dollar
an den Rechtsanwalt
W. Bittmann: 25 000 Dollar
   für die Verteidigung Hunts
an G. Gordon Liddy: 8 000 Dollar.

Als die Sache brenzlig wurde, zog sich Kalmbach 1972 von dieser Tätigkeit zurück, da er von gewissen Durchstechereien Kenntnis erhalten hatte.

Ehrlichman verteidigte seine Interventionen bei Kalmbach mit Berufung auf Mitchell, der ihm erklärt habe, es bestünden wichtige Interessen an einer „guten Verteidigung der Angeklagten".

Ende Juli zeichneten sich drei Komplexe ab, die für Nixon nichts Gutes verhießen. Es sickerte durch, daß Sonderstaatsanwalt Cox die ihm durch eine verbindliche Erklärung Richardsons zugesicherte Vollmacht sehr weitgehend auslegte und sich für Einzelheiten zu interessieren begann, deren Erörterung für den Präsidenten bedenklich wurde. Ein Konflikt zeichnete sich ab.

Auf parlamentarischer Ebene wurden Maßnahmen erwogen, gegen Nixon ein Impeachment-Verfahren einzuleiten, um ihn des Amtes entheben zu können.

Geplagt von immer neuen Anschuldigungen, entwickelte Nixon eine zunehmend offen feindselige Einstellung gegen den Ervin-Ausschuß, dessen Präsident die Freigabe der Tonbänder forderte, was der Präsident weiterhin ablehnte.

Dann und wann zeichnete sich ein Ansatz zur Verständigung ab, doch Nixon begriff darunter etwas völlig anderes als der Senatsausschuß, so daß es nun eine Frage der Zeit war, wann sowohl die Parlamentarier wie auch Sonderstaatsanwalt Cox durch gerichtliche Schritte den Präsidenten zur Herausgabe nicht nur der Tonbänder, sondern des gesamten Beweismaterials im Watergate-Fall zwingen würden.

Im Zusammenhang mit der näherrückenden Möglichkeit des Impeachment-Verfahrens gegen Nixon war von erheblicher Bedeutung ein ganz ähnlich gelagertes Rechtsproblem, bei dem es darum geht, ob gegen den Präsidenten der USA durch „Zustellung einer Subpoena"

> „Impeachment"
>
> Der Begriff des „Impeachment" kann in die deutsche Sprache nicht mit einem Wort übersetzt werden. Impeach bedeutet „anklagen, beschuldigen, zur Verantwortung ziehen, anfechten, anzweifeln". Impeachable wird jemand bezeichnet, der „anklagbar, dessen Handlungen „anfechtbar, tadelnswert, schuldhaft, kriminell, verbrecherisch" sind. Impeachment wird als Ausdruck der Anzweiflung und des Tadels sowie im Sinne einer öffentlichen Anklage, die dem Zwecke dient, jemanden zur Verantwortung zu ziehen, benützt. Wenn es sich um einen Präsidenten, Vizepräsidenten oder Bundesbeamten der Vereinigten Staaten von Nordamerika handelt, so wird das Impeachment aufgrund des Artikels II, Teil 4 der Verfassung beantragt. Es ist ein außerordentlich schwieriges, kompliziertes und von vielen Zufälligkeiten abhängiges Verfahren, aber es ist das einzige, mit welchem sogar der Präsident der USA seines Amtes, — wenn auch nicht formell im Sinne einer Amtsenthebung, — aber durch das ihm entzogene Vertrauen seines Postens verlustig gehen kann.

ein „Zwang" ausgeübt werden kann, durch welchen er einer Vorladung Folge leisten und Unterlagen, die sich in seinem Besitz befinden oder von ihm verwahrt werden, einem Gericht oder, zum Beispiel, einem parlamentarischen Untersuchungsausschuß ausfolgen muß.

Einer der bedeutenden Juristen der amerikanischen

Gerichtsgeschichte, Chief Justice John Marshall (1755 bis 1835) hatte geurteilt, daß „unter gegebenen Umständen eine Subpoena gegen den Präsidenten erlassen werden kann". Bei einer genauen Prüfung dieses Spruchs ist aber festzustellen, daß er sich auf Subpoena bezog, um den damaligen Präsidenten der USA, Thomas Jefferson, zu zwingen, einen Brief vorzulegen, den er bekommen und den die Staatsanwaltschaft in dem Prozeß gegen Aaron Burr, wegen Hochverrats, als Beweismittel dem Gericht angeboten hatte. Aber Jefferson, der wohl behauptete, das Gericht habe keine rechtliche Handhabe, ihn zur Herausgabe zu verpflichten, gab dennoch den verlangten Brief, zwar nicht im Original, aber in einer beglaubigten Abschrift heraus.

Grundlegend bejaht die heute herrschende Rechtsauffassung, die von der früheren nicht divergiert, daß auch der Präsident der USA den Gesetzen unterworfen ist, und zwar *allen* Gesetzen. Er muß Steuern bezahlen — (dies Problem wird für Nixon in absehbarer Zeit eine sehr akute Bedeutung gewinnen) — und er muß sich, wenn er etwa Forellenfischer ist, an die jeweilige „Forellenfischgrenze" halten, er darf also auch nicht mehr Forellen fischen, als es für das Forellenfischgebiet, in welchem er fischt, zulässig ist. (Präsident Eisenhower war ein leidenschaftlicher Forellenfischer. Er hielt sich nicht immer an dieses gesetzlich vorgeschriebene Limit. Es ist nicht bekannt, daß gegen ihn eine Subpoena verfügt noch strafrechtliche Schritte unternommen wurden.)

Ein so bedeutender Rechtsgelehrter wie Professor Raoul Berger von Harvard, Sachverständiger für historische Jurisprudenz, stellte eindeutig fest: „Ein Präsident ist auch dem gemeinen Recht ohne Impeachment-

Verfahren unterworfen, wenn er ein gemeines Verbrechen begeht. Er kann daher im gewöhnlichen Strafprozeß angeklagt und zur Rechenschaft gezogen werden."

Falls gegen Nixon ein Impeachment-Verfahren durchgeführt werden sollte, wäre das ein kompliziertes Vorhaben. Bis zum heutigen Tage ist in Amerikas Geschichte nur ein einziges Mal gegen einen Präsidenten und nur zwölfmal gegen Bundesbeamte ein Impeachment-Verfahren in Gang gesetzt worden. Ein dreizehntes solches Verfahren, das von hundert Abgeordneten unterstützt worden war, *scheiterte* 1968, als dem Bundesrichter William O. Douglas — über dessen Praktiken im vorliegenden Buch berichtet wurde — wegen seiner Interessen in Gangster-Kreisen und anderer krimineller Delikte, auch politischer, wie etwa der Zustimmung zu revolutionären Aktionen, das hohe Amt durch das Impeachment-Verfahren entzogen werden sollte.

Die außergewöhnlichste Impeachment-Initiative hatte sich gegen Andrew Johnson gerichtet, der als Nachfolger des ermordeten Präsidenten Abraham Lincoln in das Weiße Haus einzog. Johnson, ein Demokrat des Südens, war fast noch ein Analphabet, aber ein sehr geachteter Bürger. Er hatte sich, ohne je eine Schule besucht zu haben, bis zum Senator von Tennessee hinaufgearbeitet und gegen die Abspaltung der Südstaaten Stellung bezogen. Von den Republikanern mit dem Amt eines Militärgouverneurs betraut, erreichte er schließlich das Amt des Vizepräsidenten der USA. Das Außergewöhnliche war nicht nur seine Karriere, sondern daß er sein hohes Amt in einem Zustand schwerer Alkoholisierung antrat — wie er später erklärte, um durch den übermäßigen Genuß von Alkohol einer drohenden fiebrigen Erkrankung zu entgehen und so seine Vereidigung nicht zu gefährden.

Johnson versuchte später als Präsident eine außergewöhnlich konservative, südstaatlerische Politik durchzusetzen. Er weigerte sich, den Friedens- und Bürgerrechtsgesetzen im besiegten Süden Geltung zu erzwingen. Schließlich wollte er gegen den Kongreß regieren. Das Impeachment-Verfahren sollte ihn an der weiteren Ausübung seines Amtes hindern.

Während im Abgeordnetenhaus das Verfahren durchaus dem sicheren Erfolg entgegenging — nach dem derzeitigen Stand muß die Beschlußfassung über das Verfahren mit einfacher Mehrheit der 435 Abgeordneten erfolgen — lehnte der Senat im Falle des Präsidenten Johnson mit 35 gegen 19 Stimmen die Einleitung des Impeachment-Verfahrens und damit die Möglichkeit einer de-facto-Amtsenthebung des Präsidenten ab.

Wenn es zu einem Antrag käme, gegen Nixon ein Impeachment-Verfahren in die Wege zu leiten, müßte das Abgeordnetenhaus aus seiner Reihe jene Abgeordneten bestimmen, die vor dem Senat die formelle Anklage in öffentlicher Sitzung erheben. Der Senat würde dann gewissermaßen zum „Gericht".

Die entscheidende Bedeutung einer Mehrheit für ein Impeachment liegt darin, daß dadurch der Präsident nicht nur sein Amt verlöre, sondern vor ein ordentliches Gericht gestellt werden könnte. Allerdings, nach Ansicht der maßgebenden Juristen, kann ein Präsident auch aufgrund der bestehenden Gesetze wegen qualifizierter Verbrechen vor Gericht gestellt werden.

Der Konflikt wegen der Tonbänder entzweite nicht nur den Kongreß-Ausschuß und das Weiße Haus, sondern in zunehmendem Maße Nixon und den Staatsanwalt Cox, der auf einer nach seiner Ansicht unerläßlichen und lückenlosen Kenntnisnahme des Inhalts *aller* Tonbänder ebenso bestand wie auch Senator Ervin.

Der Präsident berief sich auf Expertisen juristischer Sachverständiger, um die Herausgabe zu verweigern, andererseits bejahten andere Sachverständige Nixons Pflicht, das Beweismaterial vorzulegen.

In Kreisen, die Cox nahestanden, wurde bekannt, daß er, nach seiner Ansicht, „noch sehr lange nach Nixons Ausscheiden aus dem Amt mit der Aufklärung der jetzt noch nicht voll bekanntgewordenen Vorfälle zu tun haben werde".

Aber schon die nächste Zukunft lehrte, daß es umgekehrt kommen sollte. Der von Nixon ernannte Attorney General Elliot Richardson, der nicht ganz freiwillig dem Senat die Zusicherung gegeben hatte, Cox werde völlig unabhängig seine Untersuchungen durchführen können, schien die Forderung von Cox, Nixon müsse alle Tonbänder ausfolgen, nicht zu bejahen.

Daß sich der Konflikt zuspitzte, wurde am Montag, dem 23. Juli deutlich. Deputy Counsel Rufus Edmiston und Assistent Chief Counsel Terry Lenzner fuhren in einem nicht als Dienstwagen erkennbaren, dennoch von dauernd wachsamen Reportern sofort verfolgten Fahrzeug zum Weißen Haus. Nach einer überaus genauen Kontrolle ihrer Legitimationspapiere durch die Wachposten durften sie in das „Executive Office Building". Sie überreichten dem Rechtsberater Leonard Garmet in dessen Amtszimmer eine Subpoena. Sie war befristet bis zum 25. Juli und beinhaltete die Aufforderung an Nixon, dem Senatsausschuß und dem Sonderstaatsanwalt Cox und der von Richter Sirica geleiteten Grand Jury die gesondert bezeichneten Unterlagen auszuhändigen.

Schon vor der gesetzten Frist war die mit der Subpoena geforderte Aushändigung der Unterlagen von Nixon grundsätzlich abgelehnt worden. Es zeichneten sich damit erhebliche Weiterungen ab, doch wie sich das eventuell einzuleitende Gerichtsverfahren gestalten sollte, war unklar.

Es dürfte als wahrscheinlich gelten, daß der Finanzminister Connally, der als „Sonderberater ohne Honorar" im Weißen Hause für Nixon tätig war, unter dem Eindruck der Subpoena seinen früher angekündigten Rücktritt nun am 25. Juli, dem Ablauftermin der gerichtlichen Maßnahme, offiziell vollzog. Für Nixon bedeutete das einen erheblichen Prestigeverlust. Ob der Präsident vielleicht durch ein so gewichtiges negatives Ereignis dazu verleitet wurde, nun zumindest an Senator Ervin eine nicht schroffe Ablehnung zu richten, sondern einen Ton anzuschlagen, der die Möglichkeit einer Verständigung nicht völlig ausschloß, war schwer zu sagen. Es hieß, er würde eventuell erwägen, einzelne Unterlagen, unter Einschränkungen, gewissen Persönlichkeiten des Senatsausschusses zugänglich zu machen. Aber in dem entscheidenden Komplex der Aufzeichnungen über seine Gespräche mit Dean beharrte Nixon auf einem unnachgiebig ablehnenden Standpunkt. Nixon verweigerte die Einsichtnahme in alle wichtigen Unterlagen, aus denen sich die Richtigkeit seiner oder seines einstigen Beraters Behauptungen hätten beweisen lassen.

Der konziliante Ton dieses einen Briefes bot dafür keinen Ersatz.

Der Himmel über der Watergate-Affäre verdüsterte sich. Die Ergebnisse der Hearings in Washington faßte der republikanische Senator Lowell P. Weicker — also ein Parteigenosse des Präsidenten — in einer Liste zusammen, die eigentlich keines Kommentars bedarf. Nach des Senators gewissenhafter Überprüfung jedes einzelnen von den Ausschußmitgliedern ermittelten kriminellen Verhaltens im Watergate-Komplex standen folgende Straftaten fest:

1. Verschwörung zur Behinderung der Justiz
2. Verschwörung zum Abfangen telefonischer und mündlicher Mitteilungen
3. Verleitung zum Meineid
4. Meineid
5. Verschwörung zur Behinderung der Strafverfolgung
6. Verschwörung zur Vernichtung von Beweismaterial über die Schuld einzelner Angeklagter
7. Verschwörung zur Erreichung von Abgaben falscher eidesstattlicher Erklärungen
8. Verschwörung, um Einbrüche zu begehen
9. Verschwörung, um Diebstahl zu begehen
10. Einbrüche
11. Diebstähle.

* * *

Die von der Einvernahme Haldemans durch die Senatskommission erwarteten Enthüllungen blieben aus. Der als Stabschef eigentlich maßgebende Berater des Präsidenten las über zwei Stunden lang eine sorgsam, offenbar mit mehreren seiner Anwälte besprochene „Erklärung" vor. Ihre hauptsächlichen Merkmale lassen sich in wenige Sätze zusammenfassen: Haldeman versuchte Nixon, wo immer das möglich schien, weitgehend zu entlasten, auch wenn das nur dadurch möglich wurde, daß er offenkundig zutreffende und bereits vom Untersuchungsausschuß als wahrheitsgemäß anerkannte Aussagen entweder abzuwerten oder in ihrem Wahrheitsgehalt anzuzweifeln versuchte. Seine eigenen Funktionen im Weißen Haus schilderte er ausführlich, ging aber allen wesentlichen Punkten, die einen negativen Anstrich seiner Handhabung der Watergate-Affäre deutlich gemacht hätten, mit Umschreibungen aus dem Wege. Er gab nichts zu, was ihm nicht längst als Tatsache bewiesen worden war.

Zu den zahlreich dokumentierten Verdachtsgründen, daß nicht nur er, Ehrlichman und andere Berater des Präsidenten, sondern möglicherweise Nixon selbst „von besonderen Schutzmaßnahmen" — die dann in kriminelle Aktionen ausarteten — gewußt hätten, erklärte Haldeman, es sei nur davon gesprochen worden, Vorkehrungen zu treffen, um extremistischen Demonstrationen, Gewalttaten und ähnlichen Aktionen vorzubeugen oder sie zu verhüten. Dieses Ziel konnte nur durch Beschaffung gewisser Informationen vertraulicher Art erreicht werden. Von der Planung irgendwelcher illegalen Übergriffe, von Einbrüchen und sonstigen kriminellen Handlungen und ebenso von irgendwelchen Versuchen, solche Vorkommnisse zu vertuschen, habe der Präsident nichts gewußt.

Haldeman versuchte sich mit allen ihm zur Verfügung stehenden Mitteln, allerdings auch gestützt auf ein hervorragendes Gedächtnis und reichlich vorbereitete Notizen, gegen Deans sehr genau umrissene und substantiierte Anschuldigungen zur Wehr zu setzen. Nicht nur, soweit sie ihn, sondern auch andere einstige Nixon-Berater und den Präsidenten selbst betrafen.

Noch während der Ausführungen Haldemans meldete sich Nixons Rechtsberater Buzhardt und bat um eine kurze Unterbrechung, da er dem Ausschuß „eine wichtige Mitteilung" zu machen habe. Senator Ervin entsprach diesem Wunsch. Buzhardt stellte daraufhin fest, daß Haldeman, der bis dahin nichts über irgendwelche eigenen Kenntnisse des Inhalts der Tonbänder ausgesagt hatte, die Gefahr laufe, wegen Verletzung des Amtsgeheimnisses angeklagt zu werden, da er Teile von ihm selber abgehörter Tonbandaufnahmen, deren Herausgabe vom Präsidenten verweigert wurde, im Rahmen seiner Erklärung als Material benützte.

Buzhardt erklärte ergänzend, es habe sich dabei um Tonbandaufzeichnungen gehandelt, die während zweier Sitzungen entstanden, an denen er selbst teilgenommen hatte. Eine Abschrift der beiden Aufnahmen habe es allerdings nicht gegeben. Übrigens sei ein Tonband vorübergehend in seiner eigenen Obhut verblieben.

Diese „Verlautbarung" des präsidentiellen Anwalts rief erhebliche Erregung bei den Senatoren hervor. Sie bewies, daß Nixon, der sich auf eine Art Executive Privilege berief und jede Preisgabe von Unterlagen zur Watergate-Affäre ablehnte, das Abhören zweier Tonbänder durch seinen Chefberater Haldeman, so im April in seinem Büro im Weißen Haus und ein zweites Mal im Juli in dessen Privathaus, erlaubt oder post festum geduldet habe.

Nach kurzer Beratung und einer Darlegung des Vorsitzenden lehnte der Ausschuß den Versuch Nixons, das Amtsgeheimnis als durch Haldeman verletzt in Erwägung zu ziehen, einmütig ab. Haldeman wurde aufgefordert, seine Aussage unbehindert fortzusetzen. Dieser fand sich dazu bereit und begann sogleich mit der Verlesung eines Zusatzmanuskripts, mit welchem er weitere Aussagen seines vormaligen Kollegen Dean zu entkräften versuchte.

Der Vorstoß Buzhardts erregte um so beträchtlichere Aufmerksamkeit, als alle Fernsehzuschauer, die die Verhandlungen des Ausschusses verfolgten, aus dieser Tatsache zu der Schlußfolgerung gelangen mußten, daß von einer Geheimhaltung der Tonbänder keine Rede sein konnte. Nicht nur der Ansicht der Mehrheit der Ausschußmitglieder, sondern vermutlich auch der einer großen Mehrheit der Öffentlichkeit gab Senator Inouye Ausdruck, als er erklärte, es könne nicht eingesehen werden, weshalb der Präsident Tonbänder, die Haldeman als Privatmann abhören konnte, nicht den Senatoren, gewählten Volksvertretern, zugänglich zu machen bereit sei.

Was kaum einem der Senatoren entgangen sein konnte, war Haldemans stetes Bemühen, genaue Fakten und Daten zu meiden. Auf jede klar gestellte Frage hatte er zwar eine Antwort, aber sie diente weder einer Klarstellung, noch konnte sie verhindern, daß er bei irgendwie für ihn oder Nixon gefährlichen Fragen an Selbstsicherheit verlor. Er versuchte stets ruhig, ausgewogen, höflich und, im Rahmen des Möglichen, sachlich zu bleiben. Aber bei entscheidenden Stellen wich er durch einen Hinweis auf Gedächtnislücken aus. Als er schließlich aussagen sollte, wann er vom Einbruch in das Hauptquartier der Demokraten Kenntnis erhalten habe, blieb ihm kaum mehr übrig als ein hilflos verlegenes Lächeln. Er zuckte mit den Schultern, als er die Worte hervorbrachte: „Ich kann mich an das Datum nicht mehr genau erinnern." Aber auch auf die Frage, durch wen und unter welchen Umständen er die ersten Nachrichten erhalten habe, erwiderte er lediglich, weder er noch der Präsident hätten von irgendeinem Plan eines Einbruches etwas gewußt und weder er noch Nixon seien in irgendeiner Weise an Verdunkelungsmanövern beteiligt gewesen.

Damit aber stellte sich Haldeman in Gegensatz nicht nur zu Deans klaren und mit genauen Daten belegten Angaben. Er befand sich zugleich auch im Widerspruch zu den Aussagen einer ganzen Reihe anderer Zeugen. Es konnte kaum angenommen werden, Haldeman allein sage die Wahrheit, zumal alle seine Aussagen nur seiner und Nixons Entlastung dienten, während sich andere Zeugen durch ihre Aussagen vielfach gegenseitig schwer belasteten.

Der Konflikt zwischen dem Präsidenten und jenen Instanzen, die von ihm die Herausgabe der Tonbänder und Dokumente forderten, führte zu einer durch seine Anwälte abgegebenen Erklärung, er bei berechtigt, die Subpoena des Staatsanwalts Cox zu ignorieren und die Herausgabe der Aufzeichnungen über sieben Zusammenkünfte und ein Telefongespräch Gegenstand der von Cox geforderten Unterlagen — zu verweigern, da er durch das Executive Privilege geschützt sei. Cox bereitete eine Antwort vor, die auf folgenden juristischen Erwägungen beruhte:

1. Es gebe im Gesetz keine Bestimmungen, die ein derart ausgelegtes präsidentielles Privileg anerkennen.
2. Nachdem Nixon zugelassen hatte, daß seine Berater vor dem Senatsausschuß aussagen und ihre privaten Unterhaltungen mit ihm wiederholen durften, habe er sein Executive Privilege durchbrochen.
3. Indem er seinem Berater Haldeman nach dessen Entlassung, also als Privatmann, das Abhören von Tonbändern über die in Frage stehenden Unterhaltungen im Weißen Hause zugestand, sei das Executive Privilege von ihm selber außer Kraft gesetzt worden — sofern es überhaupt ein solches nach seiner Auslegung gab.

***

Im Herbst fielen die Blätter, sanken die Aktien und Nixons Popularitätskurve auf einen bis dahin nicht geahnten Tiefstand.

Eine im Auftrag von TIME erfolgte Meinungsbefragung ergab folgende Resultate:

Frage: Wußte der Präsident im vorhinein über die geplanten Abhörmaßnahmen in Watergate?
Antwort: 55 % ja
39 % nein
16 % nicht sicher.
Frage: Wußte der Präsident von der Vertuschung oder nahm er an ihr teil?
Antwort: 60 % ja
26 % nein
13 % nicht sicher.
Frage: Sind Sie zufrieden mit den Erklärungen des Präsidenten über Watergate?

Antwort: 63 % nein
25 % ja
12 % nicht gewiß.
Frage: Haben die Zeugen die Wahrheit gesagt?
Bezüglich Dean: 34 % nein
32 % ja
Bezüglich Haldeman: 38 % nein
19 % ja
Bezüglich Ehrlichman: 40 % nein
19 % ja
Bezüglich Mitchell: 41 % nein
22 % ja.
Die übrigen hatten keine sichere Meinung.

Die weiteren Verhöre von Zeugen erbrachte nichts wesentlich Neues.

Patrick Buchanan, Speech-Writer und Spezialberater, versetzte die Senatoren durch seine aggressive Art in nicht immer angenehme Situationen. Konkret wußte er nichts zu sagen. Sein Bemühen galt dem Wunsch, sich selber völlig von der Affäre zu distanzieren. Seine Antworten auf die ihm gestellten Fragen bog er in angriffsmuntere kritische Bemerkungen um. Die Senatoren waren froh, als das Verhör von Buchanan ein schnelles Ende fand.

Hunt, der zu 30 Jahren Zuchthaus verurteilt worden war, wobei sich Richter Sirica eine Reduzierung je nach seinem Verhalten vorbehielt, arbeitete mit jeder seiner Aussagen auf eine Herabsetzung dieser drakonischen Strafe hin. Er litt noch an den Folgen seiner ernsten Erkrankung, zeigte deutliche Anzeichen von echt nervösem Erinnerungsschwund und wußte seinen Geständnissen kaum noch etwas hinzuzufügen, was das von den Senatoren bereits gewonnene Bild noch zu seinen Gunsten hätte verändern können. Neu war die Aussage, sein Rechtsanwalt Bittman habe für ihn aus dem Fonds des „Komitees für die Wiederwahl des Präsidenten" 126 000 Dollar erhalten.

Anders wirkte die Verkündung des Spruchs des Berufungsgerichts im District von Columbia, durch welchen dem Präsidenten auferlegt wurde, die vom Richter Sirica angeforderten Tonbänder zur Verfügung zu stellen, damit er durch deren Abhören bestimmen könne, welche Aufnahmen oder Teile davon der Grand Jury zugänglich gemacht werden sollten.

Die Richter hatten mit fünf zu zwei Stimmen diesen für den Präsidenten sowohl formal-juristisch wie de facto und besonders im politischen Bereich katastrophalen Beschluß gefaßt.

Die Situation sahen aber die Richter als so gefährlich an für die innenpolitische Gesamtsituation, daß sie an die Anwälte des Präsidenten, an Richter Sirica und den Sonderstaatsanwalt Cox die Empfehlung richteten, nach einem Kompromiß zu suchen. Offenbar besorgte das Appellationsgericht, daß im Falle weiterer gerichtlicher Maßnahmen eine Verfassungskrise drohte, deren Ausmaße und Folgen nicht abgesehen werden konnten.

Eine zusätzliche schwere Belastung Nixons bildete der Hinweis der Richter des Berufungsgerichts, der Präsident selber habe in seiner Mai-Erklärung versichert, er werde sein Executive Privilege keinesfalls ausüben, um die Untersuchung krimineller Vorkommnisse einschließlich jener, die sich auf Watergate bezögen, zu behindern.

Aber als wichtigste, weil grundsätzliche Feststellung

verneinte das Appellationsgericht jegliche gesetzliche Fundierung eines Executive Privilege nach Nixons Interpretation und ebenso jegliche Immunität des Präsidenten gegenüber einem strafprozessualen Verfahren, da auch der Präsident der USA genau wie jeder andere Bürger dem Gesetz unterworfen sei.

Noch deutlicher konnte kaum durch eine der höchsten richterlichen Instanzen am Präsidenten Kritik geübt werden.

Es hatte den Anschein, als sei nun ein Höhepunkt im Kampf eines sich übermächtig dünkenden Staatsoberhauptes gegen das Parlament und gegen die Justiz, eigentlich auch gegen das amerikanische Volk erreicht worden. Aber die nächsten Tage sollten zeigen, daß es noch weitere Steigerungen gab.

Am Freitag, dem 19. Oktober, entschloß sich Nixon zu einem in seiner Lage verwegenen Schritt. Vermutlich hoffte er, durch einen spektakulären Eingriff die gegen ihn gerichteten Tendenzen zu mindern.

Er beorderte „seinen" General Attorney Richardson zu sich und befahl ihm, den Außerordentlichen Staatsanwalt Cox zu entlassen.

Er setzte sich darüber hinweg, daß er eben demselben General Attorney die bindende Zusicherung gegeben hatte, die von diesem auch weitergeleitet worden war, der Tätigkeit dieses Außerordentlichen Staatsanwalts keinerlei Hindernisse in seiner Arbeit zu bereiten und ihm im Gegenteil jede Unterstützung zuteil werden zu lassen, um den Watergate-Fall aufzuklären.

Die Nachricht war eine echte Sensation. Und ihr folgten sofort zwei Gerüchte, die viel Wahrscheinlichkeit für sich hatten: dieser Entschluß Nixons sei Folge der eingehenden Untersuchung von Cox im Zusammenhang mit dessen finanziellen Transaktionen bei seinen Immobilienkäufen und den aus staatlichen Mitteln finanzierten Ausgaben für seinen Privatbesitz San Clemente, sodann der Absicht des Außerordentlichen Staatsanwalts, durch weitere Untersuchungen die Frage zu klären, ob etwa mit den Tonbändern manipuliert worden sein oder werden könnte, so daß sie nicht mehr ihren ursprünglichen Beweiswert besäßen.

Da diese Mutmaßungen kaum einen Monat später sich zur Gewißheit verdichteten, bestätigten sich die Verdachtsmomente vollumfänglich. Rückblickend zeigte sich, daß Nixon diese Entwicklung voraussah und ihre Ergebnisse durch Cox' fristlose Entlassung verhindern zu können hoffte.

***

Im Hauptverfahren gegen die sieben Einbrecher in das Demokratische Hauptquartier erhob die Grand Jury von Washington die formelle Anklage. Die Untersuchungen waren abgeschlossen. Abgesehen von diesem Hauptverfahren nahm eine weitere Untersuchung der „Unregelmäßigkeiten" in der Finanzabteilung des „Komitees für die Wiederwahl des Präsidenten" und ihrer „Buchführung" ihren Fortgang.

Weiterhin schweben noch Zivilprozesse der Demokratischen Partei wegen zu ihrem Schaden begangener strafbarer Handlungen beim Parteikonvent in Miami und im Watergate-Fall. Die Schadensersatzforderungen erreichen Millionenhöhe. Andererseits hat Maurice Stans gegen Larry O'Brien, den Vorsitzenden des Konvents der Demokratischen Partei in Miami Beach, eine Schadensersatzklage von fünf Millionen Dollar wegen „Rufmordes" eingebracht. Nixons Wahlkomitee stellte eine ähnliche Klage von 2,5 Millionen Dollar gegen O'Brien in Aussicht.

Eine andere Untersuchung läuft noch aufgrund der Erhebungen des „General Accounting Office" wegen Verstößen gegen das Gesetz über den Zwang zur Bekanntgabe von Wahlbeiträgen vom 7. April 1972.

Welche dieser Prozesse und der zahlreichen drohenden tatsächlich durchgeführt werden, ist noch nicht bekannt. Es dürfte entscheidend von den Ergebnissen der Watergate-Untersuchungen abhängen.

Als ständige atonale Begleitmusik zu der ganzen Watergate- und Tonbänder-Affäre dröhnten in den Massenmedien immer weitere Enthüllungen über die Veruntreuungen des Vizepräsidenten Spiro T. Agnew. Die schweren — in der Anklage der Staatsanwaltschaft als *Verbrechen* qualifizierten — Delikte, die dem Zweiten Mann im Staate nicht nur angelastet, sondern nachgewiesen wurden, stehen in keinem kausalen Zusammenhang zur Watergate- und Tonbandaffäre, aber sie sind eine zusätzliche Belastung für Nixon, denn an der Tatsache, daß Nixons Stellvertreter *ungestraft* von der Staatsanwaltschaft als „crook" — als Gauner — bezeichnet werden konnte, belastet zumindest moralisch die gesamte administrative Situation im Weißen Haus. Nachdem immer weitere engste Berater des Präsidenten verbrecherischer Handlungen nicht nur beschuldigt wurden, sondern manche dieser Funktionäre sie auch eingestanden haben, war der unvermeidliche Rücktritt Agnews ein Negativfaktor schweren Gewichts.

Der Fall Agnew wird in einem gesonderten Abschnitt

des vorliegenden Berichts mit allen Einzelheiten, die relevant sind, in gebotener Kürze noch dargestellt.

***

Eine gewisse Unsicherheit bedeutete für Nixon die Ernennung seines Parteifreundes, des Senators aus Ohio, William Saxbe, zum General Attorney, also zum Justizminister. Er trat die Nachfolge von Richardson an, der die von Nixon geforderte, aber von ihm abgelehnte Entlassung des Sonderstaatsanwaltes Cox verweigerte und demissionierte. Auch sein Stellvertreter Ruckelshaus wies Nixons Ansinnen ab und schied aus dem Amt. William Saxbe wurde kurz nach seiner Amtsübernahme vom Kongreß bestätigt. Er befand sich in keiner leichten Situation, da er sogleich in hohem Maße mit der Watergate- und der sich komplizierenden Tonband-Affäre konfrontiert wurde. Richter Sirica hatte bereits festgestellt, daß gerade jene zwei Tonbänder, auf welche Gespräche Nixons mit John Wesley Dean III, kurz vor dessen Absetzung im April 1973, aufgezeichnet waren, fehlten. Ebenso das Tonband, auf welchem das Gespräch Nixons mit Mitchell vom 20. Juni 1972 und seine telefonische Unterredung aufgenommen worden waren, bei der das Mikrophon — angeblich — zeitweise nicht an das Bandgerät angeschlossen gewesen sei. Am 15. April sollte sogar das ganze Abhörsystem ausgefallen sein.

Ein Abspielen dieser Tonbänder könnte klarstellen, ob die Angaben Deans wirklich zutreffen, denen zufolge der Präsident weitaus früher und weitaus genauer über die Watergate-Affäre und die Vorbereitungen und die Durchführung zu ihrer Vertuschung informiert worden war, als er selber es zuzugeben bereit ist — oder ob Nixons Version des Bestreitens zutrifft. Eine der beiden Darstellungen muß unwahr sein.

Deutlichste Folge der mehr als mysteriösen Entwicklung in der Tonbandaffäre war ein neuerliches Absinken der Popularitätskurve Nixons, wie sie eine Meinungsumfrage Anfang November 1973 ergab. Danach schenkten nur 27 Prozent aller Befragten Nixon ihr Vertrauen. Es war dies der tiefste Punkt, auf den er bisher gelangte.

Am 11. November verkündete Bundesrichter Sirica die sechs *endgültigen* Urteile gegen die Watergate-Verbrecher. Jenes, das gegen den „Anführer" G. Gordon Liddy auf mindestens sechs Jahre und acht Monate, höchstens auf zwanzig Jahre Zuchthaus am 23. März gelautet hatte, war bereits definitiv, die gegen die anderen sechs Angeklagten verhängten drakonischen Strafen von 35 bis 40 Jahren Zuchthaus hingegen hatten nur provisorischen Charakter. Richter Sirica wollte durch sie die Verurteilten „anregen", ihre Kenntnisse über die Affäre preiszugeben, dadurch zu Zeugen der Staatsanwaltschaft zu werden und ihm Gelegenheit zu milderer Beurteilung zu eröffnen — eine „Technik", die völlig legal ist, allerdings nur im amerikanischen Strafrecht.

Da die restlichen Angeklagten Richter Siricas „Anregung" gefolgt waren, setzte er ihre Strafen herab:

Der Kriminalautor, frühere CIA-Agent und Abenteurer E. Howard Hunt: von 2½ bis 8 Jahre und 10 000 Dollar Buße, Frank Sturgis, Eugenio R. Martinez und Virgilio Gonzalez: je 1 bis 4 Jahre Gefängnis. Bernard L. Barker, der sie zu dem Watergate-Abenteuer angeheuert hatte: 18 Monate bis 6 Jahre. James McCord,

Experte für die elektronischen Einrichtungen in Nixons Wahlkomitee, erhielt 1 bis 5 Jahre Gefängnis. Diese Strafen können bei Wohlverhalten der Verurteilten auf die Minimaldauer reduziert werden.

Die immer wiederkehrende Problematik der besonders wichtigen, aber „unbrauchbar" gewordenen Tonbänder bekam eine neue — später als unstrittig unwahr bewiesene — Interpretation durch die Einvernahme der Privatsekretärin Nixons, einer Rose Mary Woods. Sie war über zwanzig Jahre Nixons Vertraute. In „letzter Zeit" übertrug sie Tonbänder in Maschinenschrift. Sie erklärte, die Qualität dieser Tonbänder habe viel zu wünschen übriggelassen und es seien beim Abspielen häufig „eigentümliche Geräusche" zu hören gewesen, welche es fast unmöglich machten, gewisse Stellen überhaupt zu verstehen und abzuschreiben. Sie erwähnte, daß schon geringe Geräusche, so etwa, wenn „der Präsident seine Füße auf den Schreibtisch legte", so stark von den Tonbändern wiedergegeben worden seien, daß es sich „wie Kanonendonner" anhörte, und wenn der Präsident leise vor sich hingepfiffen habe, sei nichts mehr von den gesprochenen Wörtern zu verstehen gewesen.

Von beträchtlicher Bedeutung ist die Tatsache, daß *vor* dem Bekanntwerden irgendwelcher „Störungen" *nie* irgendetwas über so unverständliche Tonaufnahmen gesagt worden war. Spätere Einvernahmen ergaben eine zusätzliche Version, die bei dem ersten Verhör der Rose Mary Woods nicht erwähnt worden war. Sie sagte erst zu einem späteren Zeitpunkt, bei einer neuerlichen Befragung über die Tonbänder, sie habe längere Aufnahme-Strecken des einen Tonbandes „unabsichtlich" selbst gelöscht, durch einen Fehl-Handgriff, so daß auf diesen Teilen des Bandes überhaupt keine Gesprächsteile mehr vorhanden waren.

Die Aussagen der Sekretärin erregten Aufsehen, Zweifel, Mißtrauen. Über die Möglichkeiten, einen Tonband-*Text* zu manipulieren, gingen die Meinungen auseinander. Natürlich lassen sich Teile einer Aufnahme löschen — Frage war nur: *zufällige* oder *absichtliche* Löschung?

Richter Sirica beschloß, wie immer die Chancen eines solchen Unterfangens seien, die Tonbänder von besonders qualifizierten Sachverständigen untersuchen zu lassen, um eventuell festzustellen, was tatsächlich mit den Bändern geschehen war.

* * *

Im Zusammenhang mit der Entlassung des Sonderstaatsanwalts Cox wurde bekannt, daß auf Anordnung des Präsidenten Agenten des FBI das Arbeitszimmer von Cox verschlossen und die Schlüssel an sich genommen hätten — ein Vorgehen recht ungewöhnlicher Art in Anbetracht einer Persönlichkeit so hohen Ranges.

In weitesten Teilen des Publikums der Massenmedien und noch stärker bei allen Politikern erregte es großes Aufsehen, als das TIME MAGAZINE als die führende Wochenschrift der Welt, *zum erstenmal seit ihrem Bestehen*, am 12. November 1973 einen ausdrücklich als „Leitartikel" — „Editorial" - bezeichneten Beitrag brachte — mit dem Titel *„Der Präsident sollte zurücktreten"*. Es war ein publizistisches Ereignis ersten Ranges, ohne Beispiel. Es kennzeichnete die zugespitzte politische Atmosphäre.

Die Einvernahme des früheren Attorney General

Kleindienst führte zu einem neuen „Höhepunkt". Der Chef des Justizdepartments sagte aus, Nixon habe von ihm verlangt, die gegen ITT laufende Appellation wegen ihrer Wahlgeldspenden in Höhe von 400 000 Dollar zu seinen Gunsten *nicht* einzureichen und damit gegen die öffentlichen Interessen und so für den Konglomerat-Konzern Stellung zu nehmen. Kleindienst lehnte das striktestens ab.

TIME MAGAZINE zitierte in seiner Ausgabe vom 12. November 1973 wörtlich den Telefonanruf Nixons bei Kleindienst:

„Sie Hurensohn, verstehen Sie nicht die englische Sprache?" Dann folgte die oben erwähnte Order.

> Kleindienst then received a call from Nixon, who said: "You son of a bitch, don't you understand the English language?" Nixon ordered him to drop the appeal.

(Nixon gebrauchte den Ausdruck „Son of a bitch": nach Muret-Sanders bedeutet bitch Hündin, Petze, Weibsbild, Hure, im amerikanischen Sprachgebrauch Hure, wie whore.)

Gewiß, Präsident Harry Truman schrieb einem Musikrezensenten, der Miss Trumans Klaviervirtuosentum bezweifelte, auch einmal, er sei ein „son of a bitch". Immerhin kam diese Beschimpfung nicht vom Präsidenten der USA, sondern von einem gekränkten Vater, der auf die kritische Bewertung des Könnens seiner klavierspielenden Tochter auf diese Weise reagierte. Nixon indessen nannte seinen Justizminister einen Hurensohn, weil er sich weigerte, einen Eingriff des Präsidenten in ein Strafverfahren zu dulden.

Es ist in dem Falle Nixons nicht nur das Geschehen, das Erschrecken und Abscheu erweckt. Weitaus mehr zu denken gibt die Erkenntnis, daß dieses Staatsoberhaupt der mächtigsten westlichen Demokratie in Handlung und Verhaltensart beängstigende Züge der Selbstüberschätzung aufweist, die nicht einmal mehr Spuren demokratischer Gesinnung zeigen. Freilich muß auch das sehr rasch verklungene Echo der Empörung in der amerikanischen Öffentlichkeit gegen eine derartige Gesittung ebenfalls zu denken geben.

***

Das Lavieren Nixons zwischen völliger Ablehnung jeder Kooperation mit der Senatskommission und dem Sonderstaatsanwalt, sodann scheinbare Nachgiebigkeit bis zu einer Bereitschaft, Richter John J. Sirica nicht nur die von ihm zu Händen der Grand Jury angeforderten Tonbänder und Dokumente herauszugeben, sondern auch noch ‚anderes' Material, wurde bereits am Tage nach dieser Formulierung des Weißen Hauses in Frage gestellt, denn eben am 12. 11. 1973 stand fest, daß die Tonbandaufnahmen von Nixons Gespräch mit Mitchell, registriert unter dem 20. Juni 1972, und jenes mit Dean vom 15. April 1973 streckenweise Leerstellen aufwiesen. Auch jene Nixon-Dean-Gespräche vom 21. März und vom 16. April waren unvollständig.

Da immer weitere Fakten zu den bereits gegen den Präsidenten bestehenden Verdächtigungen wegen bedeutender Geldspenden zugunsten seiner Wiederwahl hinzukamen, trat nach langem Zögern Ronald Ziegler wieder mit einer Art Ehrenerklärung für ihn hervor. Er wußte freilich keinerlei Tatsachen vorzubringen, die Nixon hätten entlasten können. Er versicherte lediglich, der Präsident werde sich durch keinerlei gegen ihn vorgebrachte Presseberichte und ebensowenig durch mittels Indiskretionen in die Massenmedien lancierte Unterstellungen in den Verfahren der verschiedenen Untersuchungsinstanzen unterkriegen lassen.

Inzwischen verkündete der Richter des District Court von Washington, Gerhard Gesell, ein kompliziertes Urteil, dessen wichtigste Entscheidung die Feststellung ist, daß die auf Wunsch Nixons verfügte Entlassung des Sonderstaatsanwalts Cox illegal gewesen sei. Die umfangreiche Begründung kulminierte in diesem Endentscheid, der für Nixon und seinen Solicitor General Bork eine eklatante Niederlage bedeutete.

Nixon ließ am 26. November die sogenannten „Watergate-Tapes" an Richter Sirica überbringen. Was unter diesen „Tapes" zu verstehen war, sollte sich im Laufe der nächsten Zeit zeigen. Während der Präsident noch eine Woche zuvor versichert hatte, daß es keine weiteren „Bomben" mehr geben werde — womit er eigentlich zugab, es habe solche gegeben — wurden vom Sonderstaatsanwalt neue Untersuchungen über eine Spende von 100 000 Dollar eingeleitet, welche von der „Gewerkschaft der Handelsmarine" dem Wahlfonds Nixons überwiesen worden war. Fast genau zum Zeitpunkt der neuen „Bombe" war Nixon bei einer Tagung der Gewerkschaft erschienen, der „Seafarers Union", nicht im allerbesten Sinn bekannt. Die Spende erfolgte unter Verletzung der gesetzlichen Bestimmungen, die Unternehmungen, Gewerkschaften und sonstigen juristischen Personen solche Beiträge für Wahlzwecke untersagen.

In weiten Kreisen erregte großes Aufsehen eine Zusammenstellung der vermutlichen Unkosten, die der öffentlichen Hand durch die Notwendigkeit der Watergate-Untersuchungen aller Art entstanden sind und die jetzt von der „Washington Post" veröffentlicht wurden. Die Endsumme hatte bereits Ende November die 5-Millionen-Dollar-Grenze überschritten. Einer der maßgebenden Redaktoren der Zeitung, David Broder, faßte sein Resumé in den Satz zusammen: „Von dem Terrain, das Nixon im Frühjahr zu verteidigen trachtete, mußte er schon 90 % aufgeben." Broder zählt auf, was Nixon bewiesen hätte, um sich zu entlasten, und schließt: „Falls er der Untersuchung nicht standzuhalten vermag, dann wird er so sicher aus dem Amt vertrieben werden wie Agnew."

Unter den immer düstereren Wolken, die das Weiße Haus einhüllten, blieb die Bestätigung der Ernennung Gerald Fords zum Vizepräsidenten durch den Senat fast unbemerkt. Es war eine Routinehandlung — nicht mehr.

* * *

Der Gerichtssaal, in dem Bundesrichter John Sirica — geachtet, von vielen im Umkreis des Weißen Hauses gefürchtet — zum ersten Mal eine Tonband-Abhörung vornahm, hatte bei Presse, Publikum und natürlich Juristen stärkstes Interesse geweckt. Die „Öffentlichkeit" wurde Zeuge — im Anhören — des Gesprächs zwischen Nixon und seinem Stabschef Haldeman, das sie am 20. Juni, nur 72 Stunden nach dem Watergate-Einbruch, geführt hatten. Aber die „Ausbeute" war gering. Die entscheidenden Stellen, die hätten beweisen können, wer die Wahrheit und wer die Unwahrheit sagte — der Präsident oder sein Rechtsberater Dean — waren „unhörbar". Nixons treue — vielleicht allzutreue — Sekretärin Rose Mary Woods hatte sie durch eine irrtümliche Handbewegung gelöscht. Freilich — inzwischen konnte bewiesen werden, daß Miß Woods die Unwahrheit gesagt hatte. Die Löschung dieser entscheidenden Textstellen war absichtlich erfolgt. Diese Feststellungen maßgebender Experten machte bereits die Demonstration im Gerichtssaal in hohem Maß wahrscheinlich. Laut dpa:

„Sirica hatte am Tag zuvor sieben der neun gerichtlich eingeklagten Tonbänder ausgehändigt erhalten. Abgespielt wurde die Kopie eines Originaltonbands, auf dem das für die Untersuchung der Beteiligung Nixons an dem Skandal wichtige Gespräch enthalten ist. Nach der Aussage von Rose Mary Woods, daß sie am 1. Oktober dieses Jahres irrtümlich einen Teil der Aufnahme gelöscht habe, ließ Sirica zur Demonstration das Tonband laufen. Das unter atemloser Spannung lauschende Publikum konnte sich von der schlechten Qualität des Bandes überzeugen; Pfeifen, Summtöne, Geräusche von Autohupen und Flugzeugtriebwerken verzerrten häufig die Unterhaltung.

Als die Sekretärin in dem spannungsgeladenen Gerichtssaal demonstrierte, wie ihr die Panne unterlaufen sein soll, blieb das bis dahin laufende Tonband plötzlich stehen. Ihre Angaben waren damit also praktisch widerlegt.

Die Skepsis über die Aussage von Fräulein Woods, die auch Richter Sirica mehrfach durchblicken ließ, entzündete sich an mehreren Punkten: Neben der Aussage von Fachleuten, daß ein versehentliches Löschen fast unmöglich ist, geht es um die Frage, warum gerade die 18¹/₄ Minuten der Nixon-Haldeman-Unterredung über Watergate fehlen. Rose Mary Woods hat nach ihrer Aussage nur vier bis fünf Minuten telefoniert, als ihr das angebliche Mißgeschick passierte.

Elektronikexperten hatten unverhüllt skeptisch auf die Angaben Rose Mary Woods' reagiert, daß sie aus Versehen die Aufnahmetaste und gleichzeitig auf ein Fußpedal gedrückt habe. Sie vertreten den Standpunkt, daß ein versehentliches Löschen des Tonbandes fast unmöglich sei. Fräulein Woods, seit 23 Jahren Nixons Privatsekretärin, benutzte bei der Arbeit ein deutsches Tonbandgerät vom Typ ‚Uher Universal 5000'. Carl Bennett, Kundendienstmanager für den amerikanischen Uher-Importeur, erklärte: ‚Um zu löschen, muß man mit der Hand zwei Tasten gleichzeitig niederdrücken, wenn man eine von beiden zuerst drückt, dann passiert überhaupt nichts ...'

In der Tonband-Affäre soll jetzt auch der neue Generalsekretär des Weißen Hauses, Alexander Haig, verhört werden. Die Anwälte des Präsidenten teilten am Freitag mit, gegen eine Vernehmung Haigs durch den mit der Untersuchung beauftragten Bundesrichter John Sirica bestünden keine Einwände. Haig war vor Gericht von Nixons Sekretärin Rose Mary Woods erwähnt worden, die angeblich aus Versehen ein 18 Minuten dauerndes wichtiges Gespräch Nixons mit Haigs Vorgänger Haldeman von einem Tonband gelöscht hatte.

Mit ungewohnlicher Schärfe attackierte Ziegler den Mitarbeiterstab des neuen Watergate-Sonderstaatsanwalts Leon Jaworski. Vor Journalisten erklärte Ziegler, diese Mitarbeiter zeigten ‚tief verwurzeltes Mißtrauen und tiefste Abneigung' gegen den Präsidenten und seine Regierung; gegen Jaworski selbst sei nichts vorzubringen. Jaworski hatte den Stab seines von Nixon fristlos entlassenen Vorgängers Cox übernommen.

Im Zusammenhang mit dem Watergate-Skandal wurde anfangs Dezember der ehemalige Nixon-Sekretär Dwight Chapin vor einem Schwurgericht in Washington wegen vierfacher Falschaussage angeklagt. Auf jeden Anklagepunkt steht als Höchststrafe fünf Jahre Haft und 10 000 Dollar Geldbuße. In einer Sitzung unter Richter Sirica wurde Chapin, der Anfang des Jahres aus den Diensten des Weißen Hauses ausgeschieden war, beschuldigt, am 11. April vor der ,Watergate Grand Jury' in vier Fällen gelogen zu haben. Die Falschaussagen betreffen die Aktivitäten von Donald Segretti, der 1972 für den Wahlausschuß Nixons tätig war und als einer der Hauptverantwortlichen für den Einbruch in das Watergate-Gebäude gilt. Chapin war Empfangssekretär des Präsidenten; Segretti verbüßt eine sechsmonatige Haftstrafe in Kalifornien.

Der wegen seiner Beteiligung an dem Einbruch in das demokratische Hauptquartier im Washingtoner Watergate-Komplex zu einer Gefängnisstrafe von einem bis vier Jahren verurteilte Mitarbeiter im Weißen Haus, Frank Sturgis ist nun von einem Gericht in Miami des Autoschmuggels für schuldig befunden worden. Er soll 1968 gestohlene Autos nach Mexiko eingeschleust haben."

***

Nachdem Nixon am 7. Dezember eine für die Öffentlichkeit bestimmte Einkommens- und Vermögensaufstellung veröffentlichte, begannen Fachleute die Angaben des Präsidenten einer eingehenden Prüfung zu unterziehen. Die Ergebnisse wurden erst nach gewissenhaften Untersuchungen und nur „schrittweise" bekannt.

Diese Aufstellung veröffentlichte die Züricher „Weltwoche" in ihrer Ausgabe vom 28. 12. 1973. Ein kurzer Auszug der Kommentierung durch ihren Korrespondenten Heinz Heimer gewährt mit einigen Zusätzen trotz der Gedrängtheit des Zahlenmaterials eine gute Einsicht in des Präsidenten finanzielle Gesamtlage — soweit erkundbar.

Die „Weltwoche" hat aus dem 150 Seiten umfassenden Zahlenmaterial, das vom Weißen Haus über des Präsidenten Finanzgebaren veröffentlicht wurde, eine knappe und überzeugende Schlußfolgerung gezogen:

Nixon hatte es fertiggebracht, bei einem Einkommen von fast 3 Millionen Dollar insgesamt 108 000 Dollar Steuern zu zahlen. „Ein meisterhafter Steuersparer!" stellt die Wochenzeitung fest.

Ein Normalbürger — in diesem Fall ein Normalmillionär — müßte bei 3 Mill. Einkommen, trotz aller „Abzüge", immerhin 1,5 Mill. Steuern entrichten — darf man hinzufügen. Dies bei einem für den Steuerpflichtigen günstig gelegenen Fall. Nimmt man alle Steuerlasten in Betracht, kann die Steuerschuld wesentlich höher sein.

Der Korrespondent kommentiert: Anfang 1961 verfügte Richard M. Nixon mit Ehefrau über ein Vermögen von 48 000 Dollar. Genau 8 Jahre später erklomm er das höchste Amt der USA. Er lebt, zumindest als Präsident, wie ein Multimillionär in den luxuriösen Prachtvillen in San Clemente, Kalifornien, und Key Biscayne, Florida.

Präsident Nixons Einnahmen und Ausgaben

Von Nixon und seiner Frau in der Zeit
vom 1. Januar 1969 bis 31. Mai 1973
eingenommene und ausgegebene Gelder

EINNAHMEN	$	AUSGABEN	$
Gehalt und Zuschüsse	1 090 635	Zahlung für laufende Kosten der Residenz	172 835
Verkauf der Residenz New York	311 023	Persönliche Auslagen	300 206
Rückzahlung für Aktien Fisher's Island Inc.	371 782	Offizielle Auslagen	63 029
		Mietausgaben	24 382
		Zinszahlungen	271 350
Verkauf der Anrechte auf zwei unerschlossene Grundstücke in Key Biscayne	134 350	Steuern: Einkommensteuer 1969/72	78 651
		Bundeseinkommensteuer für Einkommen 1968	38 646
Zahlung Anteil an unverteiltem Gewinn des Anwaltsbüros Mudge, Rose, Guthrie & Alexander und Rückzahlung des Anteils am Eigenkapital	128 611	New Yorker Steuer für Einkommen 1968	7 351
		Vorauszahlungen für Bundeseinkommensteuer 1973	30 816
		Kauf von Residenzen	419 663
		Einrichtungskosten in Residenzen	293 691
Zinsen auf Bankguthaben, Ertrag von Whittier-Besitztum, Buch-Tantiemen und Zins auf Eigenkapital bei Anwaltsbüro	65 240	Hypothekenrückzahlungen	385 592
		Rückzahlung an Mrs. P. N. Cox	65 000
Kreditaufnahmen	725 000	Andere Schuldenrückzahlungen	296 396
Rückzahlung des Baltusrol Golf Club	1 500	Depot bei C. G. Rebozo	10 000
Verschiedenes	1 218	Kauf von Obligationen	3 975
Rückerstattung von Unterhaltskosten des Golfklubs durch Golffreunde	4 800	Kauf von Möbeln für Washington	7 186
		Offene Rechnungen am 1. 1. 1969	5 845
Versicherungszahlung für Feuerschaden	11 954	Zahlungen für Feuerschaden	11 954
Total Einnahmen $	2 859 690	Total Ausgaben $	2 468 568

Präsident Nixons Vermögen

Am 1. Januar 1969		Am 31. Mai 1973	
AKTIVEN	$	AKTIVEN	$
Bankguthaben	59 752	Bankguthaben	432 874
Anteil an Anwaltsbüro	128 611	Andere Guthaben	28 609
Anteil an Besitz Hannah Nixon	13 577	Steuerschuld übersteigende Quellensteuerzahlungen	19 816
Wert Lebensversicherungs- und Pensionsansprüche	44 593	Obligationen	3 975
Aktien Fisher's Island Inc.	199 981	Wert Lebensversicherungs- und Pensionsansprüche	63 519
Grundbesitz	539 367	Grundstücke, Häuser und Einrichtungen (Anschaffungskosten abzüglich Abschreibung)	
Diverses	2 718	Key Biscayne 311 929	
Total Aktiven	988 509	San Clemente 571 167	
		Whittier 77 515	
		Möbel Washington 3 553	964 164
		Total Aktiven	1 512 957
PASSIVEN		PASSIVEN	
		Geschuldete Quellensteuer	355
Hypotheken, Darlehen	629 869	Laufende Zinsen	20 399
Steuerschulden Bundessteuer	37 987	Laufende Einkommensteuer	33 000
do. Einkommensteuer	7 351	Hypotheken	206 241
Offene Rechnungen	6 161	Schulden für San Clemente	264 440
Total Passiven	681 368	Total Passiven	524 435
VERMÖGEN am 1. 1. 1969	$ 307 141	VERMÖGEN am 31. 5. 1973	$ 988 522

Nach der Steuerordnung müßte er für sein Einkommen als Präsident — 200 000 Dollar — rund 110 980 Dollar Steuern zahlen. Aber durch Abschreibung von Hypothekarzinsen und anderen Ausgaben kam er 1970 mit einer Steuerzahlung von ganzen 793 Dollar und für 1971 mit 837 Dollar aus. Er schrieb insgesamt 576 000 Dollar für die von ihm dem „National-Archiv" überlassenen Korrespondenzen 576 000 Dollar ab. Experten, muß hier hinzugefügt werden, sind der Ansicht, daß diese ganze Makulatur überhaupt nicht abschreibungsfähig war, zudem gar keinen feststellbaren Wert besitzt. Die der Abschreibungstechnik dienende Schenkung war überdies rückdatiert worden, um der Einschränkung nach dem 1969 ergangenen „Tax Reform Act" auszuweichen.

Undurchsichtige Grundstücksspekulationen (Kauf: 37 000 Dollar, Verkauf nach 5 Jahren: 150 000 Dollar): Nach „Newsweek" führte Nixon, unter unhaltbarem Schenkungshinweis, die 25 %ige Gewinnsteuer nicht ab, indem er Richter Sirica in die Verkaufstransaktion einschaltete.

Der Milliardär Howard Hughes stiftete für Nixons Wiederwahlfonds 100 000 Dollar in „kleinen Banknoten". Überbringer war Nixons naher Freund „Bébé" Rebozo, der ihm beim Grundstückskauf mit erheblichem Darlehen behilflich wurde. Rebozo führte das Geld nie an die Wahlfondskasse ab, sondern gab es nach 3 Jahren — unverzinst — an den Spender Hughes zurück, zu dessen Gunsten John Mitchell, vormals Justizminister, dann Wahlfondspräsident, einen den Milliardär begünstigenden Anti-Trust-Entscheid fällte. Es liegt die Annahme nahe, daß die 100 000-Hughes-Dollar eine

„Starthilfe" für den Nixon-Wiederwahl-Fonds sein sollten.

Erwähnt sei noch ein Hinweis auf ein mysteriöses Darlehen von 205 000 Dollar an Nixons konkursreifen Bruder Donald, aber Genaueres liegt hier beweiskräftig nicht vor.

„Bébé" Rebozos Freund und Associé Robert H. Abplanalp und eine im Grundbuch nicht eingetragene „B & C Investment Co" gehörten mit zum Ensemble Nixonscher Terraingeschäfte. Natürlich war Abplanalp kein armer Mann, sondern Millionär. Das von „B & C" gewährte *ungesicherte* Darlehen ist mit 650 000 Dollar angegeben. Beim Verkauf von 4/5 bezahlte „B & C" für *diesen Teil*, zu dem *nicht* die Nixonschen Bauten mit Swimmingpool und anderen Anlagen gehörten, 1 249 000 Dollar, also 83 % des Einstandspreises des Präsidenten. Nixon erwies sich nicht nur als Steuersparkünstler, sondern auch als gewiegter Immobilienhändler.

Die Dokumentation der Nixonschen Finanzen verfehlte ihren Zweck. Abgesehen von den durch nichts gutzumachenden Steuerpraktiken stellte der demokratische Abgeordnete Jack Brooks aus Texas fest, daß „die Dokumentation plumpe Fälschungen enthält".

Inzwischen begann durch den Supervisor der County, in deren Gebiet San Clemente liegt, Robert Battin, auf Grund des feststehenden Steuerbemessungswertes des Besitztums eine Überprüfung des angegebenen Verkaufspreises, da die Grundbucheintragungen nicht mit dem Realwert übereinstimmten.

Eine weitere Untersuchung gelte den „für die Sicherheit des Präsidenten in Clemente" installierten Vorrichtungen. Es werde zu klären sein, ob der Einbau einer neuen Zentralheizungsanlage, Gartenpflege und Beschaffung von Düngemitteln als Investitionen zur Sicherheit Nixons verbucht werden durften.

Im Komplex der vielerörterten — und umstrittenen — Tonbänder hat Richter Sirica einen Entscheid getroffen, der seine Objektivität deutlich macht: er schloß all jene Aufzeichnungen auf Tonbändern zur Vorlage bei der Grand Jury aus, die sich nicht auf die Watergate-Affäre bezogen. Damit anerkannte er das „Amtsgeheimnis" zugunsten des Weißen Hauses für solche Tonbandaufnahmen, die außerhalb des Bereichs der Untersuchungen lagen, die er, der Sonderstaatsanwalt, die Grand Jury und die Senatskommission über das Watergate-Thema führten. Siricas Entscheidung kann, wenn es nicht durch höhere Instanzen aufgehoben und anders entschieden wird, als Präzedenzfall in Anspruch genommen werden. Andererseits wird von namhaften Rechtsgelehrten, wie etwa von Berger, bestritten, daß es im Falle von Strafverfahren irgendein Amtsgeheimnis gebe. Da der Pressesekretär Ziegler in einem Zivilprozeß, das vom Nationalkomitee der Demokratischen Partei gegen ihn angestrengt wurde, die Aussage mit der Begründung seiner Pflicht, ein Amtsgeheimnis zu wahren, verweigerte, ist möglicherweise erst später eine grundsätzliche Klärung der Frage zu erwarten. Rechtsanwalt Buzhardt erklärte jedenfalls im Auftrag seines Mandanten Nixon, dessen Genehmigung zur Aussage an Angehörige des Weißen Hauses bezöge sich nicht auf Zivilprozesse, so daß Ziegler die Aussage verweigern könne. Ob sich diese Ansicht auf lange Sicht wird durchsetzen lassen, scheint fraglich.

Das „Komitee zur Wiederwahl des Präsidenten" hatte

sich in aller Stille aufgelöst. Aus den Trümmern dieser skandalumwitterten Institution zugunsten Nixons blieb nur eine Reihe von Schadensersatzklagen in beträchtlicher Millionenhöhe übrig, die gegen die verantwortlichen Leiter der berüchtigten Wahlspenden-Sammleraktion eingeleitet wurden.

Die Zahl der gerichtlichen Verfahren überschreitet — rechnet man die noch in Vorbereitung befindlichen Meineidsklagen und die Steuerüberprüfungen wegen Nixons Angaben über Einkommen, Vermögen und Steuerabzüge hinzu — die Zahl 40. Die Abwicklung all dieser Verfahren — falls sie überhaupt bis zu den letzten Instanzen durchgefochten werden — ist erst in späteren Jahren unseres Säkulums zu erwarten.

***

1973, reich an wenig erbaulichen Ereignissen, ein Jahr der Enttäuschungen für all jene, die an Nixon geglaubt hatten und ihm vertrauten, und alle jene, die ihm glauben und vertrauen wollten — sie alle wurden, ob sie es zugaben oder bestritten, grausam enttäuscht.

Die Schlinge um die Watergate-Verbrecher und ihre Initiatoren zog sich enger und enger zu. Es gerieten mehr und mehr hohe und höchste Beamte, Vertraute und Berater des Präsidenten ins Scheinwerferlicht der öffentlichen Anklagen. Und mit der Neige des Jahres ging auch Nixons Popularitätskurve mehr und mehr zur Neige.

Persönlichkeiten, die Gelegenheit hatten, ihn im Oval Room des Weißen Hauses, seinen berühmten Salon, amtlich wie privat zu sprechen, berichteten einmütig über die Erscheinung und das Gehaben eines für all jene, die ihn noch vor kurzer Zeit begegnet waren, völlig veränderten, in wenigen Monaten um Jahre gealterten Mannes.

Diplomaten aus europäischen Hauptstädten machten die Erfahrung, daß der Präsident häufig den Faden des Gesprächs verlor, unsicher wurde, von einem Thema zum anderen wechselte, ohne einen Zusammenhang erkennbar werden zu lassen.

Ein nicht abreißender Streß lastete auf ihm, der Zwang, immer neue und immer unwahrscheinlichere Ausreden zu finden, offenkundige Tatsachen ebenso offenkundig unhaltbar falsch zu interpretieren.

Wenige Tage vor Weihnachten erreichte ihn die Mitteilung seines Beraters und Freundes Melvin Laird von dessen Entschluß, zurückzutreten. Nixon fragte einen zuverlässigen Verbindungsmann, ob Laird sich bereit finden könnte, seine Demissionsabsicht gar nicht erst publik zu machen, sondern sie zurückzunehmen. Oder, zumindest, sie hinauszuschieben, bis sich die Dinge beruhigt hätten. Die Antwort war abschlägig.

Brice Harlow, ein weiterer vertrauter Mitarbeiter des Präsidenten, erklärte sich einverstanden, seinen Rücktritt zeitlich etwas zu verzögern. Aber auch sein Entschluß sei unabänderlich.

Das Weiße Haus leerte sich. Die einen erwarteten ihre Strafprozesse, ihre Zitierung vor die Grand Jury. Andere waren sonstwo untergekommen. Manche waren einfach ausgeschert, auch wenn ihnen kein Prozeß drohte. Nur General Haig — von dem es hieß, er sei ebenso fotogen, wie Mac Arthur war, ohne ihm sonst zu gleichen —, der seinen Posten als Stellvertreter des

Generalstabschefs aufgegeben hatte, um die Nachfolge Haldemans anzutreten, hielt aus. Es hieß, er genieße eine sonst vom Präsidenten kaum sonst jemandem gewährte Ehrenbehandlung.

Nixon war vereinsamt. Ein rasch gealterter müder Mann, der sich ständig durch neue geharnischte Erklärungen seiner Kampfbereitschaft selber neuen Mut einzuflößen versuchte.

Als weiteres Weihnachtsgeschenk traf im Weißen Haus eine Forderung der Senatskommission zur Untersuchung der Watergate-Affäre ein, die nichts Gutes verhieß. Unter Androhung gerichtlicher Schritte — Zustellung einer Subpoena — verlangte die Kommission die Ausfolgung von etwa 500 Tonbändern, die sich in Verwahrung des „Secret Service" befanden, ebenso jener etwa 100 „anderen Dokumente und Unterlagen, die sich auf die Untersuchung über Watergate bezogen". Die Forderung deutete darauf hin, daß der Senatsausschuß seine Ende Februar 1974 ablaufende Verhandlungsperiode mit Sicherheit verlängern lassen wollte, eine Maßnahme, der im Kongreß eine Mehrheit sicher war. Auf einem „Nebenkriegsschauplatz" erreichte Ralph Nader, der schon die Auto-Industrie — und andere Wirtschaftsmächtige — das Fürchten gelehrt hatte, einen Erfolg, der für Nixon nichts als unangenehme Fragen bedeutete — und die Unfähigkeit, sie offen zu beantworten.

Naders Organisation war es gelungen, einen Gerichtsbeschluß zu erwirken, durch welchen ihr, als Vertreterin von Konsumenteninteressen, das Abspielen eines Tonbandes erlaubt wurde, auf dem Besprechungen im Weißen Haus mit Vertretern der „Milchproduzenten" aufgezeichnet waren, also jenen gebefreudigen Agrariern, die den Fonds für die Wiederwahl des Präsidenten mit einigen hunderttausend Dollar angereichert hatten. Einer der Hauptrechtsvertreter Naders ließ einen Teil dieses Tonbands, zur Erheiterung einer Cocktail-Party in Georgetown, laufen, was natürlich in Washington sogleich bekannt wurde. Ein Sprecher im Weißen Haus antwortete auf eine Frage, Nixon könne sich nicht erinnern, ob er in den Jahren, in denen er als Mitglied des Kongresses und Vizepräsident in Washington saß, staatliche *Einkommenssteuern in Kalifornien* bezahlt habe; er werde auch nicht in seinem Archiv nachforschen. Möglicherweise sei er nicht verpflichtet, Einkommenssteuern in Kalifornien zu bezahlen. . . .

***

Schon die ersten Tage des Jahres 1974 brachten Nixon neuen Kummer. Die Ergebnisse der Meinungsumfragen zeigten deutlich den weiteren Schwund der Amerikaner, die Nixon noch Vertrauen entgegenbrachten und seinen Beteuerungen, er sei schuldlos an den ihm angelasteten Missetaten, Glauben schenkten. Objektiv betrachtet, trug auch sein Verhalten in zunehmenden Maße dazu bei, ihn unglaubwürdig zu machen: prüfte man die gegen ihn vorliegenden, erwiesenermaßen als richtig befundenen Anschuldigungen, so konnte nicht mehr die Frage gestellt werden, ob er schuldlos oder berechtigterweise der Mißachtung von Gesetzen und bindenden Verhaltensweisen überführt sei, sondern nur noch, ob es sich um strafgesetzlich erfaßbare Tatbestände oder „nur" nah dabei angesiedelte handle.

Am 24. Januar beschloß die Senatskommission zur Untersuchung des Watergate-Falles mit den 4 Stimmen ihrer demokratischen Mitglieder gegen die 3 Republikaner, die Hearings fortzusetzen. Die republikanischen Mitglieder wollten die Untersuchungen abbrechen, denn alles, was sie zutage förderten, schadete nicht nur Nixon, sondern der Republikanischen Partei als Gesamtheit. Aus vertraulichen Informationen war bekanntgeworden, daß die Republikaner, als unmittelbare Folge der Nixon-Watergate-Affäre — die zu einer Einheit geworden war —, erhebliche Schwunderscheinungen auf der ganzen Linie hinnehmen mußten. Alles deutete darauf, daß Wahlen welcher Art immer zu einem Erdrutsch zugunsten der Demokraten führen würden.

Auch Nixons neuer Attorney General äußerte, er „sehe unsicher in die Zukunft". Ein Ausspruch wurde kolportiert: „Meine Ernennung ist für mich wie eine Passage zu einer Reise an Bord der Titanic". . . Bis zur Ernennung von Saxbe hatte Nixon bereits 4 „reguläre" und 2 „interimistische" Justizminister konsumiert — ein Rekord in der Justizminister-Verbrauchsskala aller 37 amerikanischen Präsidenten.

* * *

Gegen Ende Januar legten die Elektronik-Experten während der vier Tage währenden Session in Richter Siricas Amtszimmer die Gesamtergebnisse ihrer Prüfarbeiten vor. Sie entsprachen vollumfänglich den schriftlichen Gutachten und führten zu der Feststellung, daß die Tonband-Leaks auf bewußter und absichtlich herbeigeführter Manipulation beruhten. Aber bei den weiteren Erhebungen im Anschluß an diese Beweisaufnahmen wurden Einzelheiten bekannt, die das isoliert fachlich-sachliche Gebiet zu sprengen geeignet schienen und Umrisse einer menschlichen Tragödie andeuteten, für die es keine Beweise, aber tiefreichende Vermutungen zu geben schien.

Kühl und sachlich bleibt zu konstatieren, daß — wie TIME MAGAZINE am 28. Januar 1974 es formuliert — „spätestens Ende Oktober 1973 noch Anstrengungen unternommen wurden, Beweismittel im Watergate-Skandal in den innersten Bereichen des Weißen Hauses zu verheimlichen". Eine schwerwiegende Feststellung. Voll verantwortet von TIME MAGAZINE, nicht dementiert, mit gravierenden Einzelheiten aus den Weiterungen zu erheblichem Verdacht belegt. Es wäre unzutreffend, sie als unmittelbar gegen Nixon gerichtet zu verstehen. Es wäre aber nicht minder falsch, seine Person außerhalb dessen zu sehen, was eine sorgfältige Analyse weiterer Ermittlungsergebnisse ans Tageslicht förderte. Die etwas geraffte Sachlage ergab, nach den neuesten Ergebnissen der Nachforschungen und den erhärteten Tatsachen, einerseits eine kaum als glaubhaft faßbare Kriminalität und andererseits einen seelischen Konflikt, der Dostojewskis Feder bedürfte, um dargestellt zu werden.

Man muß es schon als eine historische Episode bezeichnen, daß FBI-Agenten im Weißen Haus Ermittlungen und Einvernahmen durchführen konnten, um Nixons engste Berater „zu verhören" — („quizzing", im Sinne etwa von „ausquetschen") — „auf der Suche nach Leuten, die kriminelle Akte begangen haben". Diesmal erfolgte die Untersuchung sanktioniert durch Richter Sirica, der angeordnet hatte, „alle gefundenen Beweismittel der Grand Jury zwecks eventueller Anklageerhebung zu übergeben". Anders als bei der FBI-Intervention kurz nach dem Watergate-Einbruch im Juni 1972 hatten diesmal die FBI-Agenten einen Hauptverdächtigen: den Präsidenten selbst.

Nach den nunmehr vorliegenden Ergebnissen dieser neuesten Nachforschungen — Einsatz einer speziellen Bandapparatur und eines speziellen Aufnahme-Tonbands sowie unter der Voraussetzung daß „die Aufzeichnungen des Weißen Hauses genau sind, besaßen insgesamt nur 3 Personen zu der speziellen Apparatur und dem speziellen Tonband Zugang während der verdächtigen Zeitspanne: Stephen Bull, Spezial-Assistent des Präsidenten, Mary Rose Woods, Nixons Sekretärin während 23 Jahren, und — Nixon selber."

Die Annahme ist gerechtfertigt, daß weder Bull noch Miß Woods die Manipulation der teilweisen Löschung ohne Wissen Nixons unternommen hätten — es sei denn, um ihn „vor den Sätzen zu schützen, die auf dem Tape aufgenommen worden waren". Es konnte auch sein, Bull wollte durch das Löschen belastender Texte seinen früheren Boß, Stabschef Haldeman als Nixons Gesprächspartner abschirmen. Manches ist möglich, nur keine „unschuldige Erklärung für das Löschen der Teile des Bandes, auf welchem jene Konversation aufgezeichnet war, die nur 72 Stunden nach dem Watergate-Einbruch stattgefunden hatte".

Am Rande vermerkt: nach Bekanntwerden des Expertengutachtens über die erwiesene Absichtlichkeit der Lösch-Manipulation, ergab eine Gallup-Meinungsumfrage:

Für einen Rücktritt Nixons stimmten 47 % und nur noch 26 % zu seinen Gunsten. Es war das der tiefste Stand bisher.

Maßgebende Senatoren äußerten nach dem Bekanntwerden der Ergebnisse der Untersuchung der Tonbandaffäre ebenfalls, es sei an der Zeit, daß der Präsident sein Amt niederlege.

TIME: „Nach allen Unschuldsbeteuerungen Nixons, seinen vielfachen Versprechungen, volle Aufklärung zu geben, seinen Beteuerungen, zur Wahrheit zu gelangen, beseitigte auch weiterhin jemand, der dem Präsidenten sehr nahe stand, Beweismittel, behinderte die Gerichtsbarkeit und log über das Verbrechen." Nach den minuziösen Erläuterungen der Elektronik-Experten versuchte Nixons neuer Rechtsanwalt, James St. Clair, ein Bostoner Strafverteidiger, der seit dem 1. Januar den Watergate-Komplex für den Präsidenten bearbeitete — im Gegensatz zu der bisherigen Taktik der Nixon-Anwälte Buzhardt und Garment — nicht nur offensiv, sondern aggressiv aufzutreten. Seine Bemühungen scheiterten an den nicht zu erschütternden Gutachten. Die „Drohung" St. Clairs mit Gegen-Sachverständigen blieb auf dem Papier.

Auf Befragen Richter Siricas berichtete Louis B. Sims, Chef der „Technischen Sektion des Secret Service im Weißen Haus", über Einzelheiten der Installation der Abhörvorrichtungen. Dabei gab er den „Sommer 1970" als ihren Beginn an, erhärtete damit die Aussage Butterfields und widerlegte den vom Weißen Haus angegebenen späteren Zeitpunkt. Sims bestätigte, daß 4 Aufnahmegeräte der Marke „Uher Universal 5000" und eine „SONY-800-B" im Betrieb waren. Wenn die

„Löschungen" auf dem Uher-Gerät erfolgten — wie die Experten ermittelt hatten —, so konnte die Manipulation „nur am 1. Oktober oder nachher vorgenommen worden sein, da der Uher-Universal 5000 am 1. Oktober erstmals in Betrieb genommen worden war. Spätestens konnte die Löschung am 12. November erfolgt sein, da an diesem Tage Ray Zumwalt, ein Assistent von Sims, die Maschine wegen eines Defekts geprüft und festgestellt hatte, daß ihr Aufnahmemechanismus nicht funktionierte.

Der Versuch Anwalt St. Clairs, diesen sachverständigen Zeugen ebenso „in die Zange zu nehmen" wie sieben andere, schlug fehl. Richter Sirica verkündete: „Kein Verbrechen wurde bewiesen und kein Individuum einer Straftat schuldig befunden, aber es ist die wohlüberlegte Meinung des Gerichts, daß eine bestimmte Möglichkeit ungesetzlichen Verhaltens einer oder mehrerer Personen gegeben ist. Eine Grand Jury soll nun entscheiden, ob Anklagen angebracht sind." Die möglichen Verbrechen: Behinderung der Justiz, Beseitigung von Beweismitteln, Mißachtung des Gerichts durch Nichtbereitstellung von Beweismitteln und Meineid bei den Einvernahmen in den Gerichtsverhandlungen zwecks Tatsachenfeststellungen in Sachen der Tonbandaufnahmen.

Vor Problemen stehen der Sonderstaatsanwalt Jaworski und der Direktor des FBI bei den Ermittlungen über die Tonbänder. In vielen Überlegungen bildet die zentrale Frage die Rolle der Nixon-Sekretärin Woods, vermutlich die tragischste Gestalt in diesen Untersuchungen. Leistete sie Beihilfe zur Vernichtung von Beweismitteln (der Tonbandaufzeichnungen durch teilweise Löschung) — zur Tat bewogen durch ihre während eines langen Lebensabschnitts für den Präsidenten bekundete Loyalität? Oder war sie — fragt TIME MAGAZINE — „das gewollte Opfer einer Operation des Weißen Hauses?" Der Rechtsbeistand von Miß Woods, Charles Rhyne, bejahte diese Annahme. Er tat es, nachdem Richter Sirica auf Wunsch des Anwalts ihm Einblick gewährte in die versiegelte Niederschrift einer Aufzeichnung über eine Sitzung, an der im Amtszimmer des Richters Anwälte des Weißen Hauses und Staatsanwälte am 21. November teilgenommen hatten. Bemerkenswert war, daß Miß Woods, bis dahin von Nixons Anwälten vertreten, auf deren Anraten und nunmehr auf ihre eigenen Kosten auf eine weitere Beratung durch die Präsidentenanwälte verzichtete und sich den Rechtsanwalt Rhyne erwählte, mit dem sie eine langjährige Freundschaft verband.

Durch sein Eingreifen wurde bekannt, daß bei dem Meeting in Richter Siricas Amtszimmer der Nixon-Anwalt Buzhardt die Erklärung abgab: „. . . Nach allem, was wir derzeit wissen, konnte die Löschung von 18 Minuten auf dem Tonband nicht zufällig erfolgen." Buzhardt mußte auf Befragen zugeben, daß er „Miß Woods über seine Erklärung betreffend die nicht zufällige Tonbandlöschung nicht informiert hatte". Sie nahm an, Buzhardt und Garment hätten sie als auch ihre Anwälte im früheren Termin vertreten. Beide Anwälte sagten aus, dies träfe nicht zu. Aber offenkundig kommt es nicht darauf an, wie die Frage formaljuristisch zu beantworten ist, sondern nur darauf, daß Miß Woods guten Glaubens war, die beiden Nixon-Anwälte seien ebenfalls ihre eigenen gewesen. Als Zeugin sagte sie dann unmißverständlich, ihre Annahme, Buzhardt und Garment seien ihre Rechtsanwälte, sei ein entsetzlicher Irrtum gewesen. Nach Anwalt Rhyne kam das Verhalten dieser beiden Nixon-Anwälte gegenüber Miß Woods einem für sie abgegebenen Schuldbekenntnis (fast) gleich.

Sämtliche angestellten und mit äußerster Präzision vorgenommenen Überprüfungen der Zeitangabe in Bezug auf die Bandaufnahmen, die Löschungsintervalle und alle sonst ermittelten Zeitmessungen bewiesen schlüssig, daß die Angaben von Miß Woods unmöglich stimmen konnten.

Staatsanwalt-Stellvertreter Richard Ben-Venise wies zusätzlich auf ungeklärte Fragen hin im Zusammenhang mit einer Reise, die Miß Woods „zu einer Presidential Party" am 4. Oktober nach Key Biscayne unternommen hatte. Sie war erst vier Tage später nach Washington zurückgekehrt. Bei dieser Reise kam es in Bezug auf das Uher-Gerät und die Tonbänder, deren Ausfolgung durch eine Subpoena gerichtlich gefordert worden war, zu verschiedenen Interpretationen über die Aufbewahrung der Aufnahmeapparatur und der Tapes. Für dieses Material lag die Verantwortung bei Bull, der als Zeuge beträchtliche Gedächtnisschwächen bekundete. Er erinnerte sich an keine Einzelheiten. Gerät und Tapes wurden „dann" in einen Safe in der Villa von Miß Woods verschlossen und von einem Secret-Service-Mann rund um die Uhr bewacht.

Ben-Venise stellte dann, als Ergebnis seiner Ermittlungen, an Bull die Frage, was er am 5. Oktober um 1.58 Uhr, also 2 Stunden nach Mitternacht, am Safe mit dem Gerät und den Tonbändern in der Villa von Miß

Woods zu tun gehabt hatte. Bull konnte sich nicht erinnern. Nach genauerem Befragen meinte er, Miß Woods habe ihn zu sich beordert und ihn gebeten, ihr beim Öffnen des Safes zu helfen.

Ben-Venise hatte noch eine andere Überraschung bereit: er berichtete, zwei von Nixon dem Sonderstaatsanwalt ausgehändigte Tonbänder wiesen ebenfalls gelöschte Stellen auf. Die Bänder enthielten Gespräche Nixons mit Mitchell und Dean. Nach Ansicht Buzhardts seien solche „Leerstellen oder nicht verständliche Geräusche" durch „unkoordinierte" Bewegungen Nixons entstanden. Richter Sirica verfügte, daß auch diese Tonbänder von den sieben Experten überprüft werden sollten.

Das Problem der Tonbandmanipulation blieb bisher ungelöst. Es ist auch nicht abzusehen, welche weiteren Machenschaften noch festgestellt und bewiesen werden. Es ist ebenfalls ungewiß, ob die — nach Richter Siricas Definition — „verbrecherischen Handlungen" auf jene zurückgeführt werden können, die sie begangen haben. Aber schließlich ist die Identifizierung fast von sekundärer Bedeutung, da der Kreis, der sie begangen hat, begangen haben *muß*, äußerst klein ist. Nach den Ermittlungen handelt es sich um nur drei Personen. Selbst wenn es vier oder fünf sein sollten, so ändert es nichts daran, daß solche Verbrechen im Weißen Haus und von Leuten des Weißen Hauses verübt wurden.

Kriminologen haben, nach dem Anwaltswechsel von Miß Woods, die Überlegung angestellt, ob etwa die abgelaufenen Ereignisse stärker auf die langjährige Sekretärin einzuwirken vermöchten als ihre Treue und Loyalität. Allerdings muß dies Problem auch noch aus einem anderen Blickwinkel gesehen werden. Würde Miß Woods ihre Aussage grundlegend ändern, so wäre sie dadurch unvermeidbar einer Anklage wegen Meineids ausgesetzt. Ob die Rechtslage die Möglichkeit böte, sie als Kronzeugin aufzubieten und damit weitgehend vor Strafe zu bewahren, ist schwer zu entscheiden. Prämisse wäre, daß sie Mitschuldige, also Mittäter, durch ihre Aussage der gerichtlichen Strafverfolgung auslieferte. Und zwar alle, denn nur dann käme sie in den Genuß der Vorzugsbehandlung, die einem Kronzeugen gesichert ist. Und noch eine Bedingung wäre zu erfüllen: die Preisgabe sämtlicher Anstifter und sämtlicher Mitwisser. Und dabei bliebe zu erwägen, daß im amerikanischen Strafrecht die Strafe auch Mitwisser „nach der Tat" trifft: „accessory after the fact . . ."

„Dieser Mann ist ein Gauner, keine Frage!"

Der Fall des Vizepräsidenten Agnew

Die Affären des „zweiten Mannes" der USA, ihres Vizepräsidenten Spiro Agnew gehören nicht unmittelbar zum Watergate-Skandal. Dennoch sind sie ihm verwandt, denn die gleiche korruptive Mentalität verbindet die kriminellen Vergehen der Entourage Nixons mit den ebenbürtigen seines Stellvertreters. Gewiß ist Nixon Agnew nicht gleichzusetzen, und er trägt an dessen eigenen kriminellen Handlungen keine wie immer geartete Verantwortung oder Mitverantwortung. Aber ein Vizepräsident der Vereinigten Staaten von Nordamerika, den Staatsanwalt James R. Thompson schlicht und einfach mit dem Ausruf „Gauner!" charakterisieren durfte, ohne deswegen etwa belangt zu werden, ist doch nur zu verstehen in einem gewissen ideologischen Zusammenhang mit dem Präsidenten selbst, der bei seiner Flucht vor den gegen ihn erhobenen Verdächtigungen — hilflos, wie es schien — in den Satz ausbrach: „Ich bin kein Gauner!"

Es dürfte der erste Präsident eines Staates gewesen sein, der es für nötig hielt, sich selbst zu bescheinigen, kein Gauner zu sein. Denn wer hatte ihn überhaupt als Gauner apostrophiert? Niemand. Galt also dieser Satz einer etwa vorweggenommenen Anklage, er sei ein solcher? Könnte sich jemand vorstellen — wie immer eine Situation auch sein möge —, daß ein Staatsoberhaupt — und wäre es das eines grotesk operettenhaften Staatsunwesens — sich selber mit der Versicherung zu reinigen suchte, kein Gauner zu sein? Man versuche sich auszumalen, Pompidou oder Franco, Podgorny oder Heinemann könnten je in eine dermaßen hoffnungslose Situation geraten, daß ihnen nur übrig bliebe, zu versichern, keine Gauner zu sein . . .

So verschieden solche Charakterisierung als „Gauner" in diesen beiden Wortanwendungen auch erfolgte, so nah sind sie doch verbunden durch eine atmosphärische Gemeinsamkeit, der sich kein Chronist entziehen kann. Freilich, der Unterschied besteht darin, daß Agnew rechtskräftig als Gauner abgeurteilt wurde, während Nixon noch Präsident der USA ist — ein Rang, der ihn deutlich von einem Gauner unterscheidet. Eine andere Frage ist es, ob er sich dieses Unterschieds dadurch besonders bewußt zu werden versuchte, daß er Zuflucht in die Negierung einer Beschimpfung suchte, die ihm noch niemand angetan hatte.

Die Affäre Agnew ist ein durchaus integrierender Teil des als korruptiv zu bezeichnenden Verhaltens einer sogenannten politischen Elite Amerikas: er offenbart deutlich genug die üble Verquickung von Politik und Großunternehmertum.

Selbst die nur im Rahmen eines kurzen Berichts mögliche Darstellung der Geschehnisse im Falle Agnew gibt dem Fall Watergate — wie diesem vorangegangenen ähnliche, nur in der Dimension an ihn nicht heranreichende — notwendig ergänzende, schärfere Konturen.

Bei einer Pressekonferenz, die Mitte August 1971 völlig unvorhergesehen von Agnews Sekretariat einberufen worden war, teilte der „zweite Mann" des Staates den erstaunten Zuhörern mit, es sei gegen ihn ein Ermittlungsverfahren wegen „angeblicher strafbarer Handlungen" eingeleitet worden. Sie seien „selbstverständlich völlig unbegründet". Auf Fragen gab er an, die Maßnahmen bezögen sich auf unerlaubte Handlungen, die er während seiner Dienstzeit 1962/66 als Exekutiv-Beamter der County of Baltimore und von 1967/68 als Gouverneur des Bundesstaates Maryland begangen haben solle. Weiter befragt nannte er als Anschuldigungen — „ohne jedes Fundament" — Delikte der Steuerhinterziehung, der Erpressung, der Bestechung und der Verschwörung (Verschwörung ist im amerikanischen Sprachgebrauch keineswegs immer eine Verschwörung gegen den Staat oder eine Person, sie kann auch „nur" eine Zusammenarbeit zur Benachteiligung der Justiz bedeuten). Auf eine gezielte Frage erwiderte Agnew: „Es ist eine verdammte Lüge, daß ich jemals für irgendwelche ‚Fonds' monatlich 1000 Dollar angenommen hätte." Er fügte hinzu: „Ich halte es für ausgeschlossen, daß ich je angeklagt werde."

Trotz dieses Optimismus wirkte die „Ankündigung" nachhaltig. Sogleich begannen Spekulationen über Rückwirkungen der Ermittlungen gegen Agnew auf das Weiße Haus und auf den Präsidenten selbst.

„Was sonst noch?! Was nächstens?! fragte TIME und gab damit einer sich ausbreitenden Massenmeinung Ausdruck: „Es ist eine Krise ohne Beispiel, und niemand vermag zu sagen, ob das Vertrauen in die Führung jemals wieder hergestellt werden kann." Bei einer Mitgliederversammlung der Rechtsanwaltskammer in Washington sagte ein prominenter Richter des Supreme

Court: „Die Laxheit im öffentlichen Leben nimmt zu und bedroht das Überleben der Nation. Wir haben als Folge eine konsequente Angst um die Demokratie, auf die wir so stolz waren."

Erste substantiellere Informationen sickerten in die Öffentlichkeit. Agnew führte sie auf Indiskretionen der Staatsanwaltschaft zurück, doch seine Dementis waren, wiewohl kaum merkbar, weniger hart als nach der Selbstankündigung der gegen ihn ergriffenen Maßnahmen. Er, der wenige Wochen zuvor Nixon eine nachdrückliche Vertrauenserklärung abgegeben hatte, erhielt vom Präsidenten keine auch nur annähernd ähnliche Unterstützung. Nixon spendete seinem Stellvertreter keinen Vertrauensbeweis: nur eine sachlich kühle, für den aufmerksamen Zeitgenossen nichtssagende Formalität — er verteidigte ihn nur für die Dauer „seiner Amtszeit".

Nachrichten schon konkreterer Art erreichten die Presse. Agnew führte sie darauf zurück, daß der Staatsanwalt in der gegen ihn angelaufenen Untersuchung, George Beall — einem alten Maryland-Clan angehörend, Bruder des Senators G. Glenn Beall, — sich an ihm rächen wolle, weil eine alte Fehde zwischen beiden bestand. Agnew hatte Bealls Nominierung so lange wie möglich behindert. Aber Beall wischte diese Interpretation vom Tisch: er vertrete die Interessen des Staates gegen Elemente, die der Korruption verdächtig seien. Um rasch schlüssige Beweismittel zu erlangen, ließ er Agnew durch eine „Subpoena" zur Herausgabe seiner Steuerunterlagen vom Jahre 1967 bis zum Datum der Zustellung auffordern. (Subpoena: Vorladung als Zeuge, eventuell mit der Auflage, alle damit zusammenhängenden Schriftstücke, Beweismittel, Steuererklärungen, Unterlagen aller Art, auch Tonbänder und andersgeartete Dokumente, bei der Einvernahme vorzulegen. Die Subpoena-Vorladung besitzt nur Gültigkeit, wenn sie dem Betroffenen durch eine befugte Amtsperson „in die eigenen Hände" gegeben wird.)

Agnews Anwälte hofften, dieser Maßnahme dadurch zu entgehen, daß sie für ihren Mandanten jenes „Executive Privilege" verlangen wollten, welches auch Nixon geltend machte, um die in der Watergate-Affäre sich gegen ihn häufenden Gefahrenmomente zu blockieren, indem er seinen „gegenwärtigen und früheren Beamten untersagte, irgendwelche Aussagen über vertrauliche Gespräche mit ihm zu machen". Aber schon für Nixon erwies sich diese Auslegung des „Executive Privilege"-Begriffs als fragwürdige Interpretation, und Agnew mußte auf diesen Ausweg verzichten.

Die ersten Ermittlungen waren schon im Januar in die Wege geleitet worden. Für Staatsanwalt Beall waren die bei ihm angelangten vertraulichen Informationen um so gravierender, als er bereits seit geraumer Zeit Kenntnis von Millionenschiebungen bei der Vergabe großer städtischer und bundesstaatlicher Bauaufträge besaß. In wenigen Wochen häuften sich in seinen Regalen die Aktenordner, die eine Reihe namhafter Baufirmen schwer belasteten, wobei es stets um maßlos überhöhte Preise und massive Bestechungsgelder ging. Um rasch anklagereifes Material zusammenzutragen, gab die Staatsanwaltschaft einigen verdächtigten Bauschiebern die Chance, sich als schuldig zu bekennen, auszusagen und billiger wegzukommen, als es bei regulärer Verurteilung der Fall gewesen wäre.

William E. Fornoff war bereit, zu kooperieren. Er bekannte sich schuldig der Steuerhinterziehung und der Zahlung von Schmiergeldern an „einen hohen Regierungsbeamten". Richter Alexander Harvay II hielt die Sentenz in Suspens — wie es Richter Sirica bei Watergate-Kriminellen getan hatte —, um eine intensivere Kooperation des Angeklagten mit Beall zu fördern. Und bald standen weitere „erstrangige" Baufirmenchefs unter Anklage: Jerome Wolff, Harry W. Rodgers, I. H. „Budd" Hammerman II, Lester Matz.

Wolff und Matz verstanden den Wink des Richters, und sie sagten — sich selbst zu strafbaren Handlungen bekennend — aus: Agnew habe von ihnen „substantielle Geldzuwendungen erhalten". Bemerkenswert ist die Tatsache — und bezeichnend für die „Tiefenwirkung" der Nixon-Mentalität — daß gegen den Bau-Tycoon Harry W. Rodgers die Ermittlungen eingestellt wurden. TIME wußte zu berichten: auf eine Beschwerde Rodgers' wegen der gegen ihn von Beall eingeleiteten Untersuchung informierte W. Richard Howard, Assistent des Präsidentenberaters Charles W. Colson, den Rechtsberater Nixons, John Wesley Dean III, über das „dem Wahlhelfer Rodgers" drohende Verfahren, woraufhin Dean im Department of Justice „intervenierte". Ob mit oder ohne Erfolg, bleibt eine offene Frage. Die Einstellung der Ermittlungen erfolgte vielleicht aus anderen Erwägungen als jenen des Eingriffs des Weißen Hauses. Für Rodgers war das Rennen jedenfalls „gelaufen".

Die Bauaufträge erreichten Summen bis zu 220 000 000 Dollar. Bei einem Objekt kletterten die „nach dem Vertrag jegliche Kostenüberschreitungen ausschließenden Endsummen um 40 000 000 über den Festpreis".

Um die eigene Haut — so gut es noch ging — zu retten, packten die in die Enge getriebenen „Contractors" gegen Agnew aus. Befragt, wie es mit den „Geldern für den Wahlfonds" — dem „Titel", unter welchem die Schmiergelder gegeben worden waren — nun stehe, erklärte Agnew, fern den harten Dementis: „Wer immer etwas mit der politischen Szene in den USA zu tun hatte, wäre naiv, würde er annehmen, daß solche Spenden nicht von Vertragsfirmen kommen, die mit einer Bundesstaats- oder der Bundesregierung in Geschäftsverbindung stehen!"

Ein dritter Schmierzeuge meldete sich: Allan I. Green, Inhaber einer Ingenieurfirma in Maryland, einer der nahen Freunde Agnews, bekannte sich ebenfalls zu Zahlungen, die er diesem sowohl als Gouverneur des Bundesstaates Maryland wie auch als Vizepräsidenten der USA geleistet habe.

Die Schmiergelder wurden Agnew manchmal in seinem vizepräsidentiellen Amtsbüro, bisweilen bei anderen Gelegenheiten ausbezahlt.

Agnews Schicksal schien besiegelt. Gegen drei eidfeste Zeugen gab es keine wirksame Abwehr. Ein Leugnen konnte die Lage jenes Mannes, der mit dem Schlachtruf „Law and Order" den Großkampf gegen Fortschritt und alle progressiven Kräfte entfacht hatte, nicht mehr retten. Der Attorney General, damit als „Justizminister" Kabinettsmitglied in Nixons Regierung, teilte persönlich dem „zweiten Mann im Staat" mit, daß sich ein Verfahren mit dem Ziel des „indictment" gegen ihn abzeichne. Das bedeutete schimpfliche Absetzung im Falle eines Schuldspruches — an dem nicht zu zweifeln war.

Der Weg Agnews — einst „Mister Saubermann" genannt — führte geradewegs vor eine Grand Jury.

Es war kaum ein halbes Jahr vergangen, seit Agnew sich eine 190 000 Dollar teure 12-Zimmer-Villa in Bethesda, Bundesstaat Maryland, gekauft und so eingerichtet hatte, wie es seinem Rang entsprach. Der „Secret Service" installierte auf seine Anordnung eine elektronisch gesteuerte Warn- und Sicherheitsanlage, deren Rechnung allein 39 000 Dollar betrug und von der Staatskasse bezahlt wurde. Nahe der Villa lagen die Tennisgrounds des vornehmen Linden Hill Club, und der Burning Tree Golfklub stand dem Ehrengast ebenso zur Verfügung. Das Leben des Spiro T. Agnew war schön, auch wenn er — wie gelegentlich geraunt wurde — nicht immer prompt bei Kasse war. Unentschieden blieb die Frage, ob er zu viel ausgab oder zu wenig verdiente.

Die Überprüfung der auf zwölf Kisten angewachsenen Agnew-Belege erhärtete Agnews Schuld im Sinne der Anklage. Aber als die dreiundzwanzigköpfige Grand Jury zusammentrat, fehlten — die Richter. Stanley Blair, Stabschef während Agnews ersten zwei Vizepräsidentschaftsjahren, zog sich zurück. Ihm folgten andere Distrikts-Richter, die sich ebenfalls für befangen erklärten. Schließlich ernannte Clement F. Haynsworth jr. den Richter des Bundesgerichtsdistrikts Virginia Walter E. Hoffmann zum Präsidenten der Grand Jury.

Das Schicksal nahm seinen Lauf. Auch Agnews Versuch, durch Beantragung einer Senatsuntersuchung gegen sich das Gerichtsverfahren zumindest zu blockieren, schlug fehl. Sein „Argument", die Verfassung schlösse ein ordentliches Gerichtsverfahren gegen einen amtierenden Vizepräsidenten aus, wurde vom Senat nicht einmal diskutiert. Sein zweites „Argument", gegen ihn sei eine so vergiftete Atmosphäre entstanden, daß kein ordentliches Gericht fair urteilen könnte, fand überhaupt keine Resonanz. Der Mann, der sich als Vorkämpfer gegen alles Liberale, gegen Studenten und progressive Wissenschaftler, gegen Pazifisten und Journalisten empfohlen hatte — die er „vergammelte Äpfel, die man wegwirft", „hoffnungslos heuchelnde Hysteriker der Historie" oder „nörgelnde Nabobs des Negativismus" geschimpft hatte — mußte vor das Bundesgericht in Baltimore treten.

„Oyez, Oyez, Oyez" — dröhnte des Gerichtsdieners sonore Stimme in den Saal, und ihr folgte der traditionelle Seufzer: „Gott schütze die Vereinigten Staaten!" Und nach diesem alten feierlichen Zeremoniell verurteilte Richter Walter E. Hofmann den Angeklagten Spiro T. Agnew, da er sich der Steuerhinterziehung schuldig bekannt hatte, zu drei Jahren Gefängnis mit Bewährung und zu 10 000 Dollar Buße. Der Vizepräsident der Vereinigten Staaten wurde zu einem rechtskräftig verurteilten Steuerdefraudanten. Anstatt ins Weiße Haus zurückzukehren, trat Spiro T. Agnew ein ins graue Heer der Vorbestraften. Allerdings sprachen manche sogenannten Insider bereits von Angeboten industrieller Unternehmen, die ihn in ihre Dienste nehmen wollten. Aber es war nichts Konkretes über solche Offerten zu hören. Völlig unwahrscheinlich klangen sie nicht. Vermutlich gingen die Interessenten davon aus, daß Agnew in einer neuen Position seine besonderen Fähigkeiten mit größerer Vorsicht und zum besseren Nutzen ihrer Firmen auswerten könne.

Schon während des Näherrückens der Grand-Jury-Gefahr hatte Fred Buzhardt diskrete Fühlung mit dem Department of Justice aufgenommen. Der Attorney General Elliot Richardson beriet sich mit den höchsten Spitzen seines Amtes. Eine Verständigung bahnte sich an — zweifellos gegen den Willen des Staatsanwalts, der „seinen" Prozeß haben wollte. Aber Richardson führte ein strafprozessual gewichtiges Argument in die Diskussion ein: es könne überaus lange, unter Umständen mehrere Jahre dauern, ehe der Strafprozeß bis zur Urteilsfindung gedeihen würde. Die Möglichkeiten für Agnews Verteidiger, den Prozeß sehr weit hinauszuziehen, konnten und durften nicht übersehen werden. Zeugen, Gegenzeugen, noch weitere Zeugen, Sachverständige des Steuerrechts, Buchhaltungsexperten — immer neue Termine und Verzögerungen: niemandem konnte damit gedient sein. Solange Agnew nicht rechtskräftig verurteilt worden wäre, müßte er als schuldlos gelten. Unabsehbare Konsequenzen zeichneten sich ab, zum Schaden der Strafrechtspflege und der demokratischen Institutionen. Der Kompromiß — ein Kuhhandel nach den Begriffen aller Strafgesetze und aller Strafprozeßordnungen, mit Ausnahme jener der USA — schützte Agnew vor dem Einsitzen und bewahrte die Justiz vor einem langwierigen Gerichtsverfahren.

Nichts konnte freilich die Tatsache ungeschehen machen, daß ein Mann, der in höchsten Ämtern niedrigste Gaunereien beging — (würde er nicht gewiß gewesen sein, durch unwiderlegbare Schuldbeweise überführt zu werden, so hätte er das Gerichtsverfahren nicht um jeden Preis gemieden) — nur wegen eines Steuer-Deliktes verurteilt wurde, das eine Bagatelle darstellte gegenüber den Verbrechen der Erpressung, der Bestechung und der Verschwörung.

Die zurückhaltende NZZ berichtete über die entscheidende Phase des Vergleichs aus Washington am 11. November. Aufschlußreich ist die sehr genaue Formulierung, mit welcher das „Abkommen" dem europäischen Leser nähergebracht wird:

Indirektes Schuldgeständnis

„Agnew hat am Mittwoch vor dem Bundesgericht in Baltimore sich gegenüber den gegen ihn erhobenen Anschuldigungen auf ein *„no contest"* beschränkt oder, wie es im normannisch-britisch-amerikanischen Juristenlatein heißt, „nolo contendere" plädiert. Das kommt, wie Richter Hoffmann betonte, einem Eingeständnis der Schuld gleich. Das Urteil lautet auf drei Jahre Probezeit und 10 000 Dollar Buße. Die Probezeit gilt nicht für die Buße, die nicht aufgeschoben wird, sondern für eine Gefängnisstrafe von bis zu fünf Jahren, die nicht über Agnew verhängt wurde.

Das *Abkommen* zwischen Agnew und dem Justizministerium, das die Strafe begrenzt, aber ihre Annahme durch Agnew und seine Demission als Vizepräsident voraussetzt, ging aus zähen Verhandlungen hervor. Dieses „Plea Bargaining" ist charakteristisch für die amerikanische Rechtsprechung; es kann als eine Ausweitung des Grundsatzes betrachtet werden, daß ein Geständnis als *Strafmilderungsgrund* anerkannt wird. Aber es kann Rechtsungleichheiten und Ungerechtigkeiten zur Folge haben. Im Falle Agnews schließt die Vereinbarung zwischen Anklägern und Beklagtem nicht aus, daß dieser durch das Steueramt zur Nachzahlung hinterzogener

Steuern aufgefordert wird. Auch könnte Agnew wegen Verstößen gegen das Steuerrecht des Staates Maryland noch belangt werden. Ob das getan wird, steht im Ermessen der Staatsbehörden.

Geld

Um einer Legendenbildung zuvorzukommen, hat Justizminister Richardson ein vierzig Seiten langes Dokument veröffentlicht, in dem die Agnew zum Vorwurf gemachten Handlungen aufgezählt werden. Dieses Beweismaterial war der Grand Jury vorgelegt worden. Bevor diese jedoch in aller Form Anklage erheben konnte, kam der Vergleich zwischen dem Justizministerium und Agnew zustande. Richardson hat seine Position am Donnerstag in einer Pressekonferenz untermauert. Nach dem Dokument des Justizministeriums hätte Agnew insgesamt mindestens *87 500 Dollar als Bestechungsgelder* und auf Grund von Erpressungen erhalten, während er als Exekutivchef des Bezirks Baltimore, als Gouverneur von Maryland und als Vizepräsident amtierte, und zwar in den Jahren 1967 bis 1972. Diese Gelder seien nicht als Beiträge für die Wahlen bezahlt und in Empfang genommen worden. Der Begriff der Erpressung wird weiter ausgelegt als etwa im schweizerischen Recht. Die Anklagebehörde hat diese Behauptungen nicht vor Gericht beweisen müssen, weil das Material so überzeugend war, daß Agnew schon vor der Anklageerhebung und dem Gerichtsverfahren die Waffen streckte. Agnew muß seine Buße von 10 000 Dollar innert dreißig Tagen bezahlen, sonst könnte er doch noch zu Gefängnis verurteilt werden."

Zu ergänzen ist, daß Agnew nicht „auf drei Jahre

Probezeit und 10 000 Dollar Buße" verurteilt wurde, sondern daß er für die dreijährige Gefängnisstrafe eine Probezeit von 3 Jahren erhielt, die Buße aber sofort bezahlen muß. (Der Hinweis auf die in den USA extensivere Auslegung des Begriffs „Erpressung" beruht darin, daß allein die Forderung von Geld gegen Zusicherung von unzulässigen Vorteilen für den Geldgeber als Erpressung gewertet werden kann.)

Der guten Ordnung wegen sei vermerkt, daß — nach einer nur kurzen Pause des Nachdenkens über den Rat seiner Anwälte — Agnew selbst die Initiative ergriff und auf das „Settlement" drängte. Am 5. Oktober, einem Freitag — „wir wollen das Wochenende nicht ungenützt lassen" — hatte der Leiter des Agnew-Anwalt-Teams, Judah Best, neue Verhandlungen mit Nixons Anwalt Buzhardt aufgenommen. Nixon wurde über sie informiert und hieß sie gut. Henry Petersen, Chef der Kriminal-Division des Department of Justice vertrat seinen Chef Richardson. Buzhardt und Best flogen nach Miami. Die grundsätzliche Einigung wurde am 8. Oktober in einem Motel bei Alexandria, Va., fortgesetzt.

Bei der Formulierung der Endlösung im Justice Department kam auch Richter Walter E. Hoffmann zu Wort. Richardson lehnte es ab, irgendwelche Hinweise auf die Zusicherung einer Bewährungsfrist für Agnew zu geben. Doch der Richter verlangte Klarheit über Richardsons Ansicht gerade zu dieser Frage. Die Besprechung schien zu scheitern. Die Teilnehmer verließen den Verhandlungsraum ohne Ergebnis.

Am nächsten Tage kam es dann zu einer Einigung. Richardson gab dem Richter die Zusicherung, in „Anbetracht aller Nebenumstände" für die Zuerkennung einer Bewährung an Agnew zu sein. Staatsanwalt Beall war gegen den Vergleich, denn: „Agnew gehört ins Gefängnis."

Den Ausschlag gab wieder das „nationale Interesse". Der Rest war strafprozessuale Formaljuristerei im Rahmen der amerikanischen Rechtsprechung.

Unwidersprochen blieben zwei Feststellungen:

Richter Hoffmann erklärte: „Dieser Ausgang wird viele Leute nicht befriedigen."

Staatsanwalt Thompson wiederholte: „Dieser Mann ist ein Gauner, keine Frage!" Tags zuvor noch Nixons Stellvertreter: der „zweite Mann im Staat".

Es stand zu erwarten, daß mit dem rechtskräftigen Abschluß des Strafprozesses gegen Agnew und mit seiner Verurteilung diese Affäre beendet sei und aus der öffentlichen Diskussion verschwände. Aber die Entwicklung zeigte, daß das nicht zutraf.

Rechtsanwalt Alfred L. Scanlan, Mitglied der „Vereinigung der Rechtsanwälte des Bundesstaates Maryland", stellte den Antrag, Agnew aus diesem Verband, dem er angehörte, auszuschließen. Er begründete diesen Antrag damit, daß Agnew nach seinem eigenen Geständnis sich eines Verbrechens — ‚felony' — schuldig erklärt habe und daher nicht mehr Mitglied der Bar-Association sein könne. Den Ausschluß Agnews fordere auch der Wunsch, die Öffentlichkeit vor ihm zu schützen, und das Interesse der Justizverwaltung. Aber wahrscheinlich wird der Ausschluß von Amts wegen erfolgen, denn ein aus drei Richtern bestehender Sonderausschuß des District Court of Maryland hat empfohlen, dem früheren amerikanischen Vizepräsidenten jegliche anwaltliche Praxis zu untersagen. Die von ihm zugegebene Steuerhinterziehung sei unehrenhaft und schade dem juristischen Stand. Die Empfehlung geht nun an das Berufungsgericht von Maryland, das die endgültige Entscheidung fällt. Agnew argumentiert, seine Verfehlung habe nichts mit seinem Beruf zu tun: aus ihr könne nicht geschlossen werden, daß er seine Klienten nicht ehrbar zu vertreten verstünde. (Maryland ist der einzige amerikanische Staat, in dem Agnew zugelassen ist — seit der Übernahme öffentlicher Ämter hat er jedoch nicht mehr praktiziert.)

Die Bezeichnung ‚felony' bedeutet die Qualifizierung einer strafbaren Handlung als Verbrechen, nach manchen Rechtsmeinungen sogar als schweres Verbrechen. Als ‚felon' gilt nicht nur ein Verbrecher, sondern auch ein Schurke.

Es wurde auch bekannt, daß Agnew durch die neue Sachlage in eine außerordentlich bedrängte finanzielle Lage geraten war. Der ihm nahestehende, sehr vermögende Kaufmann W. Clement Stone und der bereits bei der Nixon-Wahl nachdrücklich als Förderer republikanischer Politiker hervorgetretene populäre Frank Sinatra riefen einen „Agnew-Verteidigungs-Fonds" ins Leben, der schon in den ersten Wochen über 50 000 Dollar an Freundesspenden erhielt. Frank Sinatra begann auch nach Agnews Verurteilung einen Verleger zu suchen, der die enthüllende Autobiographie des Vizepräsidenten veröffentlichen sollte. Ein Vertrag scheiterte an der Forderung eines Vorschusses von 500 000 Dollar.

Nicht nur die Steuerfahndung ermittelte gegen Agnew wegen hinterzogener und rückständiger Steuern — es kamen auf ihn auch noch Anwalts- und Gerichtskosten in Höhe von 200 000 Dollar zu.

Jedenfalls war auch Agnews Hoffnung, mit seiner rechtskräftigen Verurteilung sei die Strafsache erledigt, trügerisch. John E. Moss, Abgeordneter der Demokratischen Partei, richtete eine Anfrage an das „General Accounting Office" und forderte die Einleitung einer Untersuchung, um festzustellen, „auf welcher Grundlage dem bereits aus dem Amt geschiedenen vormaligen Vizepräsidenten weiterhin Zuschüsse zur Instandhaltung seines Hauses und zur Deckung seiner Auslagen, die zuvor an sein Amt gebunden waren, weitergezahlt werden". Nach Moss soll es sich um Zuwendungen in Höhe einer siebenstelligen Zahl handeln, die illegalerweise an Agnew geleistet werde. Moss wollte auch genauen Aufschluß darüber, durch welche Bewilligungen Auslagen in Höhe von etwa 100 000 Dollar, die ohne jede gesetzliche Grundlage und ohne daß dafür Budgetmittel zur Verfügung stünden, in Form von Dienstleistungen des „Secret Service" bezahlt würden. Auslagen im Interesse der persönlichen Sicherheit des Vizepräsidenten beruhen auf legaler Grundlage, enden jedoch mit dem Ausscheiden aus dem Amt.

Es wurde ferner bekannt, Spiro T. Agnew habe nach Beendigung der Gerichtsverhandlung bei einem privaten Treffen geäußert, „Nixon tut alles, was er tun kann, besonders im Zusammenhang mit seinem Versuch, nicht alle Tonbänder dem Gericht zugänglich zu machen, um das ‚Unvermeidbare' so lange hinauszuziehen, wie das eben möglich ist". Diese Äußerung des früheren Vizepräsidenten über das ‚Unvermeidbare' veröffentlichte TIME in seiner Ausgabe vom 31. Dezember 1973: es konnte sich nur auf eine Amtsenthebung Nixons beziehen oder auf den Zwang, zurückzutreten.

Um nicht in diesem Bericht als Wortführer einer zunehmend härteren Beurteilung der gegen Nixon und seine engsten Mitarbeiter sich anhäufenden Schuldindizien zu erscheinen, seien über die jüngsten Entwicklungen auf dem Weg Nixons ins selbstverschuldete Verderben auch andere Stimmen zitiert. Die Wahl fiel auf zwei grundlegend verschiedene Presseorgane.

Die „Neue Zürcher Zeitung" — wie mehrmals hervorgehoben — um stets objektive Wahrheitsfindung bemüht und in ihren Berichten aus Washington Licht und Schatten durchaus gemäßigt verteilend, liefert ein eindrückliches Bild der neuesten Belastungen Nixons. Und im „Aufbau", der in New York erscheinenden bedeutendsten internationalen jüdischen Wochenschrift, betrachtet deren Chefredakteur Dr. Hans Steinitz die nach den letzten Ereignissen sich abzeichnende Lage von einem bemerkenswert allgemeingültigen Standpunkt, der um so deutlicher die bitteren Realitäten aufzeigt, je sachlicher er ihnen gegenübersteht. Beide Stimmen können nur gekürzt und auf ihren wesentlichen Inhalt reduziert wiedergegeben werden. Beide lassen keine Zweifel daran aufkommen, daß die Tage der Entscheidung zwar hinausgezögert, nicht aber endlos aufgeschoben werden können.

NZZ — 4. 2. 1974:
Nixons innenpolitische Sorgen

„Das Ausspionieren der Geheimpolitik Kissingers im National Security Council zugunsten des Vorsitzenden der Joint Chiefs of Staff, Admiral Moorer, hatte, nach einem Bericht der ‚New York Times', 1970 und 1971 ein weit größeres Ausmaß angenommen, als die offiziellen Stellen bisher zugeben wollten. Ein Unteroffizier der Kriegsmarine, Radford, der als Stenograph arbeitete und das Vertrauen Kissingers genoß, wurde, nach der Darstellung der Zeitung, von den Verbindungsoffizieren des Vereinigten Generalstabes beim National Security Council, den Konteradmiralen Robinson und Welander, dazu angehalten, höchst geheime Papiere zu kopieren, und diese gelangten bis zu Admiral Moorer. Radfords Spionage wurde von den ‚Plumbers' aufgedeckt, die später die Einbrüche bei Ellsbergs Psychiater und im Hauptquartier der Demokraten im Watergate-Komplex organisierten. Welander nimmt eine hohe Stelle in der Militärhierarchie ein, Robinson wurde beim Absturz eines Helikopters getötet, und Radford ist aus Washington wegversetzt worden."

Hofintrigen

„... Die ‚New York Times' versucht seit Monaten, eine engere Beziehung Kissingers zu den ‚Plumbers' nachzuweisen, als dieser in seinen offiziellen Erklärungen und insbesondere in den Hearings vor der Außenpolitischen Kommission des Senats im September zugegeben hat, als diese über die Bestätigung seiner Ernennung zum Staatssekretär beriet. David Young, der zusammen mit Egil Krogh die ‚Plumbers' leitete und der den Bericht über die interne Spionage verfaßte, hatte ursprünglich zum Stab Kissingers gehört und war von diesem weiter besoldet worden, als er schon im

Auftrag Ehrlichmans den Indiskretionen im Weißen Haus nachspürte. Kissinger hat nicht verheimlicht, daß er einen Teil eines Tonbandes über die Einvernahme Welanders durch Young abgehört hatte; er behauptet aber, er habe sonst mit den ‚Plumbers' nichts zu tun gehabt und von ihrer Schnüffelei überhaupt keine Kenntnis besessen. Sowohl Kissinger wie Moorer sollen in der kommenden Woche von der Militärkommission des Senats einvernommen werden und über die interne Spionage Aufschluß geben."

Zerstörung von Tonbändern der CIA

„Auch die CIA ist wieder in ein schiefes Licht geraten, nachdem herausgekommen ist, daß sie ihre Tonbandaufnahmen, die sich auf die Watergate-Affäre bezogen, vernichtet hat, und zwar unmittelbar nachdem Senator Mansfield sie in einem Brief aufgefordert hatte, dieses Material aufzubewahren. . . . Von den beim Einbruch in das Watergate-Hotel ertappten sieben Männern waren sechs zeitweise im Dienste der CIA gestanden."

NZZ — 5. 2. 1974:
Vorladung Präsident Nixons als Zeuge vor Gericht

„Das zuständige Gericht in Los Angeles hat am Montag Präsident Nixon formell als Zeuge im Prozeß um den Einbruch in die Praxis des Psychiaters Ellsberg vorgeladen. Richter Gordon Ringer unterzeichnete die Vorladung, mit der Nixon unter Strafandrohung aufgefordert wird, am 25. Februar und am 15. März vor Gericht zu erscheinen. Die Vorladung Nixons erfolgte auf Antrag des ehemaligen Präsidentenberaters John Ehrlichman, der gemeinsam mit zwei anderen ehemaligen Nixon-Beratern in dieser Angelegenheit vor Gericht steht. Es ist das erste Mal in der Geschichte der Vereinigten Staaten, daß ein Präsident als Zeuge vor Gericht geladen wird."

NZZ – 7. 2. 1974:
Vollmachten für den Impeachment-Ausschuß
Entscheide des US-Repräsentantenhauses

„Das Repräsentantenhaus hat mit der überwältigenden Mehrheit von 410 gegen 4 Stimmen der Justizkommission umfassende Subpoena Power erteilt, das heißt die Befugnis, Dokumente und Tonbänder unter Strafandrohung vom Weißen Haus anzufordern und notfalls auch den Präsidenten einzuvernehmen. Ein direktes Machtmittel, um ein Subpoena gegen den Präsidenten durchzusetzen, gibt es zwar nicht, aber wenn dieser in Contempt of Court oder in Contempt of Congress erklärt würde, dann könnte das als Impeachment-Grund gelten.

Die Justizkommission führt ihre Untersuchungen auf sieben Gebieten. Sie nimmt die Einbrüche und anderen Aktivitäten der ‚Plumbers' unter die Lupe. Sie überprüft die ‚Dirty Tricks' von Nixons Wahlkomitee. Sie befaßt sich mit der Verhüllungsoperation nach den Einbrüchen im Watergate. Sie untersucht den Mißbrauch von CIA und FBI zu Zwecken, für die sie nicht geschaffen wurden. Sie schaut sich das Finanzgebaren des Präsidenten an. Schließlich zieht sie einen Vergleich mit anderen Präsidenten, denen Nixon vorwirft, sie hätten ebenfalls Bürgern nachspioniert und die Steuerbehörden auf sie gehetzt. Die Justizkommission muß außerdem den Verfassungssatz über das Impeachment interpretieren und vor allem festlegen, was heute als ‚High Crimes and Misdemeanours' (Verbrechen und Vergehen) zu betrachten ist, die neben ‚Treason' (Verrat) und ‚Bribery' (Bestechung) Grund für die Anklageerhebung geben können.

Nixon weigert sich weiterhin, der Watergate-Kommission des Senats die von ihr angeforderten fünf Tonbänder und weitere Dokumente herauszugeben. Er hatte in seiner ‚State of the Union'-Botschaft auch erklärt, Sonderstaatsanwalt Jaworski verfüge über alles Material, um Anklage gegen alle zu erheben, die sich seiner Auffassung nach und derjenigen der Grand Jury eines Deliktes schuldig gemacht haben. Jaworski gab dann jedoch bekannt, daß er noch weitere Papiere und Tonbänder vom Weißen Haus verlangt habe. Nixon weigert sich, diese auszuliefern; aber die Türe für weitere Verhandlungen scheint noch nicht ganz zugeworfen."

NZZ — 12. 2. 1974:
Die Watergate-Hypothek auf der US-Innenpolitik

„Eine Meinungsumfrage von Louis Harris zeigt, daß die Befürchtung begründet war, durch den Watergate-Skandal und seine Behandlung im Kongreß und in den Massenmedien werde das ganze politische System oder würden seine heutigen Exponenten diskreditiert. Die Befragten, welche als repräsentativ für das ganze Volk gelten, stellen dem Kongreß ein noch schlechteres Zeugnis aus als Nixon. 69 Prozent werten die Arbeit des Kongresses als negativ und bloß 21 Prozent als positiv.

Die entsprechenden Zahlen für den Präsidenten sind 68 Prozent gegen 30 Prozent. Noch nie ist der Kongreß bei einer Umfrage so schlecht weggekommen."

Rückzug in Alltagsfragen

„Auf die Frage nach der Behandlung des Watergate-Falls erhält Nixon mit 82 Prozent negativen gegen 13 positive Prozente erwartungsgemäß eine schlechtere Note als der Kongreß, aber nur knapp, denn dieser kommt mit 72 gegen 21 Prozent ebenfalls nicht gut davon. Die Arbeiten sowohl des Präsidenten wie des Kongresses werden sehr schlecht eingeschätzt. Der Mangel an Vertrauen in Kongreß und Präsident hat zu einem Rückzug in Alltagsfragen geführt."

Umfangreiche Verfahren

„,US News and World Report' veröffentlicht unter dem Titel ,Watergate' alle Übertretungen, Vergehen und Verbrechen, die von Mitarbeitern im Stab des Weißen Hauses und des Wahlkomitees Nixons begangen worden sind. Nach dieser Zusammenstellung ist Anklage gegen 29 Personen erhoben worden, wovon 18 ihre Schuld eingestanden haben, eine Anzahl von ihnen auf Grund eines ,Plea Bargaining', das ihnen eine mildere Strafe garantierte als Gegenleistung für ein Schuldbekenntnis. Zwei weitere sind ohne Geständnis von Gerichten verurteilt worden, und einer hat sich auf ein ,nolo contendere' beschränkt, das heißt der Anklage keinen Widerstand entgegengesetzt.

Abgeurteilt sind die sieben Männer, welche die beiden Einbrüche im Hauptquartier der Demokraten im Watergate begangen hatten und beim zweitenmal auf frischer Tat ertappt wurden. Mitarbeiter Nixons versuchten diese Tat zu verhüllen. In diesem Zusammenhang hat sich John W. Dean, der frühere Rechtsberater Nixons, eines geringen Fehltritts schuldig bekannt, ferner haben LaRue und Magruder vom Wahlkomitee des Präsidenten ein Geständnis abgelegt, und Herbert L. Porter wird wegen Meineids belangt. Vor dem Einbruch im Watergate war von den ‚Plumbers' ein Einbruch beim Psychiater Ellsbergs organisiert worden. Von den wegen dieses Verbrechens Angeklagten hat nur Egil Krogh ein Geständnis abgelegt — er muß eine Strafe von sechs Monaten Gefängnis absitzen. Wegen ‚Dirty Tricks' bei den Wahlen sind zwei Angeklagte verurteilt worden, der eine zu sechs Monaten, der andere zu einem Jahr Gefängnis unbedingt. Schließlich kommen die Übertretungen des Wahlgesetzes. In einem Fall erscheinen die beiden früheren Minister Mitchell und Stans als Angeklagte zusammen mit einem Angestellten des Finanzmannes Vesco. Zudem wurden acht Gesellschaften wegen Ausrichtung unerlaubter Wahlbeiträge belangt und sieben nach Geständnissen ihrer Leiter zu Bußen verurteilt. Eine neunte Gesellschaft erklärte sich unschuldig — gegen sie ist noch ein Strafverfahren hängig. . . . Sonderstaatsanwalt Jaworski stellt für den laufenden Monat neue Anklagen in Aussicht."

Aufbau, New York — 1. 2. 1974:
Angsthasen etc.
Von Hans Steinitz

„Man faßt sich an den Kopf, wie so etwas in einem zivilisierten Rechtsstaat möglich ist. Seit zehn Monaten vergeht kein Tag, an dem nicht irgend eine neue Enthüllung die Regierung Präsident Nixons aufs neue kompromittiert, schwerer Rechtsbrüche beschuldigt, zu verlegenen Entschuldigungen und Erklärungen veranlaßt, die *vierzehn* Tage später dementiert werden müssen, weil sie inzwischen unhaltbar geworden sind, — kein Tag, an dem entweder der Präsident selber oder sein ehemaliger Vizepräsident Agnew oder seine ehemaligen Justizminister Mitchell und Kleindienst oder seine ehemaligen Assistenten im Weißen Haus oder seine armselige Privatsekretärin Rose Marie Woods oder der noch armseligere Polizist, der die Tonbänder unter Verschluß hält oder Nixons Steuerberater oder Nixons Rechtsanwalt oder Nixons Bankier-Freund oder Nixons Grundstücksmakler oder Nixons Wahlkampf-Finanzier oder Nixons Banknoten-Bündel-Verwahrer in ein peinliches und abstoßendes Bild versetzt werden, das alle anständigen Menschen empört und das sehr, sehr oft hart an die Grenze des Strafgesetzbuches rührt.

Kein Tag vergeht ohne neue Vorfälle, die man niemals bei einem Präsidenten der Vereinigten Staaten oder auch nur in seiner Umgebung vermutet hätte. und dennoch rührt sich nichts. In allen anderen Ländern, in denen Gesetz und Ordnung regieren, würde nach zehn Monaten längst schon kein Mensch mehr von Watergate und San Clemente und Steuerhinterziehungen und

Rebozo und Agnew und Tonbandrollen mehr reden: die kompromittierten Träger öffentlicher Ämter wären längst freiwillig zurückgetreten oder abgesetzt worden, neue unbelastete Leute wären an ihre Stelle getreten, und die Regierungsgeschäfte könnten ordentlich und ungestört wahrgenommen werden, in einer entgifteten und bereinigten Atmosphäre.

Man sagt immer, daß das bei uns nicht möglich ist, weil unsere Verfassung ja kein parlamentarisches Mißtrauensvotum kennt, mit dem sich etwa in England eine Regierung stürzen läßt: aber das ist in Tat und Wahrheit keineswegs der Hauptgrund. Auch unsere Verfassung kennt bekanntlich ein Verfahren, sich eines schwer kompromittierten Amtsträgers zu entledigen; unsere Verfassung hindert auch keinen Staatsdiener, von seinem Amt abzutreten, und sie hindert nicht den Kongreß, eine Resolution des Mißtrauens anzunehmen, die zwar keine praktische, aber doch eine gewaltige moralische Bedeutung hätte.

Aber das große Übel der amerikanischen Situation ist gerade, daß der Kongreß sich weigert, eine eigene Verantwortung zu übernehmen, irgendeine mannhafte Initiative zu ergreifen, irgend einen kraftvollen Schritt zur Überwindung der schleichenden Krise und zur Wiedergesundung unseres öffentlichen Lebens zu tun. Da im Kongreß die demokratische Oppositionspartei eine klare und dominierende Mehrheit innehat, richtet sich der Vorwurf vor allem gegen die Führung dieser Partei, deren Landesvorsitzender ein Mann namens Robert Strauß ist; Spaßvögel könnten sagen, das sei der Grund, warum die demokratische Kongreßführung in echter Vogel-Strauß-Politik den Kopf in den Sand steckt in der Hoffnung, der ganze Spuk werde irgendwie von alleine vorbeigehen, oder ein gnädiges Erdbeben werde das Weiße Haus verschlingen.

Man muß es klar sagen: die demokratische Kongreßführung besteht aus Angsthasen, die jede Verantwortung scheuen und als Alternative zu der Kamarilla im Weißen Haus einen nicht sehr attraktiven Eindruck machen. Natürlich haben sie Entschuldigungen bei der Hand, bündelweise; seit Adam im Paradies stotternd erklärte, er habe die Geschichte mit dem Apfel nie ganz verstanden, haben Angsthasen immer Entschuldigungen zu stammeln gewußt. Man sagt uns, 1976 werde ein demokratischer Präsidentschaftskandidat leichteres Spiel haben, wenn Nixon bis dahin weiter zu wursteln gezwungen ist, und das kann vielleicht sogar stimmen: aber soll man inzwischen wegen dieses denkbaren parteipolitischen Vorteils das Land weiter bergab rutschen lassen; soll man sich deswegen drei weitere Jahre lang von den Ölscheichen und Petroleumgesellschaften und Getreidespekulanten und Spielkasinobesitzern auf der Nase herumtanzen lassen, weil wir keine vom Volksvertrauen getragene Regierung haben, die kräftig einschreiten kann?

Nur hübsch abwarten, nur immer langsam voran, nur nicht sich zu weit hervorwagen, sagten die gewählten Volksvertreter kurz vor Weihnachten, als sie sich einen Vierwochenurlaub bewilligten, um in ihren Wahlkreisen die ‚Wählerstimmung zu erkunden'. Nun, die Wähler waren erwartungsgemäß konfus und geteilter Ansicht; ‚Impeachment' sagten viele; ‚Rücktritt', sagten andere; ‚weitermurksen' empfahlen die Dritten, ‚wenn nur der Kissinger bleibt', mahnten manche Besorgte. Die Volksvertreter kehrten nach Washington zurück, ohne klare Parolen empfangen zu haben; gezwungen, selber Parolen auszugeben, bleiben sie der bewährten Technik des in den Sand gesteckten Kopfes treu. Diese seltsame Heldenversammlung scheint nicht begriffen zu haben, daß morgen vielleicht schon mehr Mut dazu gehören wird, Nixon die Stange zu halten und gegen Impeachment zu stimmen, als dafür.

Parlamentarischer Führer der innenpolitischen Opposition zu sein, ist eine große staatsmännische Aufgabe. Keir Hardie in England, Jean Jaurès in Frankreich, August Bebel in Deutschland, Matteotti in Italien hatten niemals die Chance, die Regierungsgewalt zu übernehmen: und doch sind sie in die Geschichte als Giganten eingegangen, und die Nachwelt war ihnen dankbar. Bei uns, in unserer eigenen Zeit, war es mit den Senatoren Taft und Dirksen nicht anders. . . . Wo sind Zivilcourage? Bürgertugend? Historisches Verantwortungsbewußtsein? Stützen der Republik?"

Rückblick und Ausblick

Die Protokolle über die Einvernahmen, die der Senatsausschuß zur Untersuchung der Watergate-Affäre und aller ihrer Folgeerscheinungen bisher durchgeführt hat, umfassen unter Hinzuzählung der von Zeugen überreichten schriftlichen Ausführungen viele Tausende von Seiten.

Außer deren Kurzauszügen mußten für die vorliegende Studie weit über tausend auf den Gesamtkomplex bezogene Berichte der zuverlässigsten Zeitungen und Zeitschriften ausgewertet werden.

Es konnte in einem Bericht wie dem vorliegenden nur durch rigorose Auswahl eine einigermaßen übersichtliche Gesamtdarstellung auf eng bemessenem Raum versucht werden. Zahlreiche Details mußten diesem Zwang zur Beschränkung auf Wesentliches erliegen, um die entscheidenden Tatsachen, Merkmale, Verhaltensweisen und das Gesamtkolorit dieses wohl bedeutsamsten Komplexes der politisch-korruptiven amerikanischen Kriminalität unseres Jahrhunderts — wohl der amerikanischen Geschichte insgesamt — dem Leser durch einwandfreies Beweismaterial vortragen zu können. Keine Arbeit dieser Art kann Anspruch auf Vollständigkeit erheben. Um so gewisser ist sie verpflichtet, aus dem fast schon unübersehbaren Materialanfall nicht nur das Entscheidende zur objektiven Wahrheitsfindung zu berichten und auszuwerten, sondern deutlich Schuldbeweise von Schuldindizien, Tatsachen von Vermutungen und Sachverhalte von Gerüchten deutlich zu trennen und unmißverständlich zu kennzeichnen.

Der Bericht bricht etwa mit dem Ende Monat Januar 1974 ab und setzt sich damit dem Vorwurf aus, ein Torso zu sein. Aber diese Bezeichnung ist ebenso zutreffend wie unrichtig. Denn kein Geschichtswerk ist in sich abgeschlossen, kann es gar nicht sein, weil Geschichte Bewegung ist und nicht Stillstand. Die Darstellung einer Epoche, einer Entwicklungsphase oder eines Geschehensablaufs während eines begrenzten Zeitabschnitts endet nie mit Endgültigem und ist dennoch kein Torso.

Der vorliegende Bericht über Watergate — und die zum Verständnis des Falles unerläßliche geschichtliche, freilich kürzestgefaßte Schilderung der Entwicklung, die zu diesem Kulminationspunkt führte — sowie die Darstellungen einiger Randgeschehnisse, die nicht unmittelbar mit der Hauptaffäre zusammenhingen, wie etwa der Fall des Spiro T. Agnew — sind, als historisch-kritisch-analytische Aufzeichnung, in sich abgeschlossen. Was folgen wird, liegt außerhalb der erfaßten und angestrebten Berichterstattung. Was folgt, mag für unmittelbar Beteiligte von Bedeutung sein. Der Kern der Watergate-Affäre wird durch solche Folge-Ereignisse nicht tangiert. Es ändert weder eine eventuelle Amtsenthebung noch die — nur relativ freiwillige — Demission des Präsidenten irgendetwas an den Fakten. Auch falls er bis zum Ende seiner Amtszeit Staatsoberhaupt der USA bliebe, wäre das für die Darstellung und die Beurteilung des Watergate-Skandals irrelevant. Allerdings würde jede einzelne dieser Eventualitäten zu anderen Schlußfolgerungen führen, die aber nicht die Affäre beträfen, sondern an ein tieferliegendes Problem rührten. Dies zumindest anzudeuten, ist geboten. Es liegt zwar außerhalb des Rahmens des eigentlichen „Berichts", aber es kommt dem doch eine besondere Bedeutung zu.

Die Amtsenthebung Nixons durch Impeachment wird von Kennern des innenpolitischen Szenarios für unwahrscheinlich angesehen. Die gleiche Beurteilung erfährt ein Verfahren, das der Kongreß auf anderer Ebene durchführen könnte. Als aussichtslos gilt der Versuch, Nixon durch eine Grand Jury verurteilen und damit seines Amtes entheben zu lassen. Für die Frage, die zu stellen wäre, ist die eventuelle Demission des Präsidenten ohne Bedeutung. Sie stößt zu dem Kern vor:

Die Ergebnisse der Meinungsermittlungen Anfang September 1973 ergaben, daß 63 % der Befragten mit Nixons Erklärungen zum Fall Watergate „nicht befriedigt" und 25 % „befriedigt" waren. Freilich, die Frage war nicht zur Erforschung der Meinung der Befragten formuliert, um ihre Stellungnahme zum Verbleib Nixons im Amt oder seiner Amtsenthebung — oder Demission — zu ermitteln. Dennoch, es ist kaum einzusehen, daß 63 % der Befragten Nixons Erklärungen über Watergate als unbefriedigend empfanden, ihn aber dennoch weiter als Präsidenten haben wollten. Mitte November 1973 bejahten 49 % der Befragten die nunmehr klare Frage, ob Nixon im Amt bleiben solle, mit einem klaren „Ja" und nur 29 % wünschten seine Demission. Bedeutete das einen Meinungsumschwung? Lag es an der Unterschiedlichkeit der Frageformulierung gegenüber jener Anfang September?

Mitte Januar 1974 scheinen 46 % Amerikaner und Amerikanerinnen für Nixons Verbleiben im Amt und ebenfalls 46 % dagegen gewesen zu sein.

Nimmt man zu diesen Befragungsergebnissen die vermutlichen Stellungnahmen der Parlamentarier hinzu — mit einer durchaus möglichen Anti-Nixon-Abstimmung im Repräsentantenhaus, aber mit einer sicher unerreichbaren ²/₃-Mehrheit gegen Nixon im Senat — (und diese ist für das Impeachmentverfahren das gesetzliche Mindeststimmenmehr) —, so dürfte nach dem Willen der Parlamentarier wie des Volkes weiterhin Nixon im Amt bleiben. Seine Demission wäre für die Frage nach der Willensbildung der Parlamentarier und des Volkes irrelevant. Und damit kommen wir zur Kernfrage:

Wie ist es möglich, daß ein Mann, gegen den unwiderlegbare Beweise für ein mit seinem hohen Amt unvereinbares — nach Ansicht vieler Strafrechtler sogar unzweifelhaft unethisches, wenn nicht deliktisches — Verhalten vorliegen, nicht weniger Beweise über zumindest für ein Staatsoberhaupt untunliche, wenn nicht sogar unerlaubte und undurchsichtige Immobilien- und Steueraffären, weiterhin von den Volksvertretern und vom Volk als Staatspräsident nicht nur geduldet, sondern gewünscht wird?

Nixon in Amt und Würden zu belassen, bedeutet de facto die stillschweigende Hinnahme seiner erwiesenen — um es vorsichtig zu definieren — Unkorrektheiten.

Gewiß, auch für ein Staatsoberhaupt gilt der Grundsatz: in dubio pro reo. Aber was dem einfachen Bürger keineswegs als so schwere Last aufgebürdet würde, daß er unter ihrem Gewicht von seinem Posten — welcher es auch sein möge — zurücktreten müßte, weil er den ethischen und moralischen Mindeststandard verletzt hat, sollte die Befähigung eines Staatsoberhauptes, sein Amt weiterhin auszuüben, aufheben.

Nicht etwa, weil für den Präsidenten eines Staates andere Gesetze gelten als für jeden anderen Bürger. Wohl aber, weil der Präsident diese Gesetze absolut zu respektieren hat. Was ein gerissener Makler noch als ihm erlaubte Steuermanipulation auslegt, wird, vom Staatsoberhaupt vorgenommen, zum degradierenden Betrug. So gewiß es jedes Angeklagten im Gesetz verankertes Recht ist, die Aussage zu verweigern, wenn er sich durch sie einer strafbaren Handlung bezichtigen müßte, so gewiß kann ein Staatsoberhaupt nicht mit formaljuristischen — unhaltbaren und durch keinerlei Rechtsnorm gewährleisteten — Executive-Privilege-Praktiken die Strafgerichtsbarkeit an der Wahrheitsfindung hindern. Der Satz: quod licet jovi, non licet bovi hat auch umgekehrt seine Gültigkeit: was dem Ochsen erlaubt, ist dem Staatsoberhaupt noch keineswegs gestattet.

Nun sind die nur als Machenschaften bedenklichster Art definierbaren Handlungs- und Verhaltensweisen Nixons aller Öffentlichkeit hinreichend bekannt.

Woran mag es liegen, daß dennoch zumindest eine Hälfte der Amerikaner — Männer und Frauen — nicht die Amtsenthebung Nixons oder seinen Rücktritt fordert? Wie kann ein so hoher Bevölkerungsanteil — vielleicht sogar eine kleine Mehrheit, ganz gewiß eine beträchtliche Minorität — weiterhin ein Staatsoberhaupt bejahen, das weder Vertrauen noch Glaubwürdigkeit besitzt, da es beides verspielt hat?

Folgende Erwägungen — die nicht zutreffend sein müssen — können vielleicht Anregungen zum Nachdenken geben.

Der Durchschnitts-Amerikaner ist ebenso ehrlich, ebenso korrekt und rechtschaffen wie die Mehrheit aller Bürger konsolidierter Rechtsstaaten. Es ist keine Übertreibung, ihn für hilfsbereit, gastfreundlich und auch gebefreudig zu halten. Ob er seinen Obolus der sonntäglichen Kollekte entrichtet oder sonst Gutes tut: er gibt aus Freude und aus Bereitschaft zum Helfen. Vielleicht übertrifft er die Gottesfürchtigen — oder die sich als solche Manifestierenden — anderer Länder ganz erheblich. Und er achtet die Gesetze. Die Kriminellen aller Abstufungen, die teils in hohen und höchsten Positionen der sogenannten Elite der Gesellschaft sich zwischen den Paragraphen des Strafgesetzbuches — meist erfolgreich — hindurchschlängeln, ebenso die berufsmäßigen großen und kleinen Gangster ändern durch ihr individuelles wie organisiertes Verbrechertum nichts an der menschlichen Güte und der Sauberkeit der absoluten Mehrheit der Amerikaner, wie sie sich besonders in mittleren und kleinen Städten und eigentlich überall in den Gemeinden und Siedlungen des gigantischen Landes zeigt.

Welches Motiv also bewegt Millionen rechtschaffener Männer und Frauen, einem Staatsoberhaupt Gefolgschaft zu leisten, das diese Anhänglichkeit und Treue erwiesenermaßen mißbraucht hat? Weshalb legen sie nicht das Maß, das sie an sich selber setzen, nicht auch an ihren Präsidenten an? Weshalb tolerieren sie bei ihm Handlungen und Verhaltensweisen, die sie keinem Hilfs-Sheriff, ja, nicht einmal einem Gemeindediener zubilligen würden?

Die nächstliegende Erklärung für solche Nachsicht könnte der Wunsch sein, auch um den Preis einer unbegründbaren — eigentlich unverantwortlichen — Toleranz endlich mit der ganzen „Affäre" fertig zu werden, sie vergessen zu können.

Nixon war und ist nun einmal das gewählte Staatsoberhaupt. Bringt man ihn wegen seiner erwiesenen Fehler — um nicht zu sagen: Verfehlungen — zur Strecke, so mag der durchschnittliche amerikanische Bürger darin eine Mitschuld empfinden, gerade diesem Mann das höchste Amt — durch die Wählerstimme — anvertraut zu haben. Vielleicht empfindet er zudem Scham, weil er durch eine Degradierung der Person Nixons, zwangsläufig — wiewohl durchaus irrig — eine Ansehensminderung des Amtes befürchtet.

Zu dieser Überlegung kommt eine andere:

Die Watergate-Affäre konnte aus dem Dunkel der zumindest von Nixons engsten Beratern geplanten Vertuschung nur durch eine massive Aggressivität der Massenmedien ins Licht der breitesten Öffentlichkeit gestellt werden.

Nun neigt der Amerikaner — als Sammelbegriff — zur Stellungnahme *für* einen — anscheinend brutal — Angegriffenen, besonders wenn es sich um einen Politiker handelt. Mehr noch, wenn dieser Politiker das Staatsoberhaupt ist.

Prüft man die Angriffe gegen Nixon und seine als kriminell entlarvte Entourage, so muß man anerkennen, daß die Aktion gegen ihn und seine Helfershelfer niemals den Boden dokumentierter Anschuldigungen verließ, und wenn auch nur ein Detail fragwürdig erschien, wurde es von der gesamten maßgeblichen Presse — voran die „Washington Post" und weitere hervorragende Organe wie „New York Times", „Los Angeles Times", „Christian Science Monitor" oder „Time Magazine", „Newsweek" und anderen Zeitschriften — exakt als Gerücht bezeichnet. Doch der Durchschnitts-Amerikaner wurde — unter Aufwand sehr bedeutender Geldmittel, die nicht nur aus den Restkonten des „Komitees für die Wiederwahl des Präsidenten" stammten — zielstrebig, freilich wissentlich falsch, zum Mitverteidiger „seines" Präsidenten überlistet und in eine Art von Pressefeindlichkeit hineinmanövriert. Auch die — ebenfalls systematisch und mit bedeutenden materiellen Mitteln durchgeführten — Aktionen zur Diskreditierung des Senatsausschusses, der den Watergate-Skandal untersuchte, gewann aus den Reihen der „guten Amerikaner" viele Stimmen für Nixon. Daß diese „guten Amerikaner" nur eine Erfindung raffinierter Propagandastrategen waren, ergaben jene Meinungsumfrage-Resultate, die eine über 2/3 zählende Mehrheit gegen Nixon offenbarten. Allerdings brachten die Verteufelungsmethoden gegen alle liberalen und fortschrittlichen Bestrebungen konservative und reaktionäre Kreise in die Kampfarena, weil Nixon — vertreten durch den extremen Propagandisten für „Law and Order" — Agnew, gerichtlich längst als Verbrecher qualifiziert — ihren hinterwäldlerischen Gesinnungen entgegenkam. Die Gegner des Fortschritts als „gute Amerikaner" einzustufen und die Verteidiger des Fortschritts zu bekämpfen, war ein politischer Trick. Dennoch: viele Ahnungslose fielen auf ihn herein.

Ob mit diesen Hinweisen etwas von den wirklichen Ursachen kenntlich gemacht werden konnte, die so viele ehrsame Amerikaner veranlaßten, Nixon nicht so schroff abzulehnen, wie es seine ganze Amtsführung begründete, bleibt zweifelhaft. Klarheit wird erst eine spätere Analyse erbringen.

* * *

Was bleibt, das ist Amerika und der Schock, den die Affäre mit den Pentagon-Papieren, der Watergate-Skandal und die Gaunereien des Vizepräsidenten Agnew verursacht haben.

Entscheidend wird sein, ob das, was man die „öffentliche Meinung" nennt, stark und ausreichend genug entschlossen ist, durch rigorose Absicherungen die Wiederholung solcher — der Ideologie neofaschistischer Machtvorstellungen verwandter — Regierungsmethoden an der Spitze des Staates auszuschließen — ob der Schock ausreicht, um eine solche Versumpfung durch korruptivkriminelle politische Abenteurer auszutrocknen, das organisierte politische Gangstertum auszurotten und jene Demokratie wiederherzustellen, die zum Vorbild von Rechtsstaatlichkeit wurde.

ERSCHIENEN BEI R. S. SCHULZ

Frank Arnau
Watergate
Der Sumpf
DM 9,80

Werner Egk
Die Zeit wartet nicht
DM 25,–

Anneliese Fleyenschmidt
Wir sind auf Sendung
DM 19,80

Valeska Gert
Katze von Kampen
DM 14,80

Michael Graeter
Leute Bd. I und II
je DM 69,–

Erich Helmensdorfer
Westlich von Suez
DM 26,–

Erich Helmensdorfer
Hartöstlich von Suez
DM 22,80

Otto Hiebl
schön daß es München gibt
Broschiert DM 9,80
Leinen DM 14,80

Werner Höfer
Starparade – Sternstunden
DM 36,–

Werner Höfer
Deutsche Nobel Galerie
DM 25,–

Friedrich Hollaender
Ich starb an einem Dienstag
DM 22,50

Friedrich Hollaender
Ärger mit dem Echo
DM 13,80

Hermann Kesten
Revolutionäre mit Geduld
DM 26,–

Manfred Köhnlechner
Die Managerdiät
DM 9,80

ERSCHIENEN BEI R. S. SCHULZ

Karl-Heinz Köpcke
Guten Abend, meine Damen und Herren
DM 19,80

Peter Kreuder
Nur Puppen haben keine Tränen
DM 25,—

Hardy Krüger
Wer stehend stirbt, lebt länger
DM 26,—

Angelika Mechtel
Das gläserne Paradies
DM 25,—

Angelika Mechtel
Friß Vogel
DM 25,—

Werner Meyer
Carl Schmidt-Polex
Schwarzer Oktober
17 Tage Krieg um Israel
DM 9,80

Erik Ode
Der Kommissar und ich
DM 25,—

Herbert Reinecker
Das Mädchen von Hongkong
DM 19,80

Helene Thimig-Reinhardt
Wie Max Reinhardt lebte
DM 26,—

Luise Rinser
Hochzeit der Widersprüche
DM 21,—

Rolf S. Schulz
Die soziale und rechtliche Verpflichtung des Verlegers
DM 7,80

Hannelore Schütz
Ursula v. Kardorff
Die dressierte Frau
DM 14,80

Monika Sperr
Die dressierten Eltern
DM 16,80

Luise Ullrich
Komm auf die Schaukel Luise
Balance eines Lebens
DM 25,—